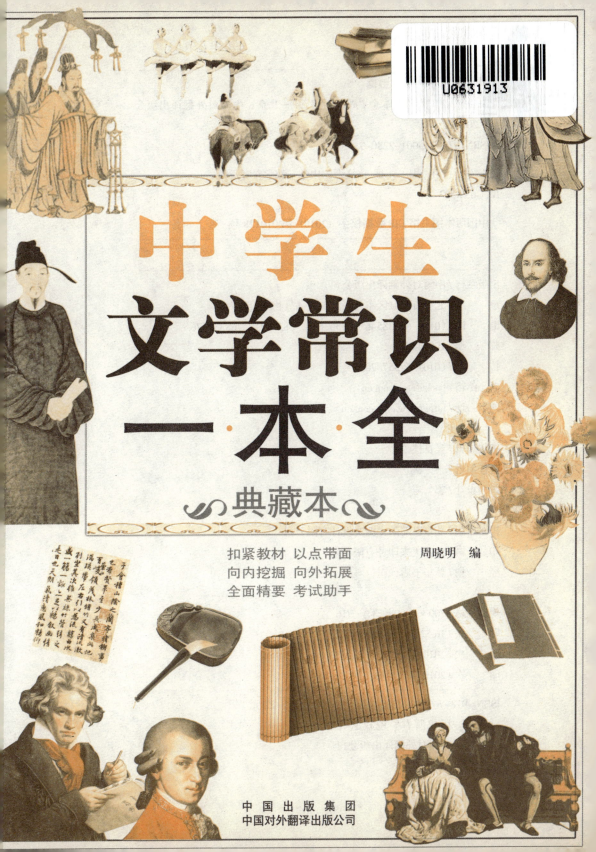

中学生
文学常识
一本全

～典藏本～

扣紧教材　以点带面
向内挖掘　向外拓展
全面精要　考试助手

周晓明　编

中国出版集团
中国对外翻译出版公司

图书在版编目（CIP）数据

　　中学生文学常识一本全 / 周晓明编著. —北京：中国对外翻译出版公司，2010.3

　　ISBN 978-7-5001-2280-7

　　Ⅰ.中…　Ⅱ.周…　Ⅲ.语文课—中学—教学参考资料

Ⅳ. G634.303

　　中国版本图书馆 CIP 数据核字（2010）第 010128 号

出版发行 / 中国对外翻译出版公司

地　　址 / 北京市西城区车公庄大街甲 4 号物华大厦六层

电　　话 / (010) 68338545　68353673　68358718　68359376

邮　　编 / 100044

传　　真 / (010) 68357870

电子邮箱 / book@ctpc.com.cn

网　　址 / http://www.ctpc.com.cn

策划编辑 / 吴良柱

责任编辑 / 韦　薇

封面设计 / 郭　遐

排　　版 / 北京巴蜀阳光图文设计有限公司

印　　刷 / 北京天来印务有限公司

经　　销 / 新华书店

规　　格 / 700×1000 毫米　1/16

印　　张 / 16.5

版　　次 / 2010 年 3 月第 1 版

印　　次 / 2010 年 3 月第 1 次

ISBN　978-7-5001-2280-7　　　　　定价：22 元

出版说明

  在漫长的历史长河中，世界上的各个国家、民族或地区，都创造出了风格独具、光辉灿烂的文学及艺术，构筑起华美辉煌的艺术宫殿，创建了一个繁花似锦、色彩绚丽的艺术园地。这些文学和艺术是人类智慧与才华的非凡展示，是人类求真，求善，求美历程的生动见证，它具备跨越时空的永恒魅力。虽然先贤们的背影已经远去，但是他们留给我们的文学和艺术遗产依然是当代文化生活的重要内容。或者可以说，正是这些文学和艺术遗产构筑了我们的灵魂。今天，当我们面对那些光辉灿烂的文学和艺术作品时，仿佛仍然能够听到古人们发自内心深处的声音。无论是激情澎湃的呐喊，哀婉深情的吟咏，还是锥心沥血的痛哭，都深深感染着我们。我们相信，无论走到世界的哪一个角落，我们依然会感受到人类创造的那些文学和艺术作品的力量和魅力。如果把中学生比作茁壮成长的小树，那么他们应该深深扎根于这些丰厚的文化土壤之中。因为历史上优秀的文学经典和艺术作品是他们取之不尽的精神源泉。为了帮助广大的中学生了解一些必要的文学史以及艺术史方面的知识，我们编写了《中学生文学常识一本全》一书。

  《中学生文学常识一本全》总的编辑思想是在兼顾知识性和实用性的同时，突出可读性，尽量贴近中学生的认识水平和兴趣爱好。我们力图使得该书成为一座桥梁或者指向标，让中学生了解文学史和艺术史时有路可循。有关文学史和艺术史方面的知识可以说是浩如烟海，中学生不可能细致精要地完全了解，为此，我们做了大量精心而细致的筛选工作，重点介绍那些经典的作家、艺术家以及他们的作品。

  本书采用的体例大体类似于百科全书，即精选若干条目，进而对这些条目做出较为详尽的阐释。为了便于检索以及帮助读者掌握重点，各个条目之下又列出了该条目内容中的关键词。全书条目共约 1000 条，分属中国文学和外国文学两大类。这两大类下又将课文中涉及的艺术常识区分出来，排列于文学常识之后。为了体现历史发展的延续性，全书条目按照时代顺序进行排列。我们在确定条目时，基本保持了条目之间的相对独立性。条目的主体可以分为两种：一种是作家、艺术家，一种是作品。对于重要的作家，我们单独用一个条目来介绍其生平、思想；由于每个作家的代表作品都有很多，本书难以做到面面俱到，如伟大的戏剧家莎士比亚，其经典的代表戏剧作品就有《哈姆雷特》《罗密欧与朱丽叶》《李尔王》《麦克白》等等，因此我们又再单列了一个条目，主要介绍作家最经典的代表作或其作品的艺术特色。这样既让读者掌握了一般性的文学常识，又让读者对重要的作品及其风格特色有一个清晰的认识，同时还能让读者有了一定的兴趣之后，自己去查阅更多的作品知识，起到一定的引导作用。对于艺术家，我们一般采取其生平和作品风格合并为一个条目的方法来介绍，这样可以给读者提供一个较为概括的认识。

为了编好这本书，我们通过多种渠道与书中所收入图片的著作权人进行了联系，取得了他们的大力支持。在此，我们深表谢意。但是，由于一些作者的姓名和地址不详，暂时还无法取得联系。恳请入选图片的作者尽快与我们联系，以便作出妥善处理。最后，衷心希望本书能有助于广大读者丰富自己的文学艺术常识。由于编者视野以及知识水平有限，书中难免有些缺憾，不到之处敬请谅解。

中国文学

艺　术

外国文学

艺　术

中国文学

我国古代诗歌的辉煌开端：《诗经》

关 键 词

《诗经》《诗三百》 赋比兴 现实主义

《诗经》是我国第一部诗歌总集。它收录了西周初至春秋中叶或稍后大约五、六百年间的三百零五篇诗歌，所以又称《诗三百》。《诗经》由风、雅、颂三部分组成。其中风包括十五"国风"，有诗一百六十篇；雅分"大雅""小雅"，有诗一百零五篇；颂分"周颂""鲁颂""商颂"，有诗四十篇。《诗经》的作者面向生活，注重反映现实的各种矛盾，真实地记述了社会各阶级、阶层人民的思想感情，显现出鲜明的现实主义创作特色，从而为我国的诗歌创作建立了现实主义的优良传统。《诗经》在艺术上对后代文学影响最大的是赋、比、兴的表现手法。赋，就是直接描绘，直接抒情，直接铺叙；比，即比喻；兴的意思是

■《诗经》插画

起头、开端，借外物以引出所歌咏的对象和所抒发的感情。从形式上来讲，《诗经》多是四言一句的四言体诗，较多采用重章叠唱的方法，使诗歌具有了鲜明的节奏感和音乐美。《关关雎鸠》《采薇》《蒹葭》等都是《诗经》中的名篇。《诗经》是我国文学的光辉开端，它以丰富而深刻的思想内容，精湛而杰出的艺术成就把我国诗歌发展推向了第一个高峰。

《晏子春秋》全力塑晏婴形象

《晏子春秋》是记叙春秋时期著名政治家、思想家晏婴言行的一部书。晏婴是春秋时期齐国的名相，以节俭力行、谦恭下士著称于时。他注意政治改革，关心民事，反对祈福禳灾等迷信活动。全书共 8 卷，包括内篇 6 卷，外篇 2 卷，计 215 章，全部由短篇故事组成。《晏子春秋》以人物为中心，一事一记，各事之间既有联系又各自独立，形成一个一个生动活泼的小故事，这些故事都是为了塑造晏婴的形象，表现晏婴的思想品德。全书可以说是晏婴的言论及逸事汇编，统而观之，又可以看成是一部晏婴传。《晏子春秋》所表现出来的最可贵的思想是"重民"与"爱民"。除了鲜明地表现这一光辉思想以外，全书还记载了许多表现晏婴优良品质和高尚道德情操的故事。节俭是《晏子春秋》中重点突出的晏婴的品质，再如待人宽以约、责人重以周、谦虚谨慎等美德，书中都作了大力宣扬。全书故事生动，情节曲折，具有很强的可读性，像我们熟知的"晏子使楚"的故事即出自此书。

《国语》详于言略于事

《国语》是我国第一部国别体史书，记载了起自周穆王，止于鲁悼公（约前1000~前440），周、鲁、齐、晋、郑、楚、吴、越八国的事件，它没有记述详细的历史，而是以一些重要事件将历史穿起来，并且以记载言论为主。其中《晋语》九卷；《周语》三卷；《鲁语》《楚语》《越语》各二卷；《齐语》《郑语》《吴语》各一卷。《国语》以其缜密、生动、精练、真切的笔法，在先秦历史散文中占有比较重要的地位。它详于记言而略于记事，书中侧重记载那些与治乱兴衰有关的言论，在其中寄寓历史教训。其语言朴素自然，接近于日常口语。不少人物对话写得风趣生动，情态宛然。《国语》虽不以记事见长，但作者在记言时往往用简略的语言交代事情的前因后果，形成首尾完整的故事，又善于通过简要的叙述，再现历史人物的形象，其中"勾践灭吴"就是有代表性的一篇。《国语》记录了春秋时期的经济、财政、军事、兵法、外交、教育、法律、婚姻等各种内容，对研究先秦时期的历史非常重要。

言简事详，情韵并美之《左传》

关 键 词

左丘明　战国　《左传》《左氏春秋》

《左传》原名《左氏春秋》，相传为左丘明所作，其成书时间约在战国初年。它的记事起于鲁隐公元年（前722），止于鲁哀公二十七年（前468），此外，还附录了鲁悼公四年至十四年韩、魏、赵三国灭智氏的史实。书中生动反映了这一时期巨大而深刻的历史变迁，再现了重大的历史事件以及有关的诸侯、卿大夫等各类人物的活动。《左传》以叙事精彩见称。作者在记述历史事件时，总要具体而微地展示其发展过程，事件情节引人入胜，细节和场面生动逼真，具有很强的故事性。尤其是在战争描写方面，《左传》更显示了突出的叙事成就。书中出现了波澜壮阔的战争画卷，很多著名战事（如城濮之战）都写得曲折完整，精彩动人。由于春秋时期讲究辞令之美，因此，《左传》中便记载了很多文采斐然的辞令。这些辞令委婉巧妙，典雅从容，在彬彬有礼的外表下包藏着锋芒。可以说，《左传》无论记事记言，都能言简意赅，韵味悠深，难怪它会被人称赞为"情韵并美，文彩照耀"。

辩丽横肆，文辞之最的《战国策》

关键词

刘向　西汉　《战国策》　国别体史书

《战国策》是一部战国时期的史料汇编，为西汉刘向对《国策》《国事》等资料，按照国别加以整理而成，是一部国别体史书。书中主要记录的是战国时期谋臣策士的游说活动，因此，游说辞令是《战国策》中最引人注目的内容，这些说辞纵横驰骋，辩丽恣肆而又浅显生动，富于形象性。文中常常综合运用铺陈、排比及夸张、比喻等手法，造成淋漓酣畅的气势和铿锵有力的节奏。《战国策》中也有很多的寓言故事，它们取材广泛，浅显易懂，寓意鲜明，富于现实感。像"南辕北辙""鹬蚌相争""画蛇添足""狐假虎威"等，都是脍炙人口的佳篇。同时，书中围绕谋臣策士的游说活动，描写了一大批个性鲜明的人物。作者不仅通过富于特征的言行表现人物性格，还特别注意揭示其内心世界，这样就使人物形象血肉丰满，形神兼备。《战国策》的散文艺术具有很高成就，前人就曾称赞它"辩丽横肆，亦文辞之最"。

儒家学派创始人——圣人孔子

孔子（前551~前479）名丘，字仲尼，是春秋时期鲁国人。孔子自幼丧父，家境贫困，曾做过管理牛羊和仓库的小

关键词

孔子　春秋　儒家学派　千古圣人

吏。他通过勤学好问，掌握了丰富的文化知识，从34岁起，开始授徒讲学。相传孔子的弟子有三千多，其中贤能有名者有七十二人。55岁时，孔子因与执政者政见不合，率弟子离开鲁国，先后到过卫、宋、陈、郑、蔡、楚等国，历经磨难，一直未能施展抱负。68岁时，他回到鲁国，从事教育，整理《诗》《书》《易》《礼》《乐》《春秋》等古代典籍。孔子是儒家学派的创始人，他提出了以仁为核心的进步思想主张。"仁"的含义就是"爱人"，一方面，他反对统治者过分剥削，提倡德政，主

张举贤才；另一方面，仁也是孔子提倡的道德修养，即在"爱人"的基础上，克制个人欲望，维护伦理道德规范，提倡为仁的理想而奋斗、献身。孔子的思想及学说对后世产生了极其深远的影响，被人们尊称为千古圣人、万世师表等。

『三人行必有我师』
——孔子

■ 孔子

雍容和顺，凝练隽永的《论语》

关键词 《论语》 孔子 语录体
儒家经典

《论语》是一部记载孔子及其弟子言行的书。此书约成于战国初年，是孔子的弟子和后学编纂而成的，包括《学而》《为政》《述而》等二十篇。《论语》是语录体的散文集，书中多为简短的语言片段，其突出特点是简洁凝练，生动隽永。同时，本书还善于在记言记事中表现人物个性，生动刻画了孔子及其弟子的形象。《论语》集中体现了孔子的儒家学派的思想学说，是一部涉及人类生活诸多方面的儒家经典著作，其思想价值主要体现在几个方面：第一，做人要正直磊落，重视修养，"克己复礼"，追求仁德。第二，君子要具备多种才能，重视自我修养，处处严格要求自己。第三，孔子主张"有教无类""因材施教"，学习重在爱学、乐学，并能学以致用，勇于实践。作为儒家"仁"与"礼"思想的集中反映，《论语》对中华民族的心理素质及道德行为起到过重大影响，值得我们去细细品读。

声势浩大的墨家创始人墨子

关 键 词

墨子 墨家学派 兼爱非攻 节用尚贤

墨子（约前480~前400），墨家学派创始人。本名翟，战国初期鲁国人（一说宋国人）。墨子平民出身，是小工业者，他精通手工技艺，可与当时的巧匠鲁班相比。墨子早年曾学习儒家学说，但后来逐渐对儒家的烦琐礼乐感到厌烦，最终舍掉了儒学，形成自己的墨家学派。在法家崛起以前，墨家是和儒家相对立的最大的一个学派，并列为显学。墨子思想共有 10 项主张，其中以兼爱为核心，以节用、尚贤为基本点。为宣传自己的主张，墨子广收门徒，一般的亲信弟子就达数百人之多，形成了声势浩大的墨家学派。墨子主张任人唯贤，做官的不能永远都是高贵的，老百姓也不能永远都是下贱的。他还反对侵略战争，为被侵略的国家奔走呼号，主持正义。他还提出人们不分贵贱，互爱互利，这样社会就会走向大同，表达了劳动人民要求平等、反对战争与压迫的心声。然而

■ 墨子

墨子的这些思想在当时明显带有空想的色彩，其崇尚平等的精神更不能为统治者所接受，所以曾经同儒家实力相当的墨家，在汉初就销声匿迹了。

说理严密看《墨子》

《墨子》是墨翟及其弟子与后学在不同时期的著作，全书约成于战国中期以后，是墨家学派的著作总汇，比

关键词　《墨子》　战国中期　先秦论说文　《非攻上》

较集中地体现了墨家的思想。由于墨家反对繁文缛节，尚用、尚质，因此，他们的文章不事藻饰，不加渲染，文字浅显，风格平实质朴。《墨子》中的文章虽然缺少对事件和人物的描写，较少文采，但很强调说理的严密和逻辑的清晰。墨家常在文中反复征引论证，充分展开说理，非常讲究形式逻辑，重视论辩技巧。他们还善于从具体的生活现象和历史事实出发，由小到大，层层类比，进行推理论证。不少文章，如《非攻上》由浅入深，逐层推类，批判了为不义战争辩护的行为。这类作品既浅显明白，又具有无可辩驳的逻辑力量。在先秦论说文中，《墨子》说理的严密程度是前所未有的。

列子 "御风而行"

关 键 词

列子　道家　《冲虚真经》愚公移山

列子名叫列御寇，战国时期郑国人，应属道家的一位代表人物。由于他崇尚黄老之学，一生追求清静无为，主张一切顺应自然，在郑国市井中居住40余年竟不为人所知。由于思想上崇尚虚无缥缈，列子生前被称作"有道之士"，后世则被奉为道教的仙人。古书中有他御风而行的记载，这是他潇洒的一面。然而现实中的列子则时常处于困顿之中，但他拒绝了郑国暴虐的执政者子阳馈赠的粮食。主张人们应该摆脱人世间富贵、名利的影响，要淡泊名利、清静修为。列子的代表作《列子》又名《冲虚真经》，是道家重要的典籍之一。《列子》中的散文想象力极为丰富，构思奇也很新颖，在人物的塑造方面也较为突出。通过调动多种手法，《列子》成功地展现了许多个性鲜明的人物形象。《愚公移山》中"愚公"的形象在中国大地广为流传，成为中华民族不畏艰难、艰苦奋斗精神的象征，这个形象就是在《列子·汤问》中塑造的。

■ 列子

孟子 "告养浩然之气"

关 键 词

孟子　战国　儒家学派　民本思想

孟子（约前385~约前304）名轲，是战国时期的邹（今山东省邹县东南）人。他幼年丧父，家境贫寒，但受过很好的家

■ 孟子

庭教育，后来又曾受业于孔子嫡孙子思的门人。孟子是孔子之后儒家学派的代表人物。他生活的战国中期，社会动荡更加剧烈，战争频仍，统治者为满足私欲而残酷压榨百姓。针对这种现象，孟子提出了仁政主张。这一主张建立在性善论的前提之下，以民本思想为基础。孟子不仅主张统治者"与民同乐"，而且提出"民为贵，社稷次之，君为轻"的说法。这是闪耀着民主性光辉的观点，达到了古代民本思想的最高水平，在后代产生了极其深远的影响。孟子非常重视道德修养，他把孔子提倡的仁的道德规范发展为仁义，进而提出尽心、养性、诚心、寡欲等一系列修养方法，他还说："吾善养吾浩然之气"。所谓浩然之气，表现为崇高的无所畏惧的精神境界和心理状态。孟子还提倡舍生取义，把道德操守置于生命的价值之上。

善用譬喻，论辩高超的《孟子》

《孟子》是孟子晚年和弟子万章等人编撰的，全书包括《梁惠王》《公孙丑》《滕文公》《离娄》《万章》《告子》《尽心》等七篇。书中记载了孟子的言行，反映了他的思想学说。孟子生在百家争鸣最激烈的战国中期，他为宣扬自己的学说，一面积极劝说各国当权者，一面与其他学派展开论争，因此《孟子》里的文章表现出高超的论辩艺术。在论辩中，孟子善于抓住对方心理，因势利导，诱其就范。同时还常常采用迂回战术，先设好圈套，让对方钻进去，然后乘其不备，突然袭击。《孟子》散文的另一个特点是感情充沛，气势强劲，生动体现了作者的鲜明个性。孟子志向远大，具有强烈的救世责任感，从而为他的作品增添了豪迈的气概、奔放的激情。《孟子》里的文章又以善用譬喻见长，精彩的比喻和寓言在书中俯拾即是。这些譬喻大都取材于现实生活，平易通俗而又发人深省，如把道义和生命的关系比作鱼与熊掌等；而"揠苗助长""齐人乞食"等寓言生动传神，寓意鲜明。

关键词 《孟子》 论辩高超 善用譬喻 揠苗助长

追求 "逍遥游" 的 庄子

关 键 词

庄子　战国　道家学派　无为

庄子（约前369~前286）名周，战国中期宋国蒙（今河南省商丘市东北）人。庄子是老子之后道家学派的代表，后世将他与老子并称为"老庄"，他们的哲学为"老庄哲学"。道是道家思想的精华，庄子也继承了老子关于道的思想。他认为"道"是超越时空的无限本体，它生于天地万物之中，而又无所不包，无所不在，表现在一切事物之中；一个人把握了道，就会无所不能。庄子对现实感到完全绝望，在当时社会上属于隐士一派人物，他主张"无为"，放弃生活中的一切争斗。庄子渴望摆脱各种局限，他所追求的最高人生境界是"逍遥游"，即追求精神上的逍遥自在、绝对自由的境界，所以在形体上，他也试图达到一种不需要依赖外力而能成就的一种逍遥自在境界。庄子认为宇宙与人的关系是"天人合一"的，是物我两忘的，所以他有着通达的生死观。庄子还认为一切事物都在变化之中，且都是相对的，这一思想又包含着朴素的辩证法因素。

■ 庄子

古代散文中奇异的瑰宝《庄子》

在先秦诸子散文中，《庄子》的艺术成就最高。主要表现在这样几个方面：第

关键词 │ 《庄子》 想象丰富 汪洋自恣

一，庄子在讲述哲学道理时，注重表现生活理想和内心感受，从而使全书带有强烈的主观性和抒情性，人们时时都能感受到作品中跳动着的强烈激情。第二，《庄子》里充满了异彩纷呈的寓言故事，并具有寓真实于诡诞的浪漫特色。书中的寓言奇崛诡怪，充满了奇幻色彩，注重细节刻画和夸张渲染，能以生动的形象和意趣感染人、征服人。第三，《庄子》一书充满了奇幻而丰富的想象。作者打破物我界限，赋予天地万物以人的意志和情感，因而各种超现实的事物在他的笔端纷至沓来，奇诡玄怪，魅力无穷，从而创造了一个光怪陆离、波诡云谲的艺术世界。第四，庄子行文信笔挥洒，不拘一格，文中忽而议论，忽而譬喻，忽而叙事，纵横驰骋，变化莫测，使得文章形式汪洋自恣，曲折有致。书中语言精彩传神，并喜用独创的奇特词汇。总之，《庄子》是古代散文中奇异的瑰宝，它那古今独步的文笔不仅超出战国诸子，而且也是后人难以企及的。

儒家内部反对派荀子

荀子，名况，字卿，赵国人。他15岁时，到齐国稷下游学，齐襄王时，成为稷下先生中最有声望的人物。荀子是

关 键 词

荀子 儒家学派 性恶论 人定胜天

孟子之后儒家学派最重要的代表人物，在秦统一中国过程中起过重要作用的思想家韩非和政治家李斯，都是他的学生。如果说孟子承继子思学说，形成了儒家正统派的话，那么荀况则猛烈抨击子思、孟子，形成了儒家内部的反对派。荀子与孟子的真正分歧就在于他的"性恶论"。孟子主张"性善论"，但荀子认为人性恶而非善，孟子讲人性善，是不对的，他曾作《性恶》来辩驳孟子的性善论。荀子把人性看作是与生俱来的自然欲望，认为"人之性恶，其善者伪也。"所谓伪，是后天人为的、通过学习而获得的东西。因此，他特别强调通过学习，接受礼义教化，以成为"积善成德"的圣人和君子。荀子最可贵的思想是他的唯物主义的天道观。他认为天道有其

■ 荀子

规律性，是不以人的意志和道德而改变的，同时，天也不能干预人事。因此，他主张发挥人的主观能动性，提出了人定胜天的思想。这些思想不仅闪耀着科学的光辉，而且充满了积极有为的乐观精神。

鸿篇巨制绘《荀子》

关键词 ｜《荀子》 鸿篇巨制 《劝学》

《荀子》共有三十二篇。一般认为，前二十六篇为荀子自著，最后六篇是其门人辑录的荀子语录。《荀子》中的散文已发展为完整而详密的鸿篇巨制。不少文章都是独立成篇的专题论文，每篇有一个揭示全篇主旨的标题，篇中围绕中心论点，层层深入地展开论证，其构思之缜密，结构之严整，论证之周详，条理之明晰，都是前所未有的。如《劝学》篇，一开始便提出"学不可以已"的中心论点，然后分五层说明学习的重要性；接着又分段论述学习的正确态度、具体内容、步骤、方法及注意事项；最后归结到学习应持久专一，以达到全而粹的最高境界。每一段内部又都围绕一个分论点条理分明地展开论述。段与段之间互相联系，环环紧扣。《荀子》文采斐然，带有很浓厚的学者气，其文平易朴实，亲切自然。作者侃侃而谈，反复申说，有一种温文尔雅，谆谆诱导的意味。同时，书中散文用词简练，善于运用铺陈手法和排比句式，整齐流畅，读来朗朗上口。

先秦法家思想集大成者 韩非

关 键 词

韩非 战国 法家思想 封建专制理论

韩非（？～前233），战国时期韩国人，曾就学于荀卿门下。韩非是先秦法家思想的集大成者，他全面继承了申不害、商鞅、慎到等前期法家的思想，又吸收了道家黄老学派的学说，建立了一个适应新兴地主阶级需要的、完整而精密的思想体系。韩非认为，自利是人的本性，人与人之间都是赤裸裸的利害关系。因此，在考察历史变迁和人的社会活动时，他重视物质因素的作用。在政治上，韩非主张执法要严，用严刑峻法来治理天下；他大力鼓吹君权至上，认为君主必须把大权牢牢掌握在手中。韩非还坚决反对仁义礼乐和各种纵横学说，主张对儒家、游侠、纵横家等严加打击。韩非的历史观和法制思想在当时有突出的进步意义，但其整个思想体系在本质上是一种极端的封建专制理论。但是，由于这种学说更切合战国后期的实际情况，反映了新兴地主阶级建立统一封建专制政权的需要，因而被秦代统治者所采用推行，并对后代封建社会产生了极其深远的影响。

风格犀利的《韩非子》

《韩非子》一书共五十五篇，包括《说难》《五蠹》等，是韩非个人的作品集，集中体现了他的法家思想。《韩非子》中的文章在诸子散文中别具一格，其突出特点是犀利峻峭。法家人物大都以敢于直言著称，韩非不相信仁义道德，认为人与人之间只存在尔虞我诈的关系，他总是以冷峻严酷的目光去剖析现实，大胆暴露各种人物的思想行为，敢于毫不掩饰地发表真实见解，这就使得《韩非子》充满了一种激切凌厉之气。《韩非子》的另一个特点是论证严密，具有令人折服的力量和气势。韩非往往在文中先列举事实，提供充分论据，从中引出论点；一个观点说完，再转入下一层分析，如此环环紧扣，直至讲完全部论点。《韩非子》中有大量寓言和故事，它们或取材于历史传说，或根据现实生活加工创造，大都平易朴实，短小凝练。

关键词 《韩非子》 法家思想 文体丰富 《五蠹》

■ 韩非

此外，《韩非子》的文体丰富多样，既有正面论述的长篇大作，也有自由灵活的驳难之体，还有笔记、韵文等等。这种文体多样性的特征，既是诸子散文完全成熟的一个显著标志，也对后代各种类似的文体起了重要影响。

融汇百家，宏大严密的《吕氏春秋》

战国末期，秦国丞相吕不韦组织门客，集体编著了一本作品集《吕氏春秋》。由于此书出自众人之手，因此内容驳杂，有儒、道、墨、法、兵、农、纵横、阴阳等各家思想，有融汇百家之说的特点。全书对先秦诸子的思想进行了总结性的批判，对各家思想都进行了改造、发展与摒弃。但总体来看，此书虽在思想上融汇百家，兼收并蓄，但仍以道家黄老学派的观点为主流，实际是以道家思想为主干，融各家之学说。《吕氏春秋》在内容上虽然杂，但在组织上并非没有系统。全书有一个宏大而严密的结构体系。共二十六卷一百六十篇，十七万三千多字，分为"十二纪""八览""六论"三部分，"十二纪"包括十二组文章，每组五篇；"八览""六论"分别为八组六十四篇和六组三十六篇。每组内的文章均独立成篇，但又共同探讨某一方面的问题。其体例之严整，实属前所未有。《吕氏春秋》保存着先秦各家各派的不同学说，还记载了不少古史旧闻、古人遗语、古籍逸文及一些古代科学知识，其中不少内容是其他书中所没有的。因此，司马迁称它"备天地万物古今之事"。

屈原忧愤投江

屈原（约前340~前278）名平，战国时期楚国王族的后裔。屈原是中国最伟大的浪漫主义诗人之一，也是伟大的政治家。他创立了"楚辞"这种文体，也开创了"香草美人"的传统。屈原早年受楚怀王信任，任左徒、三闾大夫。在外交上，他主张联合齐国合纵抗秦；在内政上，他力主改革，把举贤受能，修明法度作为政治准则。由于触犯了贵族集团的利益，屈原的一系列政策都受到阻挠和中伤。由于楚怀王听信谗言，屈原逐渐被疏远，并先后两次被流放。第一次是被流放到汉北地区，第二次是被流放到江南地区。在流放途中，屈原在楚国南部辗转漂泊，忧愁幽思，始终不能忘怀国事。公元前278年，秦国大将白起攻破楚国郢都，屈原悲愤不已，最后在绝望中自投汨罗江而死，以自己的生命谱写了一曲壮丽的爱国主义乐章。传说屈原死后，楚国百姓哀痛异常，纷纷涌到汨罗江边去凭吊屈原。他们往江里扔粽子、倒黄酒，以防屈原尸体被食。以后，在每年的农历五月初五端午节，就有了划龙舟、吃粽子、喝雄黄酒的风俗，以此来纪念爱国诗人屈原。

■ 屈原

苦闷彷徨作《离骚》

《离骚》是屈原最重要的作品，也是中国文学史上最长的一首抒情诗，是他带有自传性的抒情长诗。全诗373句，2490个字。《离骚》这一篇名，历来有许多解释，一般认为是遭受忧愁的意思。这首诗是屈原在受到楚怀王多次反复的不信任，自己又常遭排挤，内心极度苦闷的情况下创作的。全诗按其叙述、抒情的脉络大致可分为前后两个部分。前一部分从开篇到"岂余心之可惩"，这一部分是对以往事实的追述，侧重对政治生涯的回顾，突出表现了理想和现实间的尖锐冲突以及诗人为实现政治理想而进行的顽强斗争；后一部分从"女媭之婵媛兮"到全诗结束，这一部分诗人在幻想中展开抒情，集中叙述对理想的执著追求和对未来道路的不懈探索。诗中运用许多神话传说材料和上天下地的超现实描写，表露了诗人的真诚愿望和精神痛苦，突出了诗人崇高的理想、坚韧的意志和伟大的爱国主义精神。

关键词 | 《离骚》 屈原 抒情长诗

悲剧与浪漫并存：屈原作品

屈原的作品，包括《离骚》《九歌》（十一篇）《九章》（九篇）《天问》《招魂》，总共二十三篇。屈原的作品具有

关键词 | 《离骚》 《九歌》 《天问》 浪漫主义精神

浓郁的悲剧色彩。事实上，屈原因被谗谤而流放，整个心灵都被痛苦所充塞，但从未忘记国事。这种至死不忘祖国的真情，在楚国黑暗的政治环境中出现，本身就带有某种悲剧因素。屈原酷爱祖国，因爱而遭受苦难，又心甘情愿如此，因此他的大部分作品就是一首首充满愁思哀怨的悲歌。屈原作品最感人的要素是它的浪漫主义精神。诗人在创作中驰骋想象，采用夸张的艺术手法，使整个作品充满着激荡人心的浪漫色彩。屈原还首次把神话传说运用到创作之中，把神话传说与自己的思想感情结合起来，极大地丰富了浪漫主义文学的表现手法。可以说，屈原以谲怪神奇的笔触、宏阔博大的气势，在诗歌领域开辟了一片浪漫主义的辽阔沃土，从而影响了历代文人的文学创作，哺育了各个时代的作家。屈原的出现，在我国文学史上具有划时代的意义，其精神、其作品对后世的影响是不朽的，后人把他的作品与《诗经》并称"风骚"，其影响只有《诗经》可与之相比。

南方特色话"楚辞"

关 键 词

楚辞 刘向 屈原 宋玉

楚辞，其本义是指楚地的言辞，后来逐渐固定为两种含义：一是诗歌的体裁，一是诗歌总集的名称。从诗歌体裁来说，楚辞是战国时代以屈原为代表的楚国人创作的诗歌，它吸收南方民歌的精华，融合上古神话传说，是当时产生的一种富有南方地方特色的新诗体。它打破了《诗经》四字一句的死板格式，是对中国古代诗歌发展的一次大解放。从总集名称来说：汉武帝时，刘向整理古籍，把屈原、宋玉等人的作品编辑成书，定名《楚辞》，从此，"楚辞"又成为一部诗歌总集的名称。"楚辞"是在楚国民歌的基础上经过加工、提炼而发展起来的，有着浓郁的地方特色。一方面，它的形成受到了包括《诗经》在内的北方文化典籍的影响；另一方面，给予"楚辞"更直接影响的还是楚国的地方风物和文化习俗。首先是地方音乐的影响，由于地理、语言环境的差异，楚国一带自古就有它独特的地方音乐，它们音调和谐婉转，风格缠绵悱恻，抒情意味极浓。其次是楚国巫风的影响，楚地巫风盛行，楚人以歌舞娱神，神话大量保存，诗歌音乐迅速发展，使楚地民歌中充满了原始的宗教气氛。正是这种南北文化的汇合，孕育了屈原这样伟大的诗人和《楚辞》这样异彩纷呈的伟大诗篇。

华丽铺张的汉赋

关键词

汉赋 贾谊 司马相如 班固

汉赋是在汉代涌现出的一种有韵的散文，它的特点是散韵结合，专事铺叙。汉人写赋是一种时代风尚，汉赋也是汉代400年间文人创作的主要文学样式。汉赋分为大赋和小赋。大赋又叫散体大赋，规模巨大，结构恢宏，气势磅礴，语汇华丽，往往是成千上万言的长篇巨制。西汉时的贾谊、枚乘、司马相如、扬雄，东汉时的班固、张衡等，都是大赋的行家。小赋扬弃了大赋篇幅冗长、辞藻堆砌、舍本逐末、缺乏情感的缺陷，在保留汉赋基本文采的基础上，创造出篇幅较小、文采清丽、讥讽时事、抒情咏物的短篇小赋，赵壹、蔡邕、祢衡等都是小赋的高手。汉赋形成于汉初。贾谊首开汉赋先风，其代表作为《吊屈原赋》和《鵩鸟赋》。真正创立汉赋体制的是汉初辞赋大家枚乘。《七发》是枚乘的代表作，起到承前启后的作用。在汉武、宣、元、成帝时代，汉赋达到全盛期。其中最为著名的是司马相如及其作品，他的《子虚赋》和《上林赋》是这一时期赋作中最有代表性的精品。

千古才情话贾谊

关键词

贾谊 西汉 《吊屈原赋》 《过秦论》

贾谊（前200~前168），洛阳（今河南洛阳市东）人。西汉初年著名的政治家、文学家。他从小刻苦学习，博览群书，先秦诸子百家的书籍无所不读。18岁时，就因为能诵《诗经》《尚书》和撰著文章而闻名于河南郡。20余岁被文帝召为博士，不到一年被破格提为太中大夫。但是在23岁时，因遭群臣忌恨，被贬为长沙王的太傅。后被召回长安，为梁怀王太傅。梁怀王坠马而死后，贾谊深自歉疚，直至33岁忧伤而死。贾谊一生虽然短暂，但是，就在

■ 贾谊

这短暂的一生中，他却为中华文化宝库留下了一份珍贵的文化遗产。他是骚体赋的代表作家，其辞赋展现出他充沛的感情，代表作是《吊屈原赋》《鵩鸟赋》。在西汉政论散文的园地中，贾谊的散文也堪称文采斐然，赋中有文，文中有赋，相得益彰，表现出了他的治国才华。其最为人称道的政论作品是《过秦论》和《论积贮疏》。其中，《过秦论》兼顾了辞赋的文采语势和政论的雄辩精辟，以汪洋恣肆之文表达经世济民之意，成为别具一格的辞赋家的政论。

神奇玄想《山海经》

关 键 词

《山海经》 精卫填海 夸父逐日

《山海经》成书于战国初至汉代初年。全书共 31000 字，18 卷，分《山经》五篇，《海经》十三篇（《海外经》四篇，《海内经》五篇，《大荒经》四篇）。《山海经》文字简洁、内容丰富、整体有序、结构严谨，是一部涵盖古代地理学、方志学、动物学、植物学、天文学、药物学、社会学、历史学、人文学、民族学、神话学和巫术学等集大成的旷世奇书。《山海经》是我国古代一部地理著作，它在文学史上的特殊价值，主要是保存了我国远古时代丰富的神话传说。它是我国古代收集神话最多的典籍。据统计，全书记叙神和神话故事400 多个，内容十分丰富。《山海经》中的神话多姿多彩，奇异瑰丽，诸多神话充

■ 夸父逐日

满英雄主义精神，展示着一种原始厚重的悲剧美和崇高美，其中可称为经典的有《精卫填海》《夸父逐日》《鲧治水的故事》等。这些神话言短意深，宏伟壮美。他们身上体现了先民征服自然、支配自然、改变现实的强烈愿望和崇高理想，所表现出来的悲剧美和崇高美则给后世文学以示范。

"绝代奇书"《淮南子》

"绝代奇书"是胡适先生为《淮南子》下的评语，而此书的作者刘安也被称为"天下奇才"。刘安本是汉高祖刘邦之孙，淮南厉王刘长之子。刘长因为谋叛文帝，被流放四川，在途中绝食而死。之后刘长的封地被一分为三，刘安被策封为淮南王。刘安博学多才，在科学、文学、哲学、音乐等众多领域中多有建树。他经常召集宾客方术之士一起探讨天下大事，研究学术。《淮南子》就是由他及其门客共同编著而成的。《淮南子》以道家思想为主，糅合了儒法阴阳等家，一般列《淮南子》为杂家。实际上，该书是以道家思想为指导，吸收诸子百家学说，融会贯通而成，是战国至汉初黄老之学理论体系的代表作。全书涵盖了天文、地理、物理、化学、农学、医学、军事学，是一部百科全书式的学术著作。此外本书还旁涉奇物异类、鬼神灵怪，引用了许多传说、神话、寓言，保存了许多已散失的神话片段，以及机智幽默的民间言谈。像"女娲补天""后羿射日""共工怒触不周山"等古代神话，主要靠本书得以流传。

关 键 词
刘安 《淮南子》 黄老之学 女娲补天

■ 女娲补天

忍辱发愤著书 司马迁

关 键 词

司马迁 西汉 《史记》 史官 汉武帝

司马迁（前145~约前90）字子长，西汉黄河之滨龙门（今陕西韩城附近）人。滚滚的黄河、壮丽而神奇的龙门山，从小就给了司马迁以精神气质上的陶冶。20岁以后，他离开家乡到各地考察游历。他饱览祖国河山，访寻文化古迹，收集历史资料，这对司马迁眼界的开阔，知识的积累以及世界观的形成，都有着巨大而深远的影响。回到长安后，他做了皇帝的近侍郎中，随汉武帝去过许多地方；并奉命视察四川、云南等地，从而为他了解各地风土人情，搜集遗闻旧事，考察山川地理提供了大好机会。出使归来后，他的父亲司马谈临终再三嘱咐他一定要写好《史记》，从此，司马迁开始准备资料，并在太初元年（前104）

■ 司马迁

正式开始了他著述《史记》的浩繁工作。然而，天汉二年（前99），埋头写《史记》写了六年的司马迁，忽然大祸临头了。因为直言为李陵将军鸣不平，惹怒了汉武帝，他被投入了监狱，并于次年被处于宫刑，几乎断送了生命。受宫刑对司马迁来说是一种极大的侮辱，对他的肉体和精神都是一种极大的摧残。但司马迁却积极求生，并发誓要用他的余年，用他的全部心血来写作《史记》。这就是人们通常说的"忍辱发愤著书"。

《史记》：史家绝唱，无韵《离骚》

关键词

《史记》 纪传体通史 史家之绝唱，无韵之《离骚》

《史记》是我国历史上第一部纪传体通史，记载了上自黄帝，下到汉武帝时期近3000年的历史。全书共130篇，分为本纪、世家、列传、书、表五大部分。其中本纪12篇，记载历代帝王世系与国家大事，及帝王本人事迹；世家30篇，写的是春秋战国时期所存在的各个诸侯国和汉代帝王所封的王侯；列传 70 篇，是一些有才干、有作为，能不失时机地建立功业，对社会产生了重要影响的人物的传记；书 8 篇，是有关经济、军事、水利、祭祀，以及礼、乐方面的制度史；表 10 篇，是把错综复杂的历史事件谱列成表格。《史记》是我国古代最伟大的历史著作，它开创了我国纪传体的历史学，为后世纪传体史书的编纂树立了楷模，对中国史学的发展起了极大的推动作用。后来的史学家撰写纪传体史书，在体裁上基本都是沿着《史记》的路子走的。同时，《史记》也是我国最伟大的文学著作之一，开创了我国以人物为中心的文学艺术。全书向人们展现了一道丰富多彩的历史人物画廊，这些人物形象有许多具有非凡的感染力，直到现在还一直被人们所传颂。司马迁具有高超的语言艺术，他运用时代语言，刻画历史人物的性格、特点，生动而简练。梁启超称赞这部巨著是"千古之绝作"；鲁迅则誉之为"史家之绝唱，无韵之《离骚》"。

生动凝练唱汉乐府民歌

乐府本来是个音乐机关的名称，其职能一是写词配曲，演习排练，以供皇帝和有关部门的需要；一是组织人到各地去采集民歌歌谣。汉乐府就是指汉时乐府官署所采制的民歌。汉代的乐府民歌流传到今天的约有六十来篇，主要保存在宋代郭茂倩所编的《乐府诗集》的《相和歌辞》《鼓吹曲辞》《杂歌谣辞》中。汉朝是赋的时代，如果说赋是描绘宫廷生活、歌颂盛世、表达士人心境的话，那么汉乐府则反映了社会底层人民的生活苦难与真实情感，"感于哀乐，缘事而发"，继承并发展了《诗经》的现实主义传统。汉乐府诗在语言方面的主要特点是：质朴自然、清新刚健、自由灵活、充沛有力，诗中多杂用五言、七言的句式。汉乐府在形式上贡献最大的是五言体，它开创并完成了五言体诗歌的形式，推动了文人五言诗的发展，为建安时期五言诗歌的繁荣

关 键 词
汉乐府　郭茂倩　《孔雀东南飞》　乐府双璧

■《孔雀东南飞》插画

奠定了基础。《陌上桑》《十五从军征》《孔雀东南飞》都是汉乐府民歌的代表作，《孔雀东南飞》还是我国古代诗歌史上最长的一首叙事诗，与《木兰诗》合称"乐府双璧"。

才高博学的班固

关 键 词

班固　东汉　《汉书》　《史记后传》

■ 班固

班固（32~92），字孟坚，扶风安陵（今陕西咸阳东北）人，东汉著名历史学家和文学家。班固出生于一个富有历史和文学修养的家庭。他的父亲班彪，是当时有名的学者，因见《史记》纪事只到汉武帝太初年间，所以采集旧事，写成《史记后传》数十篇。班固自幼受父亲的熏陶，自己也聪明好学，他"九岁能属文，诵诗赋"；17岁进入洛阳太学，诸子百家无所不观，并开始致力于汉史的研究。班固博学多才，深为时人所称重。后班彪去世，班固回乡守丧，承继父志，在《史记后传》的基础上编撰《汉书》。后来有人上书朝廷，恶意中伤，告他私改国史，班固因此被捕入狱。其弟班超闻讯，急忙赶赴宫廷，替他辩白。这时地方官也将书稿送到，明帝看后，非常赞赏班固的才华，不但没有加罪，反而任命他为兰台令史。不久，又迁升郎官，典校秘书，奉诏修书。在景帝建初七年（82），《汉书》的编写工作基本完成，但有些篇章还在继续补充和修订中。和帝永和四年（92），班固因受窦宪一案的株连，先被免官，随后又被仇家所害，死于洛阳狱中。

思想正统的《汉书》

关键词　《汉书》　班固　班昭　纪传体　断代史

《汉书》包括12篇纪，8篇表，10篇志，70篇传，共100篇，80来万字。其中一部分"志"和"表"是班固死后由他的妹妹班昭和班昭的弟子马续接着完成的。《汉书》的记事上起高祖元年（公元前206），下至王莽地皇四年（23），共229年，是我国第一部纪传体断代史。班固生活在儒学极盛的东汉前期，从小接受儒家思想的教育，因此《汉书》表现的封建正统观念比较强烈，其思想进步性远远不如《史记》，如他从封建的伦理道德出发，批评游侠"不入于"道德。但班固是一位知识渊博的学者，又是著名的古文经学大家，因此《汉书》在思想内容上也有许多新的特点，如歌颂了一批具有爱国思想和做出了卓越贡献的英雄人物，而这方面的内容在《史记》里是缺少的。作为一部史传名著，《汉书》的写人艺术也是很高的，书中有不少出色的人物传记。如《李广苏建传》《张禹传》《霍光传》《王莽传》《外戚传》等，都是公认的名篇。

《古诗十九首》：五言诗时代的开始

东汉中期以后，文人们受汉乐府民歌中五言体的影响而开始学作五言诗，到东汉末年，文人五言诗的成就已相当可观，

❀ 关 键 词 ❀

《古诗十九首》 萧统 《昭明文选》 五言诗

其代表作就是无名氏的组诗《古诗十九首》。《古诗十九首》最早见于《昭明文选》，是萧统为编选这部诗文集而收集东汉末年的五言诗时，所收集到的一些内容风格相近、又都失去了题目的无名氏作家的作品。从思想内容上看，《古诗十九首》大致可分两类：游子诗和思妇诗。游子诗抒发仕途碰壁后的人生苦闷和失望情绪，以及由此而产生的时光荏苒，寿命短促的感伤。而思妇诗中所写的游子思妇的离愁别绪，是最为美丽动人的吟诵。如《涉江采芙蓉》通过采芳草赠美人的习俗，写游子思念妻室；《明月何皎皎》以思妇在闺中望月的情景，表现她为丈夫忧愁不安；《迢迢牵牛星》则借牛郎、织女的美丽传说，将情、景、事巧妙地融合起来，抒发人间的离别愁苦……《古诗十九首》的出现，标志着五言诗歌形式从叙事为主的乐府民歌发展到抒情为主的文人创作，已经趋向成熟，一个五言诗的时代已经开始了。

慷慨深沉建安风骨

建安（196~220）是汉献帝的年号。建安时期，是汉魏易代之际，社会政治、

❀ 关 键 词 ❀

建安风骨 三曹 建安七子 蔡琰

思想方面的急剧变化，带来的文学方面的重大变化，使文学出现了崭新的面貌，划出了中国文学发展的一个新的时期。建安时期的文学，主要成就在诗歌。建安诗人在继《古诗十九首》之后，第一次掀起了文人五言诗的创作高潮。他们继承汉乐府民歌的现实主义精神，真实而广泛地反映了动乱的社会现实和人民的苦难，展示了广阔的时代生活画面；抒发了作家建功立业的理想壮志和积极进取精神；也流露了人生短促、壮志难酬的悲凉情绪。这些作品意境宏大，笔调明朗，形成刚健深沉、慷慨悲凉的风格，具有鲜明的时代特征和个性特色。后人把建安诗歌的独特风格称为"建安风骨"。其中，"风"主要指作品的思想内容，"骨"主要指作品的艺术表现形式。建安风骨是我国文学史上一个进步的传统，对后世文学的发展产生了广泛而深远的影响。它的主要创作主力和代表，是"三曹"（曹操、曹丕、曹植）、"建安七子"和女诗人蔡琰。

曹操"外定武功"，"内兴文学"

❀ 关 键 词 ❀

曹操 挟天子以令诸侯 建安文学 政治家

曹操（155~220）字孟德，小名阿瞒，沛国谯县（今安徽亳州）人。黄巾起义时，他散财起兵，成为一方豪强。董卓作乱，他参加讨董联军。建安元年（196），他自称大将军，迎献帝迁于许昌。自此，他"挟天子以令诸侯"，成为北方的实际统治者。曹操是汉末杰出的政治家和军事家。他消灭了北方的众多割据势力，统一了中国北方大部分区域，并实行一系列恢复经济生产和社会秩序的进步政策，从而对结束汉末的混乱局面、促进国家的统一起了积极的作用，并奠定了曹魏立国的基础。曹操在"外定武功"的同时，又"内兴文学"。他是建安时期杰出的文学家和建安文学新局面的开创者。他一方面利用自己的政治地位，广泛搜罗文士，倡导文学；另一方面，他也用自己的创作实践，开创了建安文学的新风气。曹操诗文俱佳，能突破前代传统，为文随便、大胆，形式自由。他这种坦率质朴、简约严明的文风，极具现实性和斗争性，对当时和后世都产生了重要的影响。

风格独具曹操诗

关键词 曹操 建安时期 《观沧海》《龟虽寿》

曹操今存诗二十余首，兼有四言、五言和杂言。其所存诗虽不多，但内容广泛，风格独具。作为建安时期政治舞台上的核心人物，曹操写下了不少感时之作，反映了汉末社会的动乱和民生的艰难。这类诗多为五言，都多有"诗史"性质，如《蒿里行》。曹操的另一类诗则主要表现了自己的理想、抱负、积极进取的精神和深刻的思想矛盾。这类诗多为四言，如著名的《观沧海》《龟虽寿》《短歌行》等。曹操诗在艺术上独具特色。其重要诗作多为政治抒情诗，善将叙事、描写和抒情融为一体，具有鲜明的抒情性和时代感。他的诗歌形式自由，语言质朴自然，苍劲有力，兼有浓郁的民歌情味。曹诗抒情化、个性化的特色，构成了其诗雄健深沉的基调；而其诗境界之开阔，气象之雄浑，又明显表现了一

■ 曹操

个杰出的政治家的心胸与气魄。因此，总的来说，曹操的诗风是沉雄、悲凉的。

曹植才高八斗，七步成诗

曹植（192~232）字子建，曹操之子，曹丕之弟。其生平、思想以曹丕称帝为界，明显地分为前后两期。前期，与曹丕一样，大部分时间是在邺下安定的环境中度过。他聪慧、博学，极富文学才华，著名山水诗人谢灵运曾誉之为才高八斗。他深得曹操喜爱，几乎被立为太子，志满意得，后因恃才傲物，饮酒不节，在与曹丕争太子的角逐中败阵。后期，他备受曹丕的猜忌和迫害，屡次被贬爵和改换封地。曹丕称帝后，仍十分忌恨曹植，想出"七步成诗"的办法，欲治曹植死罪。但因曹植10岁左右就能出口成文，下笔成章，因此没走七步便成《七步诗》，曹丕只好降低曹植的爵位了事。曹植虽名为侯王，实际上无异于囚徒，抑郁失志，在愤懑与

关 键 词
曹植　曹子建　曹丕　陈思王　《七步诗》

■ 曹植七步作诗

苦闷中辞世。因其最后封地在陈，死后谥号为思，后世便称他为"陈思王"，或称"陈王"。曹植一向关心国事，渴望建功立业，表现了可贵的政治热情。后来虽然在政治上受挫，但仍雄心不减，立志西灭蜀，东灭吴。他还多次请求为国效力，但均遭拒绝，然其追求功业之心，至死未泯。

独树一帜曹植诗

关键词 曹植 《白马篇》《赠白马王彪》 骨气奇高，词采华茂

曹植的诗歌创作，和其生平、思想一样，也明显地分为前后两期。其前期诗歌的主要内容之一是抒写自己的理想和抱负，《白马篇》是这一时期创作的代表。意气风发、豪情四射、慷慨豪迈是他前期诗歌的主要特色。由于生活境遇和思想的变化，曹植后期的诗歌在内容和风格方面也与前期大不相同。从内容上说，其后期诗更多地表现了壮志不得施展的苦闷、备受迫害的无限压抑和悲愤，以及对生存的忧思和恐惧；从风格上说，深沉、凄婉、慷慨悲凉是后期诗的主要基调。《赠白马王彪》是其后期诗歌重要的代表作。曹植的诗广泛利用乐府诗的形式，却改变乐府诗以叙事为主的表达而以抒情为主，大大加强了诗歌的抒情化色彩。他的诗描写细致，语言自然绮丽，善用比喻。曹植还特别注重诗歌的炼字、对偶、色调和音韵，讲究诗歌的谋篇布局。因此，曹植的诗，既有充实的内容，又有高超的艺术技巧，达到了形式和内容的完美统一，形成了"骨气奇高，词采华茂"的风格特色，既不同于其父的古直沉雄，也大别于其兄的清丽哀婉，在建安诗人中独树一帜。

建安文学主力军：建安七子

关键词
建安七子 建安文学 建安风骨

建安七子是建安文学七位文学家的合称。最早提出"七子"之说的是曹丕，他们是指：鲁国孔融，广陵陈琳，山阳王粲，北海徐干，陈留阮瑀，汝南应场，东平刘桢。这七人大体上代表了建安时期除曹氏父子之外的优秀作者，所以"七子"之说，得到后世的普遍承认。"建安七子"的创作各具个性，有独特的风貌。孔融长于奏议散文，作品体气高妙；王粲善于诗、赋、

散文，号称"兼善"，其作品抒情性强；刘桢擅长诗歌，所作气势高峻，格调苍凉；陈琳、阮瑀，以章表书记闻名当时，在诗歌方面也都有一定成就，其风格的差异在于陈琳比较刚劲有力，阮瑀比较自然畅达；徐干诗、赋皆能，文笔细腻、体气舒缓；应玚亦能诗、赋，其作品和谐而多文采。"建安七子"的创作风格也具有一些共同的特点，也就是建安文学的时代风格——建安风骨。"建安七子"在中国文学史上具有相当重要的地位。他们与"三曹"一起，构成了建安文学作家的主力军。他们对于诗、赋、散文的发展，都曾做出过贡献。

智慧化身之诸葛亮

诸葛亮（181~234），字孔明，号卧龙，琅邪阳都（今山东沂南县）人，三国时期杰出的政治家、战略家、外交家、军事家，蜀汉丞相。诸葛亮早年丧父，后跟随叔父诸葛玄。叔父死后，诸葛亮和弟弟便移居隆中，隐居乡间耕种，维持生计。在隆中，通过潜心钻研，诸葛亮不但熟知天文地理，而且精通战术兵法。他志向远大，以天下为己任。他还十分注意观察和分析当时的社会，积累了丰富的治国用兵的知识，人称"卧龙"。27 岁时，刘备三次前往拜访他，问他统一天下之计。诸葛亮感念刘备

> **关 键 词**
> 诸葛亮 三国 政治家 军事家 三顾茅庐 鞠躬尽瘁，死而后已

"三顾茅庐"的知遇之恩，出山辅助刘备成就大业，建立了蜀国，与曹魏、孙吴鼎足而立。刘备称帝后，拜诸葛亮为丞相。223 年刘备病逝，临终对诸葛亮托认国事。诸葛亮深感刘备知遇之恩和临终托孤之情，辅佐刘禅竭忠尽智，为实现刘备的统一中原，光复汉室的遗愿鞠躬尽瘁，死而后已。227 年，诸葛亮率军出驻汉中，前后 6 次北伐中原，多以粮尽无功。234 年，诸葛亮终因积劳成疾，病逝于五丈原军中。诸葛亮不仅仅是中华民族的智慧代表，更重要的是，他是千百年来士大夫知识分子的人格之神。在中国历史上，德才兼备的人不少，但像他这样集智慧与人格于一身，可谓绝无仅有。他所提倡、

■ 诸葛亮

实践的"鞠躬尽瘁，死而后已"的忘我精神，为历代所推崇备致。

古今传颂《出师表》

关键词 │ 《出师表》 诸葛亮
亲贤臣、远小人

《出师表》分为《前出师表》和《后出师表》两篇，是三国时期蜀汉丞相诸葛亮两次北伐曹魏前，上呈给后主刘禅的奏章。《前出师表》作于建兴五年（227），诸葛亮第一次出师伐魏之前，收录于《三国志》卷三十五。文章情意真切，感人肺腑，语言率直、质朴、恳切，表明了诸葛亮北伐的决心。他在表中告诫后主要"亲贤臣、远小人"，多听取别人的意见，为兴复汉室而努力；也陈述了自己对先帝的"感激"之情和"兴复汉室"的决心。《后出师表》作于建兴六年（228），诸葛亮在文中表示为了国家，决定"鞠躬尽瘁，死而后已"，深刻地表现了诸葛亮对国家的忠心耿耿。其中"先帝虑汉贼不两立，王业不偏安"经常被后人引用。但有不少学者认为《后出师表》并非出自诸葛亮之手。诸葛亮的《出师表》历来受到人们的高度赞扬，不仅千古传颂，还被视为表中的代表作。陆游在《书愤》中写道："《出师》一表真名世，千载谁堪伯仲间？"文天祥的《正气歌》亦云："或为出师表，鬼神泣壮烈。"感人之深，由此可见。

酣歌纵酒"竹林七贤"

关 键 词

竹林七贤 曹魏时期 阮籍 嵇康

"竹林七贤"指的是曹魏时期的七位名士：阮籍、嵇康、山涛、刘伶、阮咸、向秀和王戎。他们放旷不羁，常聚集于山阳（今河南修武）竹林之下，酣歌纵酒，故世称竹林七贤。他们大都崇尚老庄之学，不拘礼法，生性放达。但随着政治形势的日渐严峻和司马氏篡权之势已成，七贤的政治态度和处事方式也各有变化。阮籍、刘伶、嵇康对司马氏集团均持不合作态度，嵇康更因此被杀。相反王戎、山涛等则先后投靠司马氏，历任高官，并成为其政权的心腹。在文章创作上，他们的诗文创作，多揭露政局的黑暗，抒发自己忧生惧祸，高蹈遗世之情；艺术上则多呈现深隐曲折、清峻超拔的倾向。虽与建安时期只相距二十余年，但风格迥异。七贤之中，人品和文学成就最高者，是阮籍和嵇康。如阮籍的《咏

■ 孙位《高逸图》(部分),又名《竹林七贤图》。

怀》诗八十二首,透过比兴、寄托等手法,隐晦地揭露最高统治集团的恶行,讽刺虚伪的礼法之士;又如嵇康的《与山巨源绝交书》,他以老庄崇尚自然为论点,说明自己不堪出仕,公开表 明了不与司马氏合作的政治态度,文章颇负盛名。

洛阳纸贵《三都赋》

《三都赋》的作者是西晋著名的诗人和辞赋家左思。左思(约250~约305),字太冲,临淄(今山东淄博)人。左思从小出身贫寒,且相貌丑陋,但他却视荣辱如浮云,名利为粪土,把精力都用在精研书法和文学创作上,写出了许多流传至今的名篇佳作。左思是西晋太康年间成就最高的作家。今存赋2篇,诗14首。《三都赋》与《咏史》诗是其代表作。《咏史》诗一共八首,抒发了诗人远大的政治

❀ 关 键 词

左思　西晋　《三都赋》　洛阳纸贵

■ 人们排队买纸抄《三都赋》

抱负和高尚的人生理想。这些诗直抒胸臆，慷慨淋漓，笔调挺拔，词采壮丽，形成独有的豪壮风格，表现了鲜明的创作个性。而倾左思十年精力而作的《三都赋》问世后，更是名扬天下，朝野广为传诵，一时风行洛阳，豪贵之家争相传抄，洛阳市场上的纸价也因而昂贵起来。以后，"洛阳纸贵"便成了著名典故。《三都赋》的内容主要是写魏、蜀、吴三国都城的景况，表达了向往国家统一的愿望。

隐逸诗人之宗陶渊明

关 键 词

陶渊明　东晋　陶潜　五柳先生　文学家

■ 陶渊明

陶渊明（365~427），又名潜，字元亮，浔阳柴桑（今江西省九江市东南）人，东晋文学家，后世称其为隐逸诗人之宗。因宅边种植五棵柳树而自号五柳先生；又因曾任彭泽令，后世称陶彭泽。陶渊明出身于落魄仕宦家庭，生活于东晋末年，当时社会政治腐败，各处矛盾异常尖锐。这样的家世和生活背景，对陶渊明一生的生活、思想和创作，都产生了直接的影响。他的一生，大体可分为三个时期：29岁以前，为家居读书时期；从29岁到41岁，为时官时隐时期。因为生活所迫，陶渊明入仕为官，初为江州祭酒，后解职，回乡躬耕。36岁时，做幕僚，任军职，后怕卷入政治斗争，于是再次归隐。39岁时，第三次出仕，先后任参军、江州刺史等职。41岁时，任彭泽县令，因"不能为五斗米折腰"而解职辞归。从41岁到63岁去世，为隐居时期，过着田园生活。虽然生活清贫，但面对朝廷的征召，他仍坚持不就，保持了高尚的人品节操。他的这种不为五斗米折腰、宁守穷困也不屈服权贵的高尚精神，教育和影响了无数文人知识分子。

平淡自然陶渊明诗

陶渊明今存诗125首，其中116首是五言诗。他的五言诗题材广泛，包括哲理、家训、赠别、羁旅、咏史、咏怀、田园等。

关键词 陶渊明　田园诗　平淡自然　《归园田居》

其中，田园诗是陶渊明诗中最有光彩和特色的一部分。陶渊明是田园诗的开创者，他的田园诗以纯朴自然的语言、高远拔俗的意境，为中国诗坛开辟了新的天地，并使其成为唐以后久传不衰的诗歌题材。陶渊明的田园诗的内容包括：对田园优美自然风光的描绘，歌颂田园生活的自然淳真，表达自己对田园生活的热爱；描写自己的躬耕生活，表达自己对劳动和劳动人民的认识和感情；描写自己生活的困顿和农村的荒凉残破，表达自己守节困穷的品德。陶渊明的诗给人最突出的印象是平淡自然，这是一种不易达到的美的境界。但因为陶诗中描绘的场景，叙写的事情，均为人们所熟知，因此让人一读就懂，从而倍感亲切自然。同时，陶渊明在抒发自己的感情时，从来不躲闪，不伪饰，因此他诗中所渗透的感情又很淳真。陶渊明的诗意境高远，浑融完整，语言朴素、真率，不作任何修饰，明白易懂，但风采韵味深厚。代表诗作主要有《归园田居》五首，《饮酒》二十首。

■ 陶渊明《漉酒图》

情真意淳陶渊明文

陶渊明不但是东晋最杰出的诗人，而且也是这一时期文章最有成就的作家。他的文章现存十二篇，其中辞赋三篇，韵文

关键词 陶渊明　《归去来兮辞》　《桃花源记》　《五柳先生传》

五篇，散文四篇。虽数量不多，但影响不小。他的辞赋最为出色的是《归去来兮辞》，这是他与官场诀别的宣言书。全文叙议结合，骈散相间，真情袒露，语言省净。他的韵文也从不同角度表现了他的思想和文风，如《读史述》《自祭文》等。陶渊明的散

■《桃花源记》意境图

文代表作是《五柳先生传》和《桃花源记》。前者实际是作者自撰的小传，既无慷慨激昂之语，亦无刻意藻饰之词。后者则描绘了一个虚构的乌托邦式的理想社会，文章描写生动，情节曲折，语言精炼自然，具有极大的艺术魅力。陶渊明的文章，不但文体多样，而且内容丰富，风格独特。他的文章归于自然，感情淳真，语言省净，语气平和，文风淡泊。

集鬼怪于一身的《搜神记》

❀ 关 键 词 ❀

干宝 东晋 《搜神记》 志怪小说

志怪小说是我国古代短篇小说的一种，主要描写的是鬼神怪的故事。它是魏晋南北朝时期小说创作的主流。在此时期，志怪小说可考者多达八九十种，但成就最高的则数干宝的《搜神记》。干宝（？~336）字令升，河南人，东晋文学家。他少年时，勤奋好学，博览群书，学识渊博。干宝喜欢阴阳术数，搜集了许多古今神怪灵异人物的故事，撰成《搜神记》三十卷，今存二十卷。《搜神记》在艺术方面的特色主要表现在以下几个方面：第一，它的许多作品篇幅短小，简洁明快，但叙事内容完整、曲折。文字有丰富的表现力，这在同期小说中是十分罕见的。第二，许多篇章用了多种手段提高了故事描述的艺术性，在气氛的渲染、场景的描述和设置悬念方面开创了艺术小说的先河。第三，对人物的塑造十分生动，有时用内心的情绪波动来表现人物，有时用环境和场面来突出人物，从而使所描述的对象愈加生动形象，神态鲜明。《干将莫邪》《韩凭夫妇》《李寄斩蛇》都是其中的名篇。

谢灵运 寄情山水

※ 关 键 词 ※

谢灵运　东晋　谢康乐　山水诗

谢灵运（385~433）小字客儿，祖籍陈郡阳夏（今河南太康），世居会稽（今浙江绍兴市）。他是东晋名相谢玄的孙子，出身于士族大地主家庭。他从小博览群书，工书画，才学出众，很早就受到族叔谢混的赏识，与兄谢瞻、谢晦等皆为谢氏家庭中一时之秀。18岁时，袭爵康乐公，世称谢康乐。他本来在政治上很有抱负，但他生活的那个年代，正是晋宋易代、政局混乱、社会动荡的时期。东晋灭后，南朝宋初刘裕采取压抑士族的政策，谢灵运也由公爵降为侯爵，自负而又热衷于政治权势的他，感到自己的政治特权受到威胁，对宋统治者心怀不满。于是，他积极参与权力之争，终在政治权力角逐中败阵，被贬为永嘉太守，不久后又辞官归隐于始宁（今浙江省上虞县）。自出任永嘉太守之后，无论是在任还是隐居，谢灵运总是纵情山水，肆意遨游，经常出入于深山幽谷，探奇揽胜。一方面以此举

■ 谢灵运

对抗当政，发泄不满，同时也在山水清音之中得到心灵的慰藉。他在《游名山志序》中认为，只有徜徉于山水之间，才能体道适性，舍却世俗之物累。

清新可爱谢灵运山水诗

继陶渊明的田园诗之后，山水诗标志着人与自然进一步的沟通与和谐，标志着一种新的自然审美观念和审美趣味的产生。

关键词　谢灵运　山水诗　鲜丽清新
自然可爱

真正大力创作山水诗，并在当时及对后世产生巨大影响的，是谢灵运。谢灵运的山水诗，大部分是他任永嘉太守以后所写。这些诗，以富丽精工的语言，生动细致地描绘

了永嘉、会稽、彭蠡湖等地的自然景色。其主要特点是鲜丽清新、自然可爱。他凭着细致的观察和敏锐的感受，运用准确的语言，对山水景物作精心细致的刻画，力求真实地再现自然美。因而他笔下的物象，就更多地带有独立性和客观性。他写风就是风，写月就是月，写山就要描尽山姿，写水就要描尽水态。代表作有《过始宁墅》《晚出西射堂》《登江中孤屿》等。谢灵运所开创的山水诗，把自然界的美景引进诗中，使山水成为独立的审美对象。他的创作，不仅把诗歌从"淡乎寡味"的玄理中解放了出来，而且加强了诗歌的艺术技巧和表现力，并影响了一代诗风。

鲍照 空有抱负难施展

❋ 关 键 词 ❋

鲍照　南朝宋　元嘉三大家　边塞题材

鲍照（约 414~466）字明远，东海（治所在今山东郯城）人，南朝宋文学家。他的青少年时代，大约是在京口（今江苏镇江）一带度过的。鲍照家世寒微，但才华俊逸。15 岁时，贯通诗书，颇有文名。20岁后，遍访天下名士。25 岁时，为了谋求官职，他去谒见临川王刘义庆，献诗言志，获得赏识，被任为国侍郎。后来又出任过中书舍人、秣陵令等小官，最后做了临海王刘子顼的幕僚。刘子顼因谋反罪被赐死，鲍照也死于乱军之中。出身寒微的鲍照，是一位极有抱负的才士。他不甘于低下的地位，迫切地想凭借自己的才智，在上层社会找到一席之地。但在豪门士族的压抑下，他有志难伸，政治上极为失意。自步入仕途后，就一直沉沦下僚，常常是在贫病交迫之中艰难度日。不幸的身世遭际，促成了他的文学成就，后人将他与谢灵运、颜延之并称为元嘉三大家。

奇矫凌厉鲍照诗

关键词　鲍照　七言诗　边塞诗　《拟行路难》

鲍照的文学成就是多方面的，他的诗、赋、骈文皆不乏名篇，但成就最高的还是诗歌。他将满腔的悲愁苦闷之情与怨愤不平之气发而为诗，因而其诗歌的主要内容，就是表现其建功立业的愿望和抒发寒门之士备遭压抑的痛苦，其中充满对门阀社会的不满情绪与抗争精神，代表着寒士的强烈呼声。描写边塞战争、反映征夫戍卒的生活，是鲍照诗歌内容的一个重要方面，其中也渗透着诗人自己的慷慨不平。鲍照诗歌的艺术风格俊逸豪放，奇矫凌厉。他的诗以凌厉之势，不仅在当时标举独出，征服了同时代的许多读者和诗人，而且也深得后代诗人与诗论家的赞许。如唐代诗人杜甫就曾以"俊逸鲍参军"来称美李白。代表作有《拟行路难》《代出自蓟北门行》等。鲍照的诗歌成就一方面在于发展了七言诗，创造了以七言体为主的歌行体，并以丰富的内容充实了七言体的形式，从而为七言体诗的发展开拓了宽广的道路。另一方面，他在边塞诗题材方面也有新的开拓，自鲍照起，古诗中边塞题材的范畴已大体确立，对后世边塞诗的发展产生了重要影响。

刘义庆 喜招聚文士

刘义庆（403~444）彭城（今江苏徐州）人，南朝宋文学家。他是南朝宋武帝刘裕的侄儿，袭封临川王。刘义庆自幼喜

关 键 词
刘义庆　南朝宋　《世说新语》　临川王

好文学、聪敏过人，深得宋武帝、宋文帝的信任，备受礼遇。15岁以来，一直平步青云，其中任秘书监一职，掌管国家的图书著作，有机会接触与博览皇家的典籍，为《世说新语》的编撰奠定了良好的基础。30岁时，他担任荆州刺史，在位8年，颇有政绩。荆州地广兵强，是长江上游的重镇，在此过了8年安定的生活。刘义庆为人恬淡寡欲，爱好文史，又喜欢招聚文士，因此不少文人雅士集其门下，当时名士如：袁淑、陆展、何长瑜、鲍照等人都曾受到他的礼遇。著有《幽明录》《宣验记》等，但皆已散佚，现只存《世说新语》一书，流传于世。《世说新语》就是他与门下文人博采众书编纂而成。

笔记小说先驱《世说新语》

《世说新语》是南北朝时期刘宋宗室、临川王刘义庆主持撰写的一部笔记小说，它主要记载两汉魏晋时代一些人物的逸闻

关键词　刘义庆　《世说新语》
笔记小说　白描手法

琐事。这种"琐言"体小说，创始于西汉刘向，而盛行于魏晋，刘义庆《世说新语》是集其大成者，且全书完整地保存下来，因此非常珍贵。今本《世说新语》分为"德行""言语""政事""文学"等36个门类，主要是记载汉末、魏晋以来300年间士大夫们的言谈逸事，重点记载东晋这100年间的人事。《世说新语》主要的思想价值

在于通过对汉末至东晋年间士大夫们言谈逸事的纪实性描写，记录汉魏两晋士人心态的发展历程，反映了玄学思潮的勃兴。透过这个窗口，人们可以察知汉末至魏晋这 300 年间社会政治、思想道德观念、风俗人情演变的实际情况。《世说新语》因为展开对人的个性的全面描写而在中国小说史上占有重要的地位。它不仅开创了"志人"这种以记录人物逸闻琐事为主的文言小说流派，成为笔记小说的先驱，还以玄远隽永的叙事语言、生动传神的白描手法为《三国演义》《水浒传》《儒林外史》《红楼梦》等白话长篇小说提供了艺术经验，因而堪称中国文化史上的一座宝库。

"竟陵八友"之一：谢朓

关 键 词

谢朓　南朝齐　竟陵八友　山水诗　小谢

谢朓（464~499）字玄晖，陈郡阳夏（今河南太康县附近）人，南朝齐诗人。他出身世家大族，祖、父辈皆刘宋王朝亲重，祖母是史学家范晔之姐，母亲为宋文帝之女长城公主，与谢灵运同族，经历有些类似，时与谢灵运对举，世称"小谢"。初任豫章王太慰行参军，后在随王萧子隆、竟陵王萧子良幕下任功曹、文学等职，颇得赏识，曾参与竟陵王萧子良西邸的文学活动，为"竟陵八友"之一。在"八友"中，他的成就最高。公元 495 年，出任宣城太守，故有谢宣城之称。后因告发岳父王敬则谋反事受赏，举为尚书吏部郎。因不愿参与始安王萧遥光的篡位阴谋，被诬陷死于狱中。谢朓在西邸创作的诗歌，题材比较狭窄，除了游宴应酬之外，就是咏物，如《咏风》《咏竹》等。自从随府赴荆州以后，他的诗歌创作有了新的开拓，特别是经历了政治风波，出任宣城太守以后他的诗歌无论内容或者形式，都取得了新的成就。他不仅创作了大量的山水诗，表现山川之美和自己的生活感受，还创作了诸如《赛敬亭山庙喜雨》《赋贫民田》等诗歌，反映了一定的社会现实。

自然流丽谢朓诗

关键词

谢朓　山水文学　玄言诗　二谢

谢朓诗歌创作的主要成就是发展了山水诗。晋宋以后，山水文学产生了，但多少还受玄言诗的影响，总带点玄理。谢灵运的山水诗就是如此。谢朓和谢灵运同族，世称"二谢"，谢灵运为大谢，谢朓为小谢。小谢诗学大谢，都善于模山范水，以山水诗见长；但二人的诗境和诗味却有别。

大谢的山水诗仍然带有一些"玄言"的色彩，小谢的山水诗则抒发了思想感情，玄言诗的影响差不多已被消除殆尽。谢朓的山水诗把描写景物和抒发感情自然地结合起来。他浮沉于政治旋涡之中，目睹仕途的险恶和现实的黑暗，因此常常通过对景物的描写，表现出对于宦途的忧惧和人生的苦闷。他的山水诗观察细微，描写逼真，风格清俊流丽。写景抒情清新自然，意境新颖，富有情致，且佳句颇多。如"余霞散成绮，澄江静如练"（《晚登三山还望京邑》）、"天际识归舟，云中辩江树"（《之宣城郡出新林浦向板桥》）、"鱼戏新荷动，鸟散余花落"（《游东田》）等，至今脍炙人口。

讲究形式美的 *南朝骈文*

骈文，也称骈偶、俪文、四六等，是一种通篇对偶或以对偶句为主构成的文章。这种以偶句为主的规范化、格律化的

关 键 词

骈文　散文　南朝　《与宋元思书》

文体与自由抒写的散文相对立而存在，表现出形式、情调和风格上的明显不同。由于南朝特殊的社会背景特别讲究形式美的骈文，骈赋呈现出畸形繁荣的局面，并取代散文而成为文坛的主流。宋代是文风转变的重要时期，骈文之刻意追求词采、对仗、用典即始于此时。这一时期的骈文名家有鲍照，其代表作是《登大雷岸与妹书》和《哀江南赋序》。齐、梁时代是骈文的鼎盛时期，几乎所有作家都写骈文，同时，骈四俪六，隔句作对，平仄相间也日渐定型，骈文更趋成熟。这一时期的文人多用精巧玲珑的形式掩盖其内容的贫乏成为骈文的基本倾向，然而也不乏内容充实、形式完美的优美之作。如孔稚珪的《北山移文》、陶宏景的《答谢中书书》、丘迟的《与陈伯之书》、吴均的《与宋元思书》、徐陵的《玉台新咏序》等。

《颜氏家训》对子孙告诫

南朝文坛骈文占据着统治地位，纯粹的散体文章的创作处于衰微的地步。北朝散文虽也受到骈体文的影响，但仍出现了

关 键 词

颜之推　南北朝　《颜氏家训》　散文

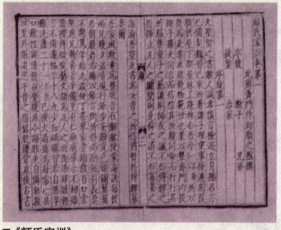

■《颜氏家训》

郦道元《水经注》和颜之推《颜氏家训》等散文名作。《颜氏家训》是南北朝时期有关个人经历、思想、学识并对子孙进行告诫的古书，作者颜之推，共七卷，二十篇。颜之推（531~591）字介，原籍琅琊临沂（今中国山东临沂），先祖在东晋时渡江，定居在建康。颜之推士族出身，受儒家礼法影响，也信仰佛教。他博学多才，处事机敏，因而在多个政权中任职，地位都很高。他的阅历异常丰富，这是他书中思想形成的社会基础。书中虽然有些观点陈旧，但也有很多涉及南北朝社会、政治、文化的内容和议论，史料价值很高。《颜氏家训》虽是家训一类文章，多用儒家思想教训子弟，但风格平易通畅，文笔朴实简洁。作者侃侃而谈，语重心长，毫不做作；在叙事中善加白描，不加夸饰，笔墨间常含感情。像《教子篇》《涉务篇》《名实篇》等都描写得淋漓尽致。

地理巨著《水经注》

❋ 关 键 词 ❋

郦道元　北魏　《水经注》　地理巨著
山水游记

■ 郦道元

郦道元（？~527）字善长，北魏范阳涿鹿（今河北省涿鹿县）人，出生于官宦世家。郦道元从少年时代起就爱好游览。他跟随父亲在青州时候，曾经和友人游遍山东。做官以后，到过许多地方，每到一个地方，都要游览当地名胜古迹，留心勘察水流地势，探溯源头，并且在余暇时间阅读了大量地理方面的著作，逐渐积累了丰富的地理学知识。他一生对我国的自然、地理状况作了大量的调查、考证和研究工作，并且撰写了地理巨著《水经注》，为我国古代的地理科学做出了重大贡献。《水经注》不仅是一部具有重大科学价值的地理巨著，而且也是一部颇具特色的山水游记。郦道元以饱满的热情，浑厚的文笔，精美的语言，形象、生动地描述了祖国的壮丽山川，表现了他对祖国的热爱和赞美。其中的《江水注》中的"巫峡"，《河水注》中的"孟门山"，《济水注》中的"大明湖"等，将景物描写得风姿各异。《水经注》以其独特的魅力流传千古，对后世山水散文的发展产生了广泛的影响。

清丽缠绵 南朝乐府民歌

南朝乐府民歌是由当时的乐府机关采集而保存下来的民间诗歌创作。它主要产生于东晋和宋、齐、梁时期。这些民歌

关 键 词

南朝乐府民歌　清丽缠绵　《西洲曲》

主要保存在郭茂倩《乐府诗集》中，而以《清商曲辞》中的"吴声歌"和"西曲歌"为主。南朝乐府民歌内容多是爱情，虽然单调，但由于其多角度、多侧面反映了爱情生活，并且所写之情极其真实，犹如流自肺腑，颇具感人的力量。它主要采用五言四句的形式，而以抒情为主，长于委婉细腻的笔法，尤其善于描写心理活动，将主人公刹那间的感情片段表现得淋漓尽致，因而风格清丽缠绵。在语言运用上，它不仅有传统民歌语言的明白晓畅，清新自然，多用比兴、象征手法等特点，而且充分利用汉语谐音的特点，大量采用隐语双关的修辞手法。南朝民歌中最杰出的代表作是抒情长诗《西洲曲》。作品通过季节变换，层层递进地表现了一位少女从春到秋对远方情人的深切思念之情。南朝民歌对后世爱情诗影响深远。

■仇英《采莲图》，反映《西洲曲》中的采莲景。

朴直刚健 北朝乐府民歌

■《木兰诗》插画

北朝乐府民歌今存 60 余首，大部分保存在郭茂倩《乐府诗集·横吹曲辞》的《梁鼓角横吹曲》里，多数是北魏、北齐、北周时期的作品。北朝乐府民歌数量虽然不多，题材却比较广泛。主要有以下几方面内容：一是描写了北方的壮丽山川和游牧生活。如《敕勒歌》；二是表现了北方民族粗犷豪迈的个性和豪侠尚武的精神。如《折杨柳歌辞》其五；三是反映了北方频繁的战争以及由此给人民带来的离乡背井、流离失所的痛苦。如《陇头歌》三首；四是反映了婚姻爱情生活。北方男女对婚姻爱情直率、大胆、开放的态度，与南朝民歌的情调缠绵婉转形成鲜明的对照。如《折杨柳枝歌》其二。北朝乐府民歌语言质朴刚健，风格粗犷豪放，自然清新，多杂言格式而以五言为主。《木兰诗》是北朝乐府民歌中最杰出的作品，讲述了一个具有传奇色彩的故事，成功地塑造了木兰这一不朽的艺术形象。全诗条理清晰，中心突出，繁简适当，民歌风味浓郁，形成粗犷豪放的诗风。它与《孔雀东南飞》被誉为我国诗歌史上长篇叙事诗的双璧。

英姿逸发 "初唐四杰"

初唐四杰是指共同活跃于 7 世纪下半期文坛上的王勃、杨炯、卢照邻、骆宾王。它们在思想性格、生活遭遇、文学主张，以至创作实践上都有许多共同的倾向，故合称"初唐四杰"。 四杰活动于唐高宗、武后时期。他们都是英姿逸发的少年天才。骆宾王7岁即能诗，被称为"神童"。杨炯10岁即应童子举，翌年待制弘文馆。王勃16岁时，被太常伯刘祥道称为神童而表荐于上，对策高第，拜为朝散郎。卢照邻20岁即为邓王府典签。但是在仕途上，他们又都是坎坷不遇的。四人中，仅杨炯官至县令。年少志大，才高位卑，这种人生经历深刻地影响了他们的思想性格和文学创作。初登诗坛，他们就表现出睥睨古今的锐气和勇气。一方面汲取前人之长，一方面对诗坛陈旧保守的遗风陋习发起挑

王勃　杨炯　卢照邻　骆宾王
■ 初唐四杰

战，在这过程中，以刚健壮大的审美追求，开始改变唐诗的面貌。他们拓新了诗歌的主题和题材，使诗歌摆脱了颂隆声、助娱乐的虚套，面向广阔的时代生活，用现实的人生感受，恢复了诗中清醒而严肃的自我。初唐四杰以他们重刚健、重气质的创作实践，在诗坛上起到了解放诗歌的作用，构成了唐诗发展中重要的一环。

王勃 才高早逝

王勃（649~676）字子安，绛州龙门（今山西河津）人，唐代文学家。王勃与杨炯、卢照邻、骆宾王以诗文齐名，并称"王杨卢骆"，亦称"初唐四杰"。王勃出身于书香门第，其祖父王通是隋末著名学者，父亲王福畤历任太常博士、雍州司功等职。王勃自幼聪慧好学，六岁能文，才华早露，

关 键 词

王勃　唐　初唐四杰　《檄英王鸡》

未成年即被司刑太常伯刘祥道赞为神童，向朝廷表荐，对策高第，授朝散郎。后被沛王李贤征为王府侍读，两年后因戏为《檄英王鸡》文，被高宗怒逐出府。随即出游巴蜀。咸亨三年（672）补虢州参军，因为擅自杀了官奴而遭到死罪，后幸遇大赦，没有被处死。虽遇赦未丢掉性命，但宣告了他仕途的终结，也连累了他的父亲。王福畤因儿子王勃犯罪，被贬为交趾县令，远谪到南荒之外。王勃虽然做过几任小官，却两次遭到斥逐和除名，因此其短短的一生是在坎坷中度过的。上元三年（676），王勃南下探望父亲，渡海溺水，惊悸而死，年仅27岁。

王勃诗文意境开阔

关键词　王勃　《滕王阁序》　海内存知己，天涯若比邻

王勃诗文俱佳，为初唐四杰之首。他的文学主张是崇尚实用，当时文坛盛行以上官仪为代表的诗风，他的诗文创作在扭转齐梁余风、开创唐诗上功劳尤大，为后世留下了一些不朽名篇。他的五言律诗《送杜少府之任蜀州》，成为中国诗歌史上的杰作，久为人们所传诵。王勃的这首诗一洗绮丽之习，质朴雄浑，横溢奔放。这种诗风尔后就大大发展起来，成为盛唐诗坛的一种主导风格。诗中最后一句"海内存知己，天涯若比邻"成为千古名句，至今常被人们引用。诗人用这句诗慰勉即将分手的友人，意境开阔，一扫离别时的低沉情调，改变了汉魏以来送别诗的传统格局。而王勃最为人所称道、千百年来被传为佳话的，是他在滕王阁即席所赋的《滕王阁序》。序中描写了滕王阁壮美的景色，铺叙了宴会的盛况，抒发了自己的羁旅之情，寄寓了怀才不遇的感慨。这篇序词采绚丽，对仗工整，音韵铿锵，气势奔放，用典贴切，自然流畅。

■ 滕王阁

陈子昂 慷慨任侠

陈子昂（661~702）字伯玉，梓州射洪（今四川省射洪县）人，唐代文学家，初唐诗文革新人物之一。因曾任右拾遗，

关 键 词

陈子昂　唐　陈拾遗　边塞诗

后世称陈拾遗。陈子昂青少年时家庭较富裕，轻财好施，慷慨任侠。成年后始发愤攻读，博览群书，擅长写作。同时关心国事，要求在政治上有所建树。24岁举进士，以上书论政得到武后重视，授麟台正字，后迁右拾遗，直言敢谏。其间他的政治热情很高，再加上为人果敢刚毅，常上书直陈所见，批评时政。然而由于统治阶层的保守腐朽，陈子昂很多进步主张和建议，如关心民生、安边、廉政等，不但得不到重视，反而受到种种猜忌。当时武则天当政，重用酷吏，滥杀无辜。陈子昂不畏迫害，屡次上书谏言。后因"逆党"反对武则天受株连而入狱一年多。在26岁、36岁时两次从军边塞，使他对边塞形势和当地人民的生活有较深刻的认识。38岁辞官还乡，后被县令段简迫害，冤死狱中。

风格雄浑陈子昂诗

陈子昂主张改革六朝以后绮靡纤弱的诗风，恢复《诗经》的风、雅传统，强调比兴寄托，提倡汉魏风骨。存诗百余首，

关键词　陈子昂　《登幽州台歌》
《渡荆门望楚》　唐诗革新

其中最具代表性的是《感遇》三十八首、《蓟丘览古赠卢居士藏用》七首和《登幽州台歌》。他的律诗较少，但《晚次乐乡县》《渡荆门望楚》《春夜别友人》《送魏大从军》等五律，音节浏亮，风格雄浑，显示出近体诗趋向成熟时期的特色和刚健有力的诗风。尤其是《登幽州台歌》，更是其最具有震撼力的绝代之作。诗人在最小的篇幅内将巨大的感情扩展到巨大的时空中，产生了惊天地、泣鬼神的感染力。陈子昂是唐诗革新的前驱者。其诗思想进步充实，语言刚健质朴，对唐代诗歌影响巨大，张九龄、李白、杜甫、元稹、白居易都从中受到启迪。但他在大力反对颓风的同时，忽视了六朝诗人长期积累的艺术经验。其诗往往质朴有余而文采不足，有些诗篇语言较枯燥，形象不够鲜明。

《春江花月夜》"孤篇压倒全唐"

关 键 词

张若虚　《春江花月夜》　吴中四士

张若虚（约660~约720）扬州（今江苏扬州）人。曾任兖州兵曹。中宗神龙（705~707）年间，与贺知章、贺朝、万齐融、邢巨、包融等以文词俊秀驰名于京都，并与贺知章、张旭、包融并称为"吴中四士"。张若虚的诗描写细腻，音节和谐，清丽开宕，富有情韵，在初唐诗风的转变中有重要地位。但受六朝柔靡诗风影响，常露人生无常之感。诗作大部散佚，《全唐诗》仅存2首，其一为《春江花月夜》，乃千古绝唱，是一篇脍炙人口的名作，有"以孤篇压倒全唐"之誉。闻一多先生则誉之为"诗中的诗，顶峰上的顶峰"。这首诗以清丽的词采，和谐的旋律，深挚的爱心，歌颂了生机勃勃的春天，其中虽也有传统的闺情离愁的描写，但绝无轻浮华艳的成分，而引发出的对人生社会的思考却十分深刻。其中的"江畔何人初见月？江月何年初照人？""人生代代无穷已，江月年年只相似。"等都是其中的名句。

"诗佛"王维

关 键 词

王维　唐　诗佛　《九月九日忆山东兄弟》

王维（701~761）字摩诘，祖籍太原祁（今山西祁县），其父迁家蒲州（今山西永济），盛唐时期著名诗人。王维青少年时期即富于文学才华，现存著名的《九月九日忆山东兄弟》是他17岁时的即兴之作。34岁时，经张九龄提拔，拜右拾遗。后由于张九龄罢相等原因，40岁以后过着一种亦官亦隐的生活。安史之乱中被俘，被迫做伪官。安史之乱后，降为太子中允。后复累迁至给事中，以尚书右丞终，世称王右丞。王维的一生，大约可以以40岁为界，分为前后两期。前期仕途顺利，政治热情高涨，充满济世之志，写下很多咏政诗、边塞诗，风格也较为热烈豪放。40岁后，随着李林甫执政，唐代政治逐渐走向腐败，他的政治热情受到压抑。早就具有的佛教思想开始膨胀，思想也渐趋消极，内佛外儒成了他的主要思想。退隐田园，躲避现实，借山水美景以排遣苦闷，成为他生活的主要方式。因为晚年无心仕途，专诚奉佛，故后世人称其为"诗佛"。

"诗中有画，画中有诗"王维诗

王维诗成就最高的当属山水田园诗，他是盛唐山水田园诗派的代表人物，苏轼称赞的他的诗为"诗中有画，画中有诗"。王维对自然美的感受独特而细致入微，笔下山水景物特具神韵，略事渲染而意境悠长，色彩鲜明优美，极具画意。他写景动静结合，善于细致地表现自然界的光色和音响变化。他的写景诗，常用五律、五绝，篇幅短小，语言精美，音节舒缓，宜于表现山水幽静和诗人恬适的心情。王维继承和发扬了谢灵运开创的山水诗而独树一帜，使山水田园诗的成就达到了一个高峰，在中国诗歌史上具有重要的地位。王维其他方面也有佳作。一些赠别亲友和写日常生活的小诗，如《送元二使安西》《相思》《九月九日忆山东兄弟》等，古今传诵。这些小诗都是五绝或七绝，情真语挚，有淳朴深厚之美，可与李白、王昌龄的绝句相媲美。王维的五律和五、七言绝句造诣最高，其他各体也都擅长，在唐代诗坛是很突出的。王维生前及后世均享有盛名，有"天下文宗""诗佛"的美称，对后人影响很大。

关键词 王维 山水田园诗 诗中有画，画中有诗

■ 王维

孟浩然 布衣终身

孟浩然（689~740）名浩，字浩然，襄州襄阳（今湖北襄樊）人，世称孟襄阳，因他未曾出仕，又称之为孟山人。他

关 键 词
孟浩然 唐 孟襄阳 孟山人 "王孟"

的经历较简单，早年隐居在离襄阳城 30 里的鹿门山。40 岁时，游长安，应进士落第，在太学赋诗，举座嗟而佩服，为之搁笔。在长安时，与张九龄、王维交谊甚笃，与王维齐名，人称"王孟"。后漫游吴越，穷极山水，以排遣仕途的失意。在此前后，他还曾游历扬州以及湘、赣、蜀的一些地方，也曾滞留洛阳。他与唐代大诗人李白、杜甫均有交往。李白有两首怀念孟浩然的诗，杜甫也有诗赞颂孟浩然。张九龄作荆州长史时，曾引他短期入幕，不久又归居田园。晚年入世之心渐淡，生活更趋平静，追步陶渊明，成为真正的鹿门隐士，直到死去。孟浩然生于盛唐，早年有用世之志，但政治上困顿失意，不过他不媚俗世，最后以布衣终身。他是个洁身自好的人，不乐于趋承逢迎，其耿介不随的性格和清白高尚的情操，为同时和后世所倾慕。

清旷冲澹孟浩然诗

关键词 孟浩然　田园山水诗派　《过故人庄》《春晓》

孟浩然诗歌绝大部分为五言短篇，题材不宽，多写山水田园和隐逸、行旅等内容。虽不无愤世嫉俗之作，但更多属于诗人的自我表现。他和王维并称，其诗虽不如王诗境界广阔，但在艺术上有独特造诣，而且是继陶渊明、谢灵运、谢朓之后，开盛唐田园山水诗派之先声。孟诗不事雕饰，清淡简朴，感受亲切真实，生活气息浓厚，富有超妙自得之趣。孟诗的清淡具有一种内在的甘醇与神韵，包蕴着丰富的自然美、含蓄美，体现了作者的逸世风神与高人性情。孟浩然也善于使用诗画结合，声情并茂，动静相谐的手法，较王维诗有更多触景生情的有我之境。如《秋登万山寄张五》《过故人庄》《春晓》等篇，淡而有味，浑然一体，韵致飘逸，意境清旷。孟诗以清旷冲澹为基调，但冲澹中有壮逸之气，如《望洞庭湖赠张丞相》中"气蒸云梦泽，波撼岳阳城"一联，精力浑健，俯视一切。但由于生活所限，孟诗终究缺少更丰富、更深沉的思想内容和感情内涵。

■《过故人庄》意境图

边塞诗代表 岑参

岑参（约 715~770）原籍南阳（今河南），迁居江陵（今湖北），唐代诗人，边塞诗代表人物，与高适并称"高岑"。他出身官僚家庭，曾祖父、伯祖父、伯父都官至宰相。但他幼年丧父，家道中落。岑参少时即刻苦学习，遍读经史。20 岁至长安，求仕不成，奔走京洛，漫游河朔。天宝三载（744）中进士。天宝八载、十三载两次出塞任职，前后两次在边塞共六年。当时西北边疆一带，战事频繁，岑参怀着到塞外建功立业的志向，两度出塞，久佐戎幕，前后在边疆军队中生活了六年，因而对鞍马风尘的征战生活和冰天雪地的塞外风光有长期的观察与体会。他出塞的时间之长，地域之广，在唐代诗人中罕有其比，并从中积累了丰富的边塞生活经历和创作素材。回朝后，任右补阙、起居舍人等职。大历年间官至嘉州刺史，世称岑嘉州。后罢官，客死成都旅舍。

> ❀ 关 键 词
>
> 岑参 岑嘉州 唐 边塞诗 "高岑"

气势雄伟岑参诗

关键词 岑参 边塞诗 豪放奔腾 《白雪歌送武判官归京》

岑参是唐代最优秀的边塞诗人。6 年的边塞生活，使岑参的诗境界空前开阔，造意新奇的特色进一步发展，雄奇瑰丽的浪漫色彩成为他边塞诗的基调。他既热情歌颂了唐军的勇武和战功，也委婉揭示了战争的残酷和悲惨。火山云、天山雪、热海蒸腾、瀚海奇寒、狂风卷石、黄沙入天等异域风光，也均融入其诗。代表作有《白雪歌送武判官归京》《轮台歌奉送封大夫出师西征》《走马川行奉送出师西征》

■《白雪歌送武判官归京》意境图

等。此外，他还写了边塞风俗和各民族的友好相处以及将士的思乡之情和苦乐不均，大大开拓了边塞诗的创作题材和艺术境界。岑诗的主要思想倾向是慷慨报国的英雄气概和不畏艰难的乐观精神；艺术上气势雄伟，想象丰富，夸张大胆，色彩绚丽，造意新奇，风格峭拔。他擅长以七言歌行描绘壮丽多姿的边塞风光，抒发豪放奔腾的感情。岑参的边塞诗以七言歌行体为主，字里行间也总充溢着奇情壮彩，昂扬着勃发英气。

狂放不羁的 高适

关 键 词

高适　唐　边塞诗　高常侍　狂放不羁

高适（约702~765）字达夫，居住在宋中（今河南商丘一带），唐代诗人。少孤贫，爱交游，有游侠之风，并以建功立业自期。20岁时，到长安求仕失败，之后长期在燕、赵、梁、宋一带漫游，生活穷困潦倒，几乎过着流浪乞讨的生活，狂放不羁的性格得到进一步发展。后来他结识幽州节度使，从而亲身经历边塞生活。天宝三载（744），与李白、杜甫一起漫游梁宋，结下深厚友谊。天宝八载（749），经睢阳太守张九皋推荐，应举中第，授封丘尉，后辞官，又一次到长安。次年入陇右、河西节度使哥舒翰幕，为掌书记，第三次经历了边塞军旅生活。安史之乱后，曾任淮南节度使、彭州刺史、蜀州刺史、剑南节度使等职，官至左散骑常侍，封渤海县侯，在著名诗人中成为官运最通达者。后人因此又称他"高常侍"。

笔力浑厚高适诗

关键词

高适　边塞诗　《燕歌行》　《别董大》　《别韦参军》

高适的诗歌创作，以边塞诗成就最高。代表作如《燕歌行》《蓟门行五首》《塞下曲》《蓟中作》《九曲词三首》等，歌颂了战士奋勇报国、建功立业的豪情，也写出了他们从军生活的艰苦及向往和平的美好愿望，并揭露了边将的骄奢淫逸、不恤士卒和朝廷的赏罚不明、安边无策，流露出忧国爱民之情。在描写边塞的战斗生活时，他侧重于表现战斗的激烈、艰苦和对士卒的同情，例如在《燕歌行》中，他就将沙漠的荒凉环境，激烈的战斗气氛，士兵的复杂心态等思想内容融为一体，形成了雄厚豪健、悲壮浑朴的艺术风格。他的一些赠别诗，如《别董大》《别韦参军》也具有其边塞诗豪迈动人的气概。在唐人赠别诗篇中，那些凄清缠绵、低徊留连的作品，固然感人至深，但另外一种慷慨悲歌、出自肺腑的诗作，却又以它的真诚情谊，坚强信念，为灞桥柳色与渭城风雨涂上了另一种豪放健美的色彩。高适的《别董大》便是后一种风格的佳篇。高适诗风的基本特点是感情深挚，意气骏爽，语言端直，笔力浑厚。

王之涣 天性豪迈

王之涣（688~742）字季凌，祖籍晋阳（今山西太原），唐代诗人。王之涣豪放不羁，常击剑悲歌，其诗多被当时乐工制曲歌唱，名动一时，常与高适、王昌龄等相唱和，以善于描写边塞风光著称。他从小就很讲义气，喜欢帮助弱小，时常和豪侠子弟交往，一边饮酒一边谈论剑术，青史上记载的许多侠客，都是他模仿的对象。也因为太入迷了，整天和权贵子弟纵酒谈乐，不务正业。这样的生活持续一段时日，直到中年，一事无成，才悔悟先前的颓废无知，从此立志向学，专心于文章写作。他有两个文章写得很出色的哥哥，王之咸、王之贲，在他们的指导下，王之涣不久就掌握了读书的方法，作起文章也不输两位兄长，令人刮目相看。由于天性豪迈，对于参加科场考试一点兴趣也没有，学成后到处拜访名人。他担任过主管文书簿记的小官，后来因受诽谤而辞职，过着游山玩水的生活，访寻黄河南北的名胜古迹。

> **※ 关 键 词 ※**
>
> 王之涣 唐 边塞诗 天性豪迈

■《登鹳雀楼》意境图

大气磅礴王之涣诗

王之涣是盛唐边塞诗人之一，以写边塞诗著称。他写的边塞诗篇颇具特色，大

> **关键词** │ 王之涣 《凉州词》《登鹳雀楼》

气磅礴，韵调优美。可惜他的作品大都散失，传世仅六首。其中，《凉州词》《登鹳雀楼》最为有名。诗中的"黄河远上白云间，一片孤城万仞山"和"欲穷千里目，更上一层楼"都是流传千古的佳句，也正是这两首诗给诗人赢得了百世流芳的显著地位。《凉州词》写景雄奇壮阔，抒情含蓄深永，是这首诗的艺术魅力所在。这首诗情调悲而不失其壮，所以能成为"唐音"的典型代表。他的五绝《登鹳雀楼》是"唐人留诗"中的不朽之作。诗的前两句"白日依山尽，黄河入海流"，写的是登楼望见的景色，景象壮阔，气势雄浑。诗的后两句则把诗篇推引到了更高的境界，向读者展现了更大的视野，看似只是平铺直叙地写出了登楼的过程，实际却含意深远，耐人探索。

"七绝圣手" 王昌龄

❋关 键 词❋
王昌龄 唐 边塞诗人 七绝圣手

王昌龄（698~756）字少伯，京兆（今陕西省西安市）人，盛唐著名边塞诗人。他家境比较贫寒，开元十五年进士及第，受秘书省校书郎。开元二十二年（734年），王昌龄选博学宏词科，超绝群伦，于是改任汜水县尉，再迁为江宁丞。王昌龄是盛唐诗坛的著名诗人，当时即名重一时，被称为"诗家夫子王江宁"。因为诗名早著，所以与当时名诗人交游颇多，交谊很深，除了与李白、孟浩然的交游外，还同高适、李颀、岑参、王之涣、王维、储光羲、常建等都有交谊。他因数次被贬，在荒僻的岭南和湘西生活过，也曾来往于经济较为发达的中原和东南地区，并曾远赴西北边地，甚至可能去过碎叶（今吉尔吉斯斯坦）一带。因他有丰富的生活经历和广泛的交游，对他的诗歌创作大有好处。王昌龄擅长七言绝句，被后世称为"七绝圣手"。

高昂向上王昌龄诗

关键词 | 王昌龄 《出塞》 《从军行》

王昌龄的七绝诗尤为出色，甚至可与李白比美，故被冠之以"七绝圣手"的名号。尤其是他的边塞诗，流畅通脱，高昂向上，深受后人推崇。王昌龄的边塞诗充分体现了他的爱国主义，英雄主义精神，另外还深深蕴含了诗人对下层人民的人文关怀，体现了诗人阔大的视野和博大的胸怀。王昌龄在写作方式上擅长以景喻情，情景交融。

这本是边塞诗所最常用的结构，但是诗人运用最简练的技巧，于这情境之外又扩大出一个更为广阔的视野，在最平实无华的主题之中凝练出贯穿于时间与空间中的永恒思考。如《出塞》诗："秦时明月汉时关，万里长征人未还。但使龙城飞将在，不教胡马度阴山。"慨叹守将无能，意境开阔，感情深沉，有纵横古今的气魄，确实为古代诗歌中的珍品，

■《出塞》意境图

被誉为唐人七绝的压卷之作。又如《从军行》等，也都为脍炙人口的名作。他的那些反映宫女们不幸遭遇的《长信秋词》《西宫春怨》等，格调哀怨，意境超群，抒写思妇情怀和少女天真的《闺怨》《采莲曲》等，文笔细腻生动，清新优美。送别之作《芙蓉楼送辛渐》同样为千古名作。

"诗仙" 李白

李白（701~762）字太白，号青莲居士。生于中亚碎叶（今吉尔吉斯共和国托克马克附近），当时属唐安西都护府管辖。5岁时随家迁居蜀中绵州昌隆县（今四川省江油县）。20岁时他只身出川，开始了广泛漫游，南到洞庭湘江，东至吴、越，寓居在安陆（今湖北省安陆市）。他到处游历，希望结交朋友，干谒社会名流，从而得到引荐，一举登上高位，去实现政治理想和抱负。可是，十年漫游，却一事无成。后被唐玄宗召进宫，为供奉翰林。不久，因权贵的谗海，被排挤出京。安史之乱时，被判流放夜郎，后遇赦获释。李白是盛唐最杰出的诗人，也是我国文学史上继屈原之后又一伟大的浪漫主义诗人，素有

关 键 词
李白　唐　诗仙　青莲居士　浪漫主义

■ 李白

"诗仙"之称。他经历坎坷，思想复杂，既是一个天才的诗人，又兼有游侠、刺客、隐士、道人、策士等人的气质。他思想的多元性、复杂性在古代文人中是非常突出的。庄子的放达避世与屈原的忠君爱国，儒家的积极入世与道家的无为长生和游侠尚义都奇妙地统一于李白身上。而"功成身退"则是支配他一生的主导思想。

李白诗："笔落惊风雨，诗成泣鬼神"

关键词 李白 《蜀道难》 《将进酒》《望庐山瀑布》

李白留给后世人九百多首诗篇。这些熠熠生辉的诗作，表现了他一生的心路历程，是盛唐社会现实和精神生活面貌的艺术写照。李白的诗具有"笔落惊风雨，诗成泣鬼神"的艺术魅力，这也是他的诗歌最鲜明的艺术特色。作为一个浪漫主义诗人，李白调动了一切浪漫主义手法，使诗歌的内容和形式达到了完美的统一。李白的诗富于自我表现，主观抒情色彩十分浓烈，感情的表达具有一种排山倒海、一泻千里的气势。李诗中常将想象、夸张、比喻、拟人等手法综合运用，从而造成神奇异采、瑰丽动人的意境，这就是李白的浪漫主义诗作给人以豪迈奔放、飘逸若仙的韵致的原因所在。他的语言正如他的两句诗所说，"清水出芙蓉，天然去雕饰"，明朗、活泼、隽永。李白的诗歌对后代产生了极为深远的影响。中唐的韩愈、孟郊、李贺，宋代的苏轼、陆游、辛弃疾，明清的高启、杨慎、龚自珍等著名诗人，都受到李白诗歌的巨大影响。他的代表作主要有《梦游天姥吟留别》《蜀道难》《将进酒》《望庐山瀑布》等等。

"诗圣"杜甫

关 键 词

杜甫 唐 诗圣 现实主义 杜少陵 杜工部

杜甫（712~770）字子美，祖籍襄阳（今湖北），生于河南巩县（今河南巩义市）。因曾居长安城南少陵，在成都被严武荐为节度参谋，检校工部员外郎，后世称之为杜少陵、杜工部。杜甫是中国文学史上伟大的现实主义诗人，被尊称为"诗圣"。 杜甫生在奉儒守官并有文学传统的家庭中，是诗人杜审言之孙。7岁学诗，15岁扬名。20岁以后可分四个时期。第一，漫游时期（731~745）：先后漫游吴越和齐赵一带，其间赴洛阳考进士失败。在洛阳与李白结为挚友。第二，长安时期（746~755）：困守长安，穷困潦倒。他不断投献权贵，以求仕进。直到安史之乱前一个月，才得到右卫率府胄曹参军之职。仕途的失意沉沦和个人的饥寒交迫使他客观地认识到了统治者的腐败和人民的苦难，逐渐成为一个忧国忧民的诗人。第三，流亡时期（756~759）：安史之乱最盛，杜甫也历尽艰危，曾陷贼中近半年，后冒死逃出，受左拾遗。第四，漂泊西南时期（760~770）：760年春，杜甫已48岁，在成都浣花溪畔建草堂，并断续住了5年。其间曾因乱流亡梓、阆二州。他生活的最后2年，居无定所。飘泊于岳阳、长沙、衡阳、耒阳之间，时间多在船上度过。770年冬，杜甫死于长沙到岳阳的船上，年59岁。

■ 杜甫

沉郁顿挫杜甫诗

杜甫一生写下了一千多首诗，其中著名的有《三吏》《三别》《兵车行》《茅屋为秋风所破歌》《丽人行》《春望》等。他的诗深刻地反映了唐朝由盛及衰的社会面貌，具有丰富的社会内容、鲜明的时代色彩和强烈的政治倾向。他的诗激荡着热爱祖国、热爱人民的炽烈情感和不惜自我牺牲的崇高精神，被后人公认为"诗史"。杜甫

关键词 | 杜甫　爱国热忱　诗史

■《石壕吏》意境图

诗充分表达了他对人民的深刻同情，揭露了封建社会剥削者与被剥削者之间的尖锐对立："朱门酒肉臭，路有冻死骨！"这千古不朽的诗句，被世世代代的中国人所铭记。杜甫的爱国热忱，在《春望》和《闻官军收河南河北》等名篇中，也表现得充沛淋漓。而在《三吏》《三别》中，对广大人民忍受一切痛苦的爱国精神的歌颂，更把他那颗爱国爱民的赤子之心展现在读者面前。杜诗最大的艺术特色是，诗人常将自己的主观感受隐藏在客观的描写中，让事物自身去打动读者。杜诗语言平易朴素、通俗写实，但却极见功力。他还常用人物独白和俗语来突出人物性格的个性化。杜甫诗风多变，但总体来看，可以概括为沉郁顿挫。这里的沉郁是指文章的深沉蕴蓄，顿挫则是指感情的抑扬曲折，语气、音节的跌宕摇曳。所有这一切，确立了杜甫在中国文学史上至高无上的"诗圣"的地位。

高雅闲淡，自成一家：韦应物及其诗

❋ 关 键 词

韦应物　唐　高雅闲淡　《滁州西涧》

韦应物（737 —约 791），京兆万年（属今陕西西安）人，中唐诗人。青少年时，曾以玄宗近侍三卫郎的身份尽享天宝末年的荣华，生活放浪不检。安史之乱起，流落失职，始立志读书。后中进士，为江州刺史、左司郎中、苏州刺史、故称韦江州、韦左司或韦苏州。韦应物写得最多最好的是山水诗和以描写山水自然为依托的抒情诗。这些诗的共同特点是通过清淡幽美的山水意象，传达作者恬淡自适和寂寞幽独的意绪，风格澄淡精致、清朗冲和，优柔不迫，从容舒缓，被白居易称为"高雅闲淡，自成一家之体"。韦诗的清淡背后也蕴藏着深情与醇厚，也很注重字句的锤炼。能熔汉魏的真淳质朴，陶渊明的平易自然，王维、孟浩然的神韵情趣为一炉，这也正是韦诗最本质的特色。他最出名的代表作是《滁州西涧》。首二句写春景、爱幽草而轻黄鹂，以喻乐守节，而嫉高媚；后二句写带雨春潮之急，和水急舟横的景象，蕴含一种不在其位，不得其用的无可奈何之忧伤。全诗表露了恬淡的胸襟和忧伤之情怀。

尚古拙，求奇险：孟郊及其诗

孟郊（751~814）字东野，湖州武康（今浙江德清）人，中唐诗人。孟郊早年生活贫困，曾周游湖北、湖南、广西等地，无所遇合，屡试不第，46岁始中进士。由于生活遭遇的局限，时代氛围的影响，孟郊的心胸气魄变得相当狭窄，总以生活的贫困、仕途的失意为怀，咏叹自己的穷困潦倒。因此郁郁不得志的诗篇成为他最有特色的作品，如《赠别崔纯亮》《秋怀》等。但他也能透过个人的命运看到一些更广阔的社会生活，并以诗来反映这些生活。其中有的揭露、针砭了社会上人际关系中

■《游子吟》意境图

关 键 词
孟郊　唐　《游子吟》　郊寒岛瘦

的丑恶现象，有的则尖锐地揭示了贫富之间的不平等。如《寒地百姓吟》《织妇辞》等。孟郊还有一些诗描写平凡的人伦之爱，《游子吟》是这方面最具代表性的作品，是一首真挚深沉、感人至深的小诗。其中"谁言寸草心，报得三春晖"更是常常被人引用。孟郊以尚古拙，求奇险，好瘦硬为美学追求，其诗艺术风格，或长于白描，不用词藻典故，语言明白淡素而又力避平庸浅易；或精思苦炼，雕刻奇险。他和贾岛齐名，皆以苦吟著称，被称为"郊寒岛瘦"。

苦吟推敲：贾岛及其诗

贾岛（779~843）字阆仙，自号碣石山人。早年为僧，名无本。后到洛阳，遇韩愈，韩愈教其为文，遂还俗。举进士，

关 键 词
贾岛　唐　苦吟推敲　《寻隐者不遇》

■《寻隐者不遇》意境图

初累试不中；中第后，曾任长江（今四川省蓬溪县）主簿，后改任普州（今四川省安岳县）司仓参军，并卒于此。孟郊是中唐有名的苦吟诗人，行坐寝食，都不忘作诗，常走火入魔，惹出麻烦。他的一生，为诗艺洒尽心血。"二句三年得，一吟双泪流"，足见其作诗多么刻意于琢磨锻炼。人们最熟悉的"推敲"的典故，便是出于他身上。贾岛来东都时，曾得句："鸟宿池中树，僧推月下门。"又欲作"僧敲"，炼之未定，吟哦引手作推敲之势，傍观亦讶。时韩愈为京兆尹，车骑方出，见岛神游象外，不知回避，问其故方晓"推敲"之事。韩驻久之曰："敲字佳。"贾岛的诗，比较出名的如《寻隐者不遇》。这是一首问答诗，但诗人采用了寓问于答的手法，把寻访不遇的焦急心情，描摹得淋漓尽致。其言繁，其笔简，情深意切，白描无华。以白云比隐者的高洁，以苍松喻隐者的风骨。写寻访不遇，愈衬出钦慕高仰。

"诗鬼" 李贺

关 键 词

李贺 唐 李昌谷 诗鬼 悲剧意识

李贺（790~816）字长吉，祖籍陇西，生于福昌（今河南宜阳）昌谷，后世称李昌谷，中唐诗人。李贺是中国文学史上一位多才而短命、有特殊成就的诗人，因其诗中善选阴森幽怖、鬼气拂拂的画面，后人称其为"诗鬼"。他出身皇族，是唐宗室郑王李亮后裔，常以"唐诸王孙"自谕，但家已没落。青少年时，才华出众，名动京师。但因避亲讳而不能参加科举——因他的父亲名晋肃，"晋"与"进士"的"进"同音，当避。最后因为家贫，只好选择了一个奉礼郎的闲职。李贺一生愁苦抑郁，体弱多病，卒时仅 27 岁。李贺少有大志，但始终郁郁不得志，这构成了他胸怀大志与生不逢时、怀才不遇的巨大矛盾。由于心情长期压抑，再加上呕心沥血的苦吟，李贺的身心极度的衰弱。这使他既惧怕死，又厌恶人世。他一生几乎始终生活在与世隔绝的封闭状态中。短短的 27 年，因饱受了复杂的矛盾和痛苦，李贺的诗歌充满了强烈的感情反差和浓重的悲剧意识。

诡谲怪奇李贺诗

李贺一生以诗为业，其诗可分为四类。第一，讽刺黑暗政治和不良社会现象。此类诗有的直陈时事，有的借古讽今。名作

关键词　李贺　鬼才　长吉体　《雁门太守行》

有《雁门太守行》《老夫采玉歌》等。这类诗中，五古、七古较少，多为乐府诗。或借旧题，或创新题，大都凝练绚丽。也有的含义隐晦，如《金铜仙人辞汉歌》。第二，个人发愤抒情。这类诗有个人失意困顿、疾病缠身的消沉和时光易逝、人生短暂的悲叹，也有"天荒地老无人识"的不平和"世上英雄本无主""收取关山五十州"的豪情壮志。第三，神仙鬼魅题材。这类诗曲折表现他对现实的厌恶和否定。后人因此称他为鬼才。第四，咏物等其他题材。这类诗总的表现了李贺诗题材的广度和思想的深度。李贺诗想象丰富奇特，诡谲怪奇，句锻字炼，色彩瑰丽，富有浪漫气息。但也有少数明白易懂的诗，他擅长短篇，《天上谣》《梦天》《帝子歌》《湘妃》等是其代表作，被称为长吉体。他多写古诗与乐府，近体很少，无七律。他的诗由于太注意雕琢，有的诗往往词意晦涩，堆砌词藻。

"诗豪" 刘禹锡

刘禹锡（772~842）字梦得，洛阳（今河南省洛阳市）人，自称中山（今河北省定县）人。刘禹锡是唐代中晚期著名

关 键 词

刘禹锡　唐　刘宾客　诗豪　"刘白"

诗人、哲学家，有"诗豪"之称。他的家庭是一个世代以儒学相传的书香门第。贞元七年（791）进士，又中博学宏词科，官监察御史。他在政治上主张革新，曾和柳宗元等参加革新政治的王叔文集团。失败后，贬朗州司马，历连州、夔州、和州刺史。后入朝为主客郎中，以太子宾客分司东都，世称刘宾客。官终检校礼部尚书。晚年在洛阳，和白居易为诗友，并称"刘白"。刘禹锡的思想具有较多的唯物因素，曾写过三篇《天论》，主张无神论。刘禹锡论诗文，一是主张重道，提出"文非空言"；二是重视艺

术与创新；三是重视心灵、神韵与立意。这些主张对后世重艺、重意说及对自己的诗文创作都产生了深远影响。

豪迈倔强刘禹锡诗

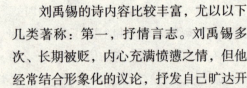

关键词　刘禹锡　《浪淘沙》《金陵怀古》《竹枝词》

■ 刘禹锡

刘禹锡的诗内容比较丰富，尤以以下几类著称：第一，抒情言志。刘禹锡多次、长期被贬，内心充满愤懑之情，但他经常结合形象化的议论，抒发自己旷达开朗、不屈不挠、奋发自励的情怀，如《浪淘沙》《酬乐天扬州初逢席上见赠》等。第二，怀古。刘禹锡有较进步深刻的历史观，因而他的怀古诗往往见地深刻，如《金陵怀古》《石头城》《乌衣巷》等。第三，民歌。刘禹锡很强调向民歌学习，他的那些反映民众生活和风土人情的诗，题材广阔，风格上汲取巴蜀民歌含蓄宛转、朴素优美的特色，清新自然，健康活泼，充满生活情趣，代表作有《竹枝词》等。刘禹锡的诗风格虽然多种多样，但以豪迈为主要特色。他的诗往往在平畅的语言之中流露出一股不可羁绊的兀傲之气，很具个性，而且这种特色体现在各种题材之中。他在抒情言志时不但充满了爽朗坚定，而且充满了豪迈倔强。

意隽永，味无穷：刘禹锡文

关键词　刘禹锡　《陋室铭》　散文　论说文

刘禹锡不但是中晚唐杰出的诗人，也是杰出的散文家。在散文的领域里，论说文及描写文可说是刘禹锡最擅长的文体。这两种文体的作品，在他所有的散文中显得特别突出。他的论说文具有深刻的思想内容，文采斑斓，议论引喻透辟精当，说服力强，如《天论》三篇、《因论》七篇等。刘禹锡描绘山水的散文，虽不像柳宗元用了许多反语和情语，精奇动人，但体物既工，造语也妙。作者在描写水光山色的绮丽之余，又寄寓深沉的感慨，使景和情一齐汇入篇中，于写景中曲传情致，除了可从表面领略美感外，又加一层内心的感动。《陋室铭》是他的一篇写物抒志的精粹隽永、脍炙人口的小品文。虽只有 81 字，却格高旨远，超拔不凡。刘禹锡的散文，除了一些应酬公文之外，不管是长篇巨论或精简短小的作品，多数都意隽永，味无穷，引人入胜。

白居易作诗力求"老妪能解"

白居易（772~846）字乐天，自号香山居士，祖籍太原，出生于河南新郑（今河南省新郑县）。他是杜甫之后，唐

关 键 词

白居易　唐　现实主义　老妪能解

朝的又一杰出现实主义诗人。白居易的一生以 44 岁被贬江州司马为界，可分为前后两期。前期是以儒家的兼济天下为抱负的时期，政治热情很高。他 29 岁中进士，常写讽喻诗，令权贵变色。44 岁时，因宰相武元衡被杀，他上书力主严缉凶手，以肃法纪，却被贬为江州司马。后期是独善其身时期。这时他虽仍有兼济天下、积极入世的一面，但因为受到政敌迫害，混乱的政局也使他难有所作为，故而"独善其身"的思想逐渐占了上风。白居易作诗，力求语言通俗流畅，不推崇艰涩难懂，相传他每写成一篇，必定让家里的老婆婆先读一读，直到老婆婆懂了以后才定稿，因此留下了老妪能解的佳话。后人评价白居易的诗作就像崤山以东的百姓谈论农桑之事，字字句句都是非常朴实的话。

以浅白之句，寄讽喻之意：白居易诗

白居易是唐代诗人中作品最多的一个，其诗作可分为讽喻、闲适、感伤、杂律等四类。他本人最得意，价值也最高的是讽

关键词

白居易　讽喻诗
《卖炭翁》　叙议结合

喻诗。他的讽喻诗主要包括了两方面的内容：第一，广泛地反映人民的苦难。这其中有同情农民的作品，如《杜陵叟》，也有哀叹妇女命运的悲歌，如《上阳白发人》《后宫词》等。第二，深刻地揭露统治者的罪恶，如《卖炭翁》《红绒毯》等。主题、题材集中是白居易讽喻诗的艺术特色之一。他一般只选择最典型的一件事，突出一个主题，而且主题非常明确。其次，白诗的艺术特色还表现在刻画人物上。他能抓住人物

的特征，用白描方法勾勒出鲜明生动的人物形象。如在塑造卖炭翁时，他只用"满面尘灰烟火色，两鬓苍苍十指黑"一句，一个活脱脱的苍桑老炭翁形象便跃然纸上。白居易的讽喻诗多为叙事诗，在叙事时，他常要发议论，评价所述之事，以显其志。叙事与议论相结合是白居易讽喻诗的又一特色。白居易的语言通俗平易，这是与他平易浅切、明畅通俗的诗风紧密相联系的。白诗文字浅显，很少用典故和古奥的词句，还特别喜欢提炼民间口语、俗语入诗。但白诗的诗意并不浅显，他常以浅白之句寄托讽喻之意，取得怵目惊心的艺术效果。

长篇叙事诗杰作：《长恨歌》《琵琶行》

关键词 白居易　长篇叙事诗　《琵琶行》《长恨歌》

■《长恨歌》意境图

白居易的长篇叙事诗《长恨歌》《琵琶行》代表了他艺术上的最高成就。这两首诗有很多相似之处，如都是抒情与叙事的紧密结合，结构安排都独具匠心，都善于描写，语言精美流畅等。《长恨歌》是一首主题思想具有双重性的长诗，取得了很高的艺术成就，特别是后半部运用了浪漫主义的幻想手法，大大增强了白诗的表现力。人物形象生动，语言和声调优美，抒情写景和叙事的水乳交融，也是《长恨歌》的艺术特色。《琵琶行》中虽有较浓重的感伤意味，但比《长恨歌》更具现实意义。诗人一方面表达了对"门前冷落车马稀，老大嫁作商人妇"的琵琶女的悲惨命运的同情，同时也寄托了对自己遭贬的郁悒、愤懑之情。"同是天涯沦落人，相逢何必曾相识"这流传千年的诗句，将琵琶女的命运和自己的身世紧紧地联系在一起。这首诗叙述层次分明，描写细致生动，比喻新颖精妙（如对琵琶声的描写），被历代文人所称颂，表明白诗语言确实达到了炉火纯青的境地。

韩愈 热衷政治，致力文学

韩愈（768~824）字退之，河内河阳（今河南孟县）人，唐代文学家。因郡望昌黎，故世称韩昌黎。他3岁而孤，由兄嫂抚养。韩愈从小受到良好的教育，儒家思想对他的影响极深。同时，他又博览群书，接受各家思想影响。因此韩愈的思想是以儒为主，杂取先秦诸子的思想，是以解决社会现实问题为出发点的一种实用主义新儒学。韩愈一生热心仕宦，积极从政，抱着强烈的忧患意识和参与意识，对一系列重大问题表明了自己的立场和态度。同时，他又致力于文学，倡导了中唐时期的古文运动。他不但自己艰苦地进行古文创作的探索，而且自觉地作为一个文学活动家，为古文运动奔波呼号，广交朋友，奖掖后进。一时，韩门弟子甚众，为古文运动组织了一支浩浩荡荡的队伍。由于韩愈自强不息的努力，以及当时许多文人的向往和归

■ 韩愈

> ❀ 关 键 词
>
> 韩愈　唐　韩退之　韩昌黎　古文运动

化，古文运动像一股不可抗拒的洪流冲击着当时的文坛。韩愈也成为古文运动无可争议、当之无愧的领袖人物。

以文为诗，奇崛险拗韩愈诗

韩愈的诗名虽不及其文名，但在唐代诗坛也是开宗立派的人物，不愧为诗

> 关键词 ｜ 韩愈　以文为诗　诗歌革新

歌大家。在致力于古文运动的同时，他也致力于诗歌的革新。他不满六朝诗的浮艳和因袭，竭力推崇李杜，力矫大历十才子的平庸诗风。韩愈今存诗三百余首。与其散文一样，其诗也反映了丰富的社会生活内容，表现了作者对社会、对人生的关切。"以文为诗"是韩诗最主要的特色之一。韩愈极善于将散文的章法结构、句式、虚词，以

致议论、铺排手法移植到诗歌创作之中。《八月十五夜赠张功曹》就是其"以文为诗"的成功之作。奇崛险拗是韩诗的另一个主要特色。韩诗力避陈俗，从意境、结构到语言技巧，都刻意追求新颖奇崛。代表作有《醉赠张秘书》《调张籍》等。韩愈不甘步前人之后尘，大胆地把新的章法技巧、语言风格引入诗歌，丰富了诗歌的表现手法，扩大了诗歌的表现功能，确为开宗立派的创新之举。但其过分搬用散文笔法，部分诗如押韵散文，或连篇缺乏形象性的议论；过分追求新奇，造奇句，堆砌生僻字眼，也都对当时和后世产生了不良影响。

雄奇奔放韩愈文

关键词 韩愈 《师说》 《马说》 《祭十二郎文》

韩愈的散文内容丰富，形式多样，语言鲜明简炼，新颖生动，为古文运动树立了典范。韩文分论说、杂文、传记、抒情四类。他的论说文多以明儒道反佛教为主要内容，逻辑性强、观点鲜明、锋芒毕露，能体现他的文风。《师说》《原毁》《争臣记》是代表作。他的小品文笔锋犀利、形式活泼，《马说》充分体现了这一特点。韩愈的传记文继承《史记》传统，叙事中刻画人物，议论、抒情妥帖巧妙。《张中丞传后叙》是公认的名篇。他的抒情文中的《祭十二郎文》又是祭文中的千年绝调，具有浓厚的抒情色彩。韩愈是一个语言巨匠。他善于使用前人词语，又注重当代口语的提炼，得以创造出许多新的语句，其中有不少已成为成语流传至今，如"落井下石""动辄得咎""杂乱无章"等。由于韩文内容广博，众体皆善，艺术表现多姿多彩，所以形成了韩文风格的多样性，但其各类文章又表现出共有的雄奇奔放的特色。韩愈是继司马迁之后我国最杰出的散文家之一。他不但集以往之大成，而且勇于开创，对后世产生了无穷的影响。

永州十年，成就柳宗元

关 键 词

柳宗元 唐 古文运动 《柳河东集》

柳宗元（773~819）字子厚，祖籍河东解县（今山西省运城县），故世称柳河东，唐代文学家。他出生在一个没落的名门世族之家，聪颖过人，勤奋好学。青少年时期，曾随其父到过安徽、江西、湖南、湖北等地。21 岁中进士，历任秘书省校书郎、蓝田尉等职。唐顺宗即位后，王叔文主持永贞革新，柳宗元为礼部员外郎，并成为革新集团核心人物。永贞革新失败后，柳宗元被贬为永州司马，待罪南荒，十年未迁。后任柳州刺史，卒于任所，世称柳柳州。被贬永州是柳宗元生活道路上的一大转折，也是他创作道路上的一大转折。他有更多的时间读书、写文章，也有更多的时间思考和探究文学创作问题。永州十年是柳宗元政治上最失意的十年，也是他创作上大丰收的十年，为古文运动做出杰出贡献的十年，大大提高了他在文坛的地位，扩大了影响，确立了他在中唐古文运动中仅次于韩愈的领袖地位。著有《柳河东集》传世。

似淡实美柳宗元诗

柳宗元现存诗 140 余首，在大家辈出、百花争艳的唐代诗坛上，是存诗较少的一个，但却多有传世之作。他在自己独特的生活经历和思想感受的基础上，借鉴前人的艺术经验，发挥自己的创作才华，创造出一种独特的艺术风格，成为代表当时一个流派的杰出诗才。现存柳宗元诗，绝大部分是他贬官永州以后作品，题材广泛，体裁多样。他的叙事诗文笔质朴，描写生动，寓言诗形象鲜明，寓意深刻，抒情诗更善于用清新峻爽的文笔，委婉深曲地抒写自己的心情。不论何种体裁，都写得精工密致，韵味深长，在简淡的格调中表现极其沉厚的感情，呈现一种独特的面貌。因此，清朗疏淡、幽峭深婉是柳诗的总体风格。苏东坡称赞柳诗"似淡而实美""寄至味于淡泊"。又因柳宗元是一位关心现实、同情人民的诗人，所以无论写什么题材，都能写出具有社会意义和艺术价值的诗篇。代表作有《江雪》《渔翁》《溪居》等。

关键词　柳宗元　《江雪》　《渔翁》《溪居》

■《江雪》意境图

自然流畅柳宗元文

柳宗元的散文风格自然流畅，幽深明净。他一生创作丰富，众体兼长，议论文、传记、寓言、游记都有佳作。他的议论文

关键词　柳宗元　《黔之驴》《捕蛇者说》　永州八记

笔锋犀利、逻辑严密，以《封建论》最有代表性；寓言多用来讥讽时弊，想象丰富、寓意深刻、言语尖锐，《三戒》《黔之驴》是他著名的讽刺小品；传记散文多以真人真事为基础，略带夸张虚构，《捕蛇者说》《童区寄传》《段太尉逸事状》是这类作品的代表作。柳文中的山水游记最为脍炙人口，是柳宗元取得独特成就的一个领域。它们在柳宗元手里发展成为一种独立的文学体裁，柳宗元也因而被称为"游记之祖"。柳宗元山水游记的著名代表作是"永州八记"。这"八记"并非单纯的景物描摹，而是往往在景物中托意遥远，抒写胸中种种不平，使得山水也带有了人的性格。柳宗元散文语言简炼生动，他常运用虚实结合、夹叙夹议方法谋篇布局，使得文章意趣横生。此外，柳文多用短句，节奏明快而富于变化，这是他汲取骈文之长所致。

风流才子杜牧

※ 关 键 词 ※

杜牧　唐　风流文人　《遣怀》

杜牧（803~853）字牧之，京兆万年（今陕西西安市）人，晚唐文学家。杜牧出身于一个世代为官的家庭，他的祖父杜佑，为三朝宰相兼名学者，著有《通典》二百卷。这种出身是杜牧一直很自豪的，对于他的人生理想也很有影响。杜牧是一个有理想、有抱负、热切关注现实的人物。他曾多次引古论今地给当政者写信议论政治、军事方略，有志于唐王室的中兴。但杜牧在中进士后十年时间里，大部分时间都在幕府沉沦下僚，直到40岁才当上州官。因此，他时常又感到失望，这使他成为了一位生活疏放的风流才子。任州官以前，杜牧便是以落魄公子、风流文人的身份，流连于酒市妓楼。所谓"十年一觉扬州梦，赢得青楼薄幸名"（《遣怀》）式的放荡形骸，所谓"嗜酒好睡，其癖已痼"（《上李中丞书》）式的懒散颓废，与他心中时时想参政治世的雄心壮志，正好完整地表现了杜牧矛盾的心理。

豪爽俊逸杜牧诗

关键词 | 杜牧　《过华清宫》　《山行》

杜牧是晚唐前期优秀的诗人，其诗以七绝最为人称道，其次是七律。史学世家的遗风和对现实政治的关切，在杜牧的诗中形成了一种深沉的历史感。一些登临咏怀之作，别人写来大抵是流连山水，描摹自然，而杜牧写来，却常常融合了对自然、社会、历史的感触，总有一种伤今怀古的忧患意识，如《题宣州开元寺水阁》《泊秦淮》《过华清宫》《赤壁》等。然而，当时代的衰颓和自身的怀才不遇使他感到无可奈何时，他也常常以自我旷放来寻求解脱，希望有一种闲适的生活和恬静的心境，如《九日齐山登高》《将赴吴兴登乐游原一绝》等。不过，由于杜牧习惯从广大的历史上看待现实问题和个人遭遇，性格也比较豪爽开朗，他的诗中虽然有颓唐的成分，却并不显得局促阴暗。相反，无论感慨往事、针砭现实还是抒写怀抱、描摹自然，都能在忧郁中透出高健豪爽、意气风发、俊逸明丽的气息，我们可以从《山行》《长安秋望》等诗中看出来。总体上说，明丽的意象和俊逸的气骨，加上他特有的历史感所形成的诗的深远开阔的视野，构成了其诗歌的特殊境界。

"一生襟抱未尝开" 李商隐

李商隐（813~858）字义山，号玉溪生，又号樊南生，中晚唐之际成就最高的诗人。他出生在一个下级官僚家庭，父母早逝，处境寒微。早年从堂叔学古文，发愤苦读，并以写古文为士大夫所知，17岁即被太平军节度使令狐楚召聘入幕。令狐楚爱其才，让儿子和他交游，亲自指点他写作骈文，并先后两次资助他参加进士考试。开成二年（837）登进士第。第二年，李商隐入泾元节度使王茂元幕，王茂元爱其才，将自己的女儿许配给了李商隐。当时牛僧孺和李德裕两大官僚集团斗争激烈。令狐父子属牛党，而王茂元属李党。

关 键 词

李商隐　唐　牛李党争　《无题》

■ 梁启超手书李商隐《无题》

李商隐得力于牛党中了进士，而就婚于李党，从此掉进了牛李党争的夹缝，成为党争的牺牲品。李商隐思想复杂，儒、释、道兼而有之，但以儒家思想为主。他有抱负，有才气，关心国家命运，但一生失意，沉沦下僚。"虚负凌云万丈才，一生襟抱未曾开。"（崔珏《哭李商隐》），准确地概括了他一生的遭际。

绮丽精巧李商隐诗

关键词 李商隐　无题诗　《贾生》
《登乐游原》

李商隐的诗继承、发展了中国古典诗歌的艺术技巧，成就很高。就内容而言，有政治诗、咏史诗、写景咏物诗和爱情诗几方面。李商隐的政治诗中《行次西郊作一百韵》《安定城楼》较为出色，表达了奋发进取的精神；他的咏史诗《贾生》《隋宫》构思新巧、措词委婉、意蕴深长；咏物写景诗也有惊人之笔，如《登乐游原》，境界苍凉悲壮，意蕴含蓄。他的爱情诗是最为人们广泛传诵的。他常取名《无题》，或以诗中两字为题做为此类诗的题目，后人就把无题诗作为爱情诗的别称。其实李商隐的无题诗有两种情况：一种是隐晦朦胧的爱情诗。诗人的对象和恋情在当时是不能公开的，写相思又无法直说，所以写得迷离恍惚。另一种则是借恋情而寄托激愤，抒发感慨。以他的两首《无题》"昨夜星辰昨夜风"和"相见时难别亦难"为例，前一首写有情男女无法如愿的苦楚，后一首刻画了陷入绝境的爱情，诗情变幻迷离，难以捉摸。李诗广纳前人所长，承杜甫七律的沉郁顿挫，融齐梁诗的华丽浓艳，学李贺诗的鬼异幻想，形成了他深情缠绵、绮丽精巧的风格。李诗还善于用典，借助恰当的历史类比，使隐秘难言的意思得以表达。

唐传奇：自觉的小说创作

❀ 关 键 词
唐传奇　文言短篇小说　《莺莺传》
《南柯太守传》

唐传奇即唐代的文言短篇小说。元稹的名作《莺莺传》，原名《传奇》；晚唐裴铏所著小说集，也叫《传奇》。宋代以后，人们根据这类小说多传述奇闻异事的特点，泛称唐人小说为"传奇"。唐传奇是六朝志怪小说的新发展，但两者又有根本的区别。六朝志怪作为文学创作的意识不明确；且基本上还是粗陈梗概而缺乏深入细致的描绘。而在唐传奇中则出现了较六朝志怪更为宏大的篇制，建立了比较完整的小说结构，其情节更为复杂，而人物形象的塑造、人物心理的刻画，也有了显著的提高。由此，唐传奇宣告中国古典小说开始进入成熟阶段。唐传奇是自觉的小说创作，它标志着中国小说的发展进入了自觉的时代。面向人生，反映现实，把现实人物和事件作为主要描述对象，这是唐传奇的重要特征。其题材包罗极广，主要有爱情婚姻、文人仕途、豪侠行义、历史故事、神仙鬼怪诸类。唐传奇的代表作品有：元稹《莺莺传》、陈玄祐《离魂记》、白行简《李娃传》、李公佐《南柯太守传》、李朝威《柳毅传》、蒋防《霍小玉传》等。

花间鼻祖温庭筠

温庭筠（约812~866）本名岐，字飞卿，太原祁（今山西祁县）人，晚唐词人。他是初唐宰相温彦博的后裔，但家道中

关 键 词

温庭筠　唐　温八叉　花间鼻祖　词人

落。温庭筠年轻时苦心学文，少有才名。他一生的绝大部分时间是在外地度过的。据考，温庭筠幼时已随家客游江淮，后定居于鄠县（今陕西户县）郊野，靠近杜陵，所以他尝自称为杜陵游客。温庭筠才思敏捷，晚唐考试律赋，八韵一篇，据传他可八叉手而八韵成，人称"温八叉"。在我国古代，文思敏捷者，有数步成诗之说，而像温庭筠这样八叉手而成八韵者，再无第二人。他精通音律，善鼓琴吹笛。温庭筠喜纵酒放浪，一生不受羁束，喜讥刺权贵，多犯忌讳，不为时俗所重。他屡试不第，政治上不得意，最大官职仅任国子助教，生活长期抑郁，一生困顿，坎坷潦倒一生。温庭筠虽然在仕途上并不顺利，却与当时"新进少年"即初出仕的年轻文人和歌伎打得火热，也许正是这个原因，才促使他大量地倚声填词。他是中国文学史上第一个以词名家的人，被誉为花间派鼻祖。

秾丽绵密温庭筠词

进入晚唐，文人填词之风愈盛，而其中作品最多、最有代表性、对后世影响也最大的是温庭筠。温庭筠是文人中第一

关键词　温庭筠　花间派　《菩萨蛮》　《更漏子》　秾丽绵密

个大量写词的人，是花间派词的先导，对词的发展有很大影响。他的词多写妇女生活，除常见的闺阁、歌伎题材外，还有写戍妇思念征夫、女道士、祠庙赛神、采莲女子的爱情和商妇的相思等。温词的风格以秾丽绵密为主，多用比兴，以景寓情。温庭筠在

创造词的意境上表现了杰出的才能，他善于选择富有特征的景物构成艺术境界，表现人物的情思。他的词作看似乎堆垛晦涩，仔细玩味便觉情挚韵远，余味犹存。代表作有《菩萨蛮·小山重叠金明灭》《更漏子·柳丝长》等。其词在写景、叙事中含蓄着主人公深沉的感情，与李煜词的多用赋体、直抒胸臆不同。这一艺术特点，对宋代词人周邦彦、吴文英等有影响。温庭筠加强了词的文采和声情，其句法的参差，韵的繁变，情景的交融，都有助于词的艺术特征的形成。温庭筠在词艺术方面的探索，对词的发展起了推动作用。

浅语深情 韦庄词

韦庄 唐 花间派 "温韦" 浅语深情

韦庄（约836~910）字端己，长安杜陵（今陕西省西安市东南）人，晚唐诗人、词人。中唐诗人韦应物之四世孙，父母早亡，家境寒微。他仕途坎坷，曾流寓江南。韦庄是花间派中成就较高的词人，与温庭筠齐名，并称"温韦"。今存词55首，温韦词在内容上并无多大差别，不外是男女恋情、离愁别恨、流连光景，不过韦词比温词多一些漂泊之感、思乡之情和亡国之痛。从语言风格来看，韦词淡雅简明，如《菩萨蛮·人人说尽江南好》。在词的篇章结构方面，韦词结构简明，追求浅近疏朗，意象单纯，脉络清晰，使人一目了然，如《女冠子·昨夜夜半》。在抒情方式上，韦词注重个人真情实感的抒发，多明白显露，直抒胸臆，如《荷叶杯·记得那年花下》。韦词质朴直率，善以浅淡之语，表达深沉复杂之情，简淡而不乏韵味。可以说，浅语深情，寓浓于淡，运密于疏，是韦词特有的词风。

皇帝词人 李煜

李煜 南唐 李后主 多愁善感 词人

李煜（937~978）字重光，初名从嘉，号钟隐。南唐元宗李璟第六子，宋建隆二年（961）继位，史称后主。当时赵匡胤已经取代后周建立了宋朝，南唐受到巨大的压力，国势更加岌岌可危。李煜虽也心怀忧虑，但又治国乏术，只有年年对宋称臣纳贡，以求苟安享乐。开宝八年（976），宋军攻破金陵，李煜投降并被俘至汴京，被封为违命侯，过了两年零两个月"日夕只以眼泪洗面"的囚徒生活，于宋太平兴国三年（978）七夕被宋太宗派人毒死。李煜从小生活优裕，家庭文学环境极佳，其父李璟及两个弟弟均有很好的文学修养，他本人更是多才多艺，擅长书画，妙解音律，善属文，喜招延文士，是一个终日在后宫征歌逐舞、沉湎酒色的风流天子，也是一个多愁善感，舞文弄墨的词人。李煜虽然在政治上庸弩无能，但诗和文均有一定造诣，词的成就尤高。

■ 李煜《浪淘沙》"流水落花春去也，天上人间。"意境图

疏宕高远李煜词

李煜今存词三十余首，以亡国为界，明显分为前后两期。其前期词主要写宫廷

关键词｜李煜 《浪淘沙》《虞美人》

享乐生活和男女艳情，如《菩萨蛮·花明月暗笼轻雾》《清平乐·别来春半》等。他的前期词本质上不脱南朝宫体和花间词风的旧轨，也可以说是醉生梦死的亡国之音。降宋之后，他由风流帝王一变而为阶下囚，故国之思、亡国之痛、往日生活之可恋、自由幸福之可贵、难以名状的追悔情绪、目前孤寂的处境、屈辱的生活以及沉郁凄怆的心境，成为他后期词所抒写的主要内容，词风也发生了重大变化，如《望江南·多少恨》《浪淘沙·帘外雨潺潺》《虞美人·春花秋月何时了》等。李煜的后期词突破了传统词只写男女私情的狭小天地，直接写自己的生活，自己的感受，抒发个人的情怀，这无疑是扩大了词的题材，提高了词表现生活和抒发感情的能力，使词向着抒怀言志的方向发展，这是唐五代词的一大转变，对词的发展影响深远。李煜之词，疏宕高远，自然奔放，实兼刚柔之美，显示了独特的艺术创造力。

先忧后乐范仲淹

❀ 关 键 词 ❀

范仲淹　北宋　《范文正公集》

先天下之忧而忧，后天下之乐而乐

■ 范仲淹

范仲淹（989~1052）字希文，祖籍陕西彬州，后到苏州定居。他是我国北宋时期著名的政治家、思想家、军事家和文学家，也是中国历史上最负盛名的杰出人物之一。朱熹称他为"有史以来天地间第一流人物"！他领导的庆历革新运动，成为后来王安石熙丰变法的前奏；他对某些军事制度和战略措施的改善，使西线边防稳固了相当长的时期；宋西夏开战后，他任陕西帅臣，曾分延州兵为六将，每将三千人，分部训练，量敌众寡出战。西夏人说他"腹中自有数万甲兵"。他荐拔了一大批学者，为宋代学术鼎盛奠定了基础；他倡导的先忧后乐思想和仁人志士节操，是中华文明史上闪灼异彩的精神财富；他的文学成就也蜚然可观，存有《范文正公集》。说到范仲淹，人们就会想起他的千古名句"先天下之忧而忧，后天下之乐而乐"。这两句话概括了范仲淹一生所追求的为人准则，是他忧国忧民思想的高度概括。

字字珠玉、掷地有声范仲淹词

关键词 ｜ 范仲淹　《渔家傲》　《苏幕遮》

范仲淹的词现存仅有 5 首，但均为上乘之作。与同时代的其他词人相比，他的词最明显的特征就是能够突破唐末五代词的绮靡风气。这五首词，有的写边塞生活，有的写羁旅情怀，或苍凉悲壮，或缠绵深婉，对后来的苏轼、王安石都有一定的影响。《渔家傲·塞下秋来风景异》展示了一幅沉郁而苍凉的图景，在边声号角、长烟落日的壮阔雄伟的背景下，戍边战士立功报国的壮志和离家后难以名状的忧思，如同洪水击石一样冲击着人们的心灵，让人在感知那一份无尽苍凉的同时也肃然起敬。此词格调苍凉悲壮，在当时词坛上可谓别开生面。《苏幕遮·怀旧》则是一首抒写浓浓乡愁的词作，整首词写景抒情，一气呵成，不留痕迹，历来为人们所称道。范仲淹一生作词很少，但仅凭这两首风格迥异、却同样感人的词，就奠定了他在词坛上的一席地位。由此前人称赞他的词为"字字珠玉、掷地有声"。

传颂千古的《岳阳楼记》

范仲淹在文学上颇有造诣，尽管作品不多，但多为精品。他的散文多披露时弊，发表政见。传颂千古的《岳阳楼记》是他

关键词 范仲淹　《岳阳楼记》　忧乐观

的代表作。该文是作者应滕子京之请所作的一篇记。文章在简述了岳阳楼重修的背景、经过后，详细描述了洞庭湖的两种景色，以及由此而产生的不同情怀，着重阐发了自己的忧乐观，以"先天下之忧而忧，后天下之乐而乐"与滕子京共勉。文章叙议结合。先由"观巴陵胜状，在洞庭一湖"，引出对洞庭湖"朝晖夕阴，气象万千"的壮观景色的描绘，再由"览物之情，得无异乎"带出登楼所见的不同景象和胸中萌生的悲乐之感，最后就"古仁人之心"作论，表明自己的人生追求。文章叙议转换自然，多用四言，杂以排偶，善铺陈而富于变化，气势磅礴，抒发了"先天下之忧而忧，后天下之乐而乐"的高尚情怀。这两句话概括了范仲淹一生追求的为人准则，表达了他宽大的胸怀和强烈的责任感，成为无数仁人志士用以自勉的著名格言，至今仍是激励人们奋发向上的精神力量。

欧阳修：宋代士大夫的典型

欧阳修（1007~1072）字永叔，号醉翁，晚号六一居士，吉州永丰（今属江西）人。欧阳修是北宋前期的政治家、文

※关键词※ 欧阳修　北宋　唐宋八大家　《新唐书》

■ 欧阳修修正《新唐书》意境图

学家，属唐宋八大家之一。欧阳修幼年丧父，在母亲抚育下读书。庆历三年（公元1043年），范仲淹、韩琦、富弼等人推行"庆历新政"，欧阳修参与并提出了改革吏治、军事、贡举法等主张。庆历五年，范、韩、富等相继被贬，欧阳修也被贬为滁州（今安徽滁州）太守，《醉翁亭记》就是此间产生。欧阳修是一位渊博的学者，他与宋祁同修《新唐书》，为中国史学立下汗马功劳。后欧阳修还以翰林学士身份主持进士考试，提倡平实的文风，录取了苏轼、苏辙、曾巩等人，对他们的散文创作产生很大影响，并带动北宋文风的转变。欧阳修在从政、治学和思想修养方面，均是时代风习的代表，是身兼官僚、学者和文士身份的宋代士大夫的典型。

流畅婉转欧阳修文

关键词 | 欧阳修　文从字顺　《醉翁亭记》

欧阳修是北宋诗文革新运动的领袖。他的文学成就以散文最高，影响也最大。他继承了韩愈古文运动的精神，在散文理论上，提出文以明道的主张。他所讲的道，主要不在于伦理纲常，而在于关心百事。他取韩愈"文从字顺"的精神，大力提倡简而有法和流畅自然的文风，反对浮靡雕琢和怪僻晦涩。他不仅能够从实际出发，提出平实的散文理论，而且以自身造诣很高的创作实绩起了示范作用。欧阳修一生写了500余篇散文，各体兼备，有政论文、史论文、记事文、抒情文和笔记文等。他的散文大都内容充实，气势旺盛，具有平易自然、流畅婉转的艺术风格。叙事既得委婉之妙，又简括有法；议论纡徐有致，却富有内在的逻辑力量；章法结构既能曲折变化而又十分严密。《朋党论》《新五代史·伶官传序》《与高司谏书》《醉翁亭记》《丰乐亭记》等，都是历代传诵的佳作。欧阳修的赋也很有特色。《秋声赋》运用各种比喻，把无形的秋声描摹得生动形象，使人仿佛可闻。这篇赋变唐代以来的"律体"为"散体"，对于赋的发展具有开拓意义。

"太平宰相" 王安石

王安石（1021~1086）字介甫，号半山，江西临川（今江西抚州）人，世称临川先生。北宋著名的政治家，思想家，文学家。王安石青年时代就有高度的政治热情，以"太平宰相"自许，后又以顽强的态度投入政治斗争，其理想决不是要做一个"文人"。他曾在许多地方担任过地方官，也曾在中央部门任职，对于民间情况、政治的弊病和国家所面临的危机有相当的了解，逐渐形成自己的一套政治、经济主张，并曾在给仁宗皇帝的上书中提出变法的建议。神宗即位后，面对外族压迫、国力虚弱、财用匮乏等一系列严重问题，急欲找到出路，遂于熙宁二年（1069）起用时任三司度支判官

关 键 词

王安石　北宋　临川先生　熙宁变法

■《泊船瓜洲》意境图

的王安石为参知政事，主持历史上著名的熙宁变法。但他的一套激烈变革的政策措施，既触犯了士大夫集团以及富商豪绅的利益，又与封建官僚制度不相适应，造成很多流弊，招致强有力的反对，几起几落。后期退居江宁。在司马光全面废除新法后不久，忧愤而卒。

见解超卓王安石文

关键词　王安石　《读孟尝君传》　《伤仲永》

王安石的散文紧贴社会、政治和人生的实际问题，直接为他的政治斗争服务。《答司马谏议书》剖析了司马光反对新政的言词，言词简练、委婉、坚决，明确地表明了自己的政治主张。《读孟尝君传》分

析历史事实，驳斥了孟尝君养士的传统观念，畅谈如何才算"得士"的问题。即使像《伤仲永》这样的小品文，作者的用心也不在表现文思上，其实际用意是强调后天学习的重要。在游记这一最具辞采和情趣的文体里，王安石也常将极富哲理的主题引入，如《游褒禅山记》中用了近一半篇幅阐明一个道理：做任何事情，如果想要达到超越常规的境界，就需要付出超常的努力，具有超强的意志，此外，别无捷径可寻。王安石的散文以议论性居多。他较少注意文章气氛的酝酿，从感情上打动人，而多是针砭时弊，根据深刻的分析，提出明确主张。因此，他的散文一般具有较强的概括力与逻辑性，以明理见长，各类题材、不同类型的文章都体现出见解超卓、以理服人的特色。

雅丽精绝，脱去流俗王安石诗

关键词 王安石 《泊船瓜洲》《书湖阴先生壁》

与宋初梅尧臣、欧阳修等人推崇和效仿韩愈不同，王安石诗受韩愈的影响很少。他非常敬重杜甫，广泛吸收了中晚唐诗的特长。杜甫在宋代逐渐受到高度重视，宋诗逐渐向杜甫的方向靠拢，可以说是以王安石为起点的。他的诗以语言精练圆熟、意境清丽含蓄为主要风格。王安石的诗对语言的锤炼十分讲究，并善于不留痕迹地化用前人的词汇和意象。传说《泊船瓜洲》中"春风又绿江南岸"一句中的"绿"字，改了十几次才确定下来；再如《书湖阴先生壁》中的"一水护田将绿绕，两山排闼送青来"。王安石也常常通过细腻的观察，捕捉生动的意象，以平易的语言表达自己的内心感受，如《北山》。王安石诗常有谢灵运及中晚唐诗那种清丽的风致，黄庭坚谓之"雅丽精绝，脱去流俗"，如《岁晚》。王安石以其广博的学识、圆熟的语言技巧、自然含蓄而又精巧凝练的风格，建立了宋诗的一体，后来以黄庭坚为首的江西诗派，受他的影响不小。

明朗清俊晏殊词

关键词

晏殊 北宋 词人 《珠玉词》《浣溪沙》

晏殊（991~1055）字同叔，抚州临川（今江西抚州）人，北宋重臣、词人。少年时即以神童应召，赐同进士出身，后一直官运亨通，做到宰相。晏殊一生历居显官要职，仕途平坦，但政迹平平。然而在文坛上却有建树。晏殊最负盛名的是词。词集名《珠玉词》，存词130余首，全为小令，无慢词。他的词大部分是在富贵优游的生活中产生的，内容多取四季景物、男女恋情、欢愉情趣，以及流连诗酒，歌舞升平，题材较狭窄。但语言婉丽，音韵和谐，形象明朗，意境清新。他善于捕捉事物特征，熔铸佳句，如"无可奈何花落去，似曾相识燕归来"（《浣溪沙·无可奈何花落去》），"满目山河空念远，落花风雨更伤春"（《浣溪沙·一向年光有限身》）皆为工妙之语，千古传诵。晏殊词的风格是明朗清峻，也代表了当时令词的风格特色。晏殊的词进一步奠定了疏淡清丽、精致柔婉的风格在宋词中的地位，也把宋词语言进一步推向文人化、典雅化。这样，文人词距民间曲辞俚俗、生动、风趣的特点便越来越远了。

白衣卿相 柳永

柳永字耆卿，原名三变，改名永，因排行七，又称柳七。崇安（今属福建）人，生卒年不详，大约与晏殊、张先同

> **关键词**
>
> 柳永　北宋　白衣卿相　《乐章集》

时，主要生活在宋真宗、仁宗时代。早年屡试不第，晚年才中进士，当过定海晓峰场盐官及屯田员外郎等小官，故世称柳屯田。由于仕途坎坷、生活潦倒，屡试不第，他由追求功名转而厌倦官场，辗转下僚，耽溺于旖旎繁华的都市生活，在"倚红偎翠""浅斟低唱"中寻找寄托，因而他对市民生活有相当的了解，与歌妓交往时有较为真挚的感情和同情心，而且对此不像上层文人那样假作正经。柳永自称"奉旨填词柳三变"，他以毕生精力作词，并以"白衣卿相"自许。柳永在词的体制、内容、风格诸方面均有所突破，受到社会各阶层的广泛欢迎，以致"凡有井水处，即能歌柳词"。他是北宋一大词家，在词史上有重要地位，著有《乐章集》。

开拓与贡献：柳永词

作为北宋第一个专力作词的词人，柳永开拓了词的题材内容，所写内容不限于男女风月，尤工羁旅行役，佳作极多，许多篇章用凄切的曲调唱出盛世中部分文

> **关键词** | 柳永　《雨霖铃》　《八声甘州》

人的痛苦，真实感人；他还有相当多的词篇抒写了与歌伎舞女的诚挚恋情，部分作品反映了她们悲酸的生活和她们要求合理生活的愿望；柳词还描绘了都市的繁华景象及四时节物风光。当然，除了对词的题材内容的开拓，柳永对于宋词更大的贡献和影响还在于发展了词体，在他留存的 200 多首词中，所用词调竟有 150 个之多，并大部分为前所未见的、以旧腔改造或自制的新调，又十之七八为长调慢词，在词史上产生了较大的影响，对词的解放与进步做出了巨大贡献。柳永还丰富了词的表现手法，他的词讲究章法结构，词风真率明朗，语言自然流畅，有鲜明的个性特色。他发展了铺叙手法，促进了词的通俗化、口语化，用民间口语写作大量"俚词"。同时，在音律上，柳词又多用新腔、美腔，旖旎近情，富于音乐美。他的词不仅在当时流播极广，对后世影响也十分深远，之后的词家几乎无不受其影响，他不愧是北宋前期最有成就的词家。代表作有《雨霖铃·寒蝉凄切》《凤栖梧·伫倚危楼风细细》《八声甘州·对潇潇暮雨洒江天》《望海潮·东南形胜》等。

儒学教化典范 司马光

❖ 关 键 词

司马光　北宋　《资治通鉴》　保守思想

司马光（1019~1086）字君实，号迂叟，陕州夏县（现山西省夏县）涑水乡人，出生于河南省光山县，世称涑水先生。司马光是北宋著名的政治家、文学家、史学家，历仕仁宗、英宗、神宗、哲宗四朝。他主持编纂了中国历史上影响深远的编年体通史《资治通鉴》。司马光的父亲司马池在当时一直以清廉仁厚享有盛誉。司马光深受其父影响，自幼便聪敏好学。我们对司马光最熟悉的故事之一就是"司马光砸缸"。这件事在当时的东京（今开封）、洛阳一带就有人将其画成《小儿击瓮图》广为流传。小小的司马光遇事沉着冷静，机智勇敢，传为千古佳话。司马光为人温良谦恭、刚正不阿，其人格堪称儒学教化下的典范，历来受人景仰。司马光在政治上是标准的守旧派人士，他跟当时主持变法的王安石发生了严重分歧，几度上书反对新法。因此被认为是中国古代士大夫保守思想的典型代表。

"鉴于往事，资以治道"　《资治通鉴》

《资治通鉴》是一部编年史通史，由北宋司马光编撰而成，费时 19 年。全书共

■ 三晋史家第一人司马光

关键词　《资治通鉴》　司马光
　　　　　通贯古今　史家绝笔

294卷，通贯古今，上起战国初期韩、赵、魏三家分晋（前403），下迄五代（后梁、后唐、后晋、后汉、后周）末年赵匡胤（宋太祖）灭后周以前（959年），共1362年。作者把这1362年的史实，依时代先后，以年月为经，以史实为纬，顺序记写；对于重大的历史事件的前因后果，与各方面的关联都交代得清清楚楚，使读者对史实的发展能够一目了然。全书内容以政治、军事的史实为主，借以展示历代君臣治乱、成败、安危之迹，作为历史的借鉴，即"鉴于往事，资以治道"。《资治通鉴》因司马光一人精心定稿，统一修辞，故文字优美，叙事生动，且有相当高的文学价值，历来与《史记》并列为中国古代之史家绝笔。于叙事外，还选录了前人的史论97篇，又以"臣光曰"的形式，撰写了史论118篇，比较集中地反映了作者的政治、历史观点。

艺术通才 苏轼

关　键　词
苏轼　三苏　东坡居士　艺术通才

　　苏轼（1037~1101），字子瞻，号东坡居士，眉山（今四川）人，出身于一个清寒的文士家庭，父亲苏洵和弟弟苏辙也是当时有名的文学家，与苏轼并称"三苏"。苏轼21岁中进士，嘉祐六年（1061）开始步入仕途，开始了一生坎坷的仕宦生涯。苏轼从小研读经史，受儒学理想影响较深。

他的一生中，对国家的政治事务，不管其见解是否正确，总是敢于坚持己见，不肯做圆滑的官僚，不盲从，不徇私，始终保持黑白分明、表里如一的立场。在地方官任上，他也始终关心民间疾苦，努力兴利除弊。作为一个富有社会责任感的士大夫，他具有坚定执著的品格。苏轼是北宋中期的文坛领袖，也是唐宋八大家之一。难得的是苏东坡还是一个艺术通才，诗、文、书、画俱佳，并在这些领域取得杰出的成就。他为后人留下了大量优秀作品，对后代的文学发展产生了巨大影响。苏轼是宋代最受人推崇、影响最大的文学家和艺术家。

苏轼词：无意不可入，无事不可言

关键词 苏轼　《江城子》《念奴娇》《水调歌头》

苏轼在词的写作中富于创造性，以丰硕的创作开辟了新的词风。《东坡乐府》存词340余首，在北宋词家中首屈一指。他打破诗词有别的人为界限，将士大夫的丰富情感世界放入词中，促使词成为真正独立的抒情诗体。他还在词的形式上加以革新，开始较多地为词作加上题目或小序，其目的在于更为明确地规定词的内容，使词成为特定个人思想情感的表达。苏轼在词中言志抒情、记游怀古，扩大了词的题材，被后人誉为"无意不可入，无事不可言"。如《沁园春·赴密州早行马上寄子由》抒发的是他的仕宦之情；《江城子·十年生死两茫茫》抒发的是对亡妻的悼念之情；他还写了一组《浣溪沙》记述农村的风土人情等等。歌词内容的扩大也带来了苏轼词风的变化，他有意创作了雄壮豪放、自成一家的新词。代表作是《念奴娇·赤壁怀古》。苏轼还开辟了具有放旷超逸情致

■ 苏轼《枯木怪石图》

的词境，代表作是《水调歌头·明月几时有》。苏轼通过内容和风格方面的全面革新，以士大夫的健康情趣和丰富阅历对花间之词加以彻底改造，完成了词的文人化过程。

行云流水苏轼文

关键词　苏轼　《赤壁赋》《记承天寺夜游》

苏轼的散文，可与韩愈、柳宗元、欧阳修三家的散文媲美。他的散文，首先在其政治论文中大露峥嵘。在《策略》《策别》《策断》等篇章里，作者满怀儒家的政治理想，凭借大量的历史事实加以周密的论证，字里行间颇有贾谊、陆贽的气势、神韵。文脉晓畅，文采飞扬，所受《战国策》的影响，明显可见。苏轼的历史论文，如《平王论》《留侯论》等，是其政治论文的另一种表现形式。作者借描画、评述历史人物、事件、典故，阐释政治见解。苏轼最为精彩的文章是抒情辞赋、记序，以及书札、题跋类文字。这些精致典雅、小巧玲珑之作，大都夹叙夹议，挥笔轻盈自如，抒发了作者坦诚的胸怀，也表达了对人生、对文艺的喜爱之情，成就大大超过他的政治论文。代表作有《赤壁赋》两篇、《记承天寺夜游》《传神记》《书吴道子画后》等。苏轼的文就和他的性格一样，面貌多样而统一，情感丰富而复杂，最感染人之处还是作者的真情所发，痛快淋漓，自由自在，如行云流水一般，姿态横生。

■《水调歌头·明月几时有》意境图

■《念奴娇·赤壁怀古》意境图

多姿多样苏轼诗

关键词
苏轼 《题西林壁》
《饮湖上初晴雨后》

苏轼今存诗2700多首，题材广泛，内容丰富多采。同情人民、关心生产是苏诗的一个突出内容。这类诗表现了人民的痛苦，针砭时弊，情真语挚，朴实无华，对前人很少涉及的社会题材，多作开发，取材广泛，命意新颖。苏轼的写景诗和理趣诗，艺术价值最高，最为脍炙人口。《游金山寺》《望海楼晚景》《望湖楼醉书》《饮湖上初晴后雨》等诗，描绘了长江夜色、江南晴雨、西湖胜景；《登常山绝顶广丽亭》《百步洪》《登州海市》等诗，则逼真地描绘了江北的地方风物和名胜。苏轼不但善于观察和捕捉各地景物的不同特点，而且以欣喜爱悦的感情描绘了农村环境的清新朴厚。在岭南所写的农村景物诗，体现出作者同惠州百姓和黎族人民融洽的关系。苏轼还善于从日常生活和普通自然小景中悟出新意妙理，发人所未发，写成引人深思的理趣诗。如《题西林壁》《琴诗》《泗州僧伽塔》等篇，即景寄意，因物寓理，意在言外，余味不尽。苏诗任情挥洒，风格多姿多样，对宋诗基本面貌的形成和后世诗歌创作具有很大的影响。

"最为凄婉" 秦观词

关 键 词
秦观 北宋 苏门四学士 婉约派

秦观（1049~1100）字少游，一字太虚，号邗沟居士，学者称淮海先生。扬州高邮（今江苏）人，北宋著名词人，"苏门四学士"之一。秦观诗、文皆工，以词著称，当时即负盛名，被誉为"当代词手"。秦观并不是一个主动投身于政治斗争的人，只是因为与苏轼的关系受牵连而招致不幸的命运，再加上他的性格柔弱，情感细致，所以内心总是被悲愁哀怨所缠绕，不能自解。因此，"愁"成为他的词中最常见的主题，如《千秋岁》"春去也，飞红万点愁如海"，《浣溪沙》"自在飞花轻似梦，无边丝雨细如愁"等，都是他的名句。而他的词的意境，也正如王国维《人间词话》所说的"最为凄婉"，如《踏莎行·雾失楼台》。在伤怀人生命运之外，秦观又写了不少描写男女恋情的词。这虽是一个传统题材，但秦观往往写得比前人更为真挚动人，像著名的《鹊桥仙·纤云弄巧》。秦观是北宋词坛正宗的婉约派词人，他的词大多写得纤细、轻柔，语言优美而巧妙，善于把哀伤的情绪化为幽丽的境界。

典雅缜密 周邦彦词

周邦彦（1056~1121），字美成，晚号清真居士，钱塘（今浙江杭州）人，北宋后期著名词人。周邦彦被公认为是"负一

关 键 词

周邦彦　北宋　婉约派　格律派

代词名"的词人，在宋代影响甚大。邦彦词多写男女恋情，咏物怀古，羁旅行役，内容较窄，境界不高。但在艺术创意上堪称大家，其词善于铺叙，即在写景抒情中渗入述事，造成另一境界，形成曲折回环，开阖动荡，抑扬顿挫之势，发展了柳永、张先的慢词。加之语言工丽，多用典故，形成了典雅、缜密的艺术风格。代表作如《少年游·并刀如水》、《少年游·朝云漠漠散轻丝》、《过秦楼·水浴清蟾》、《兰陵王·柳》等。尤其是《兰陵王·柳》，把将离之情，既去之思，居者与行者，旧恨与新愁，人和物，情和境，浑然融为一气。邦彦词音律严整，格调精工，多创新调。因此他被尊为婉约派的集大成者和格律派的创始人，开南宋姜夔、吴文英格律词派先河。

李清照：词苑中的女儿花

李清照（1084~约1151）号易安居士，济南（今山东）人。李清照是两宋时

关 键 词

李清照　两宋时期　易安居士　赵明诚

期著名词人。"大河百代，众浪齐奔，淘尽万古英雄汉；词苑千载，群芳竞秀，盛开一只（枝）女儿花"形容的就是她。李清照的父亲李格非是学者兼散文家，母亲出身于官宦人家，也有文学才能。李清照多才多艺，能诗词，善书画，很早就受人注意。她"自少年即有诗名，才力华赡，逼近前辈。"李清照18岁嫁给太学生赵明诚，赵爱好金石之学，也有很高的文化修养。婚后，

■ 李清照

他们过着美满和谐的生活，夫妇在一起常常诗词唱和，欣赏金石拓片，尽管其间由于政局变化使他们两家长辈经历了一些变故，但他们的生活大体上是安宁的。然而，时代的巨变打破了李清照闲适恬静的生活。汴京失守，南宋建立之初，赵明诚任江宁知府，李清照也"载书十五车"于建炎二年（1128）南下江宁。第二年赵明诚去世，接着金兵深入南下，她又到处流亡，并曾被人诬陷通敌；再后来，赵明诚生前多年收集的金石古玩大部丢失，她的境况也变得越来越艰难；最后在颠沛流离、凄凉愁苦的生活中死去。

婉约清照词

| 关键词 | 李清照　婉约派　《如梦令》《声声慢》 |

李清照是诗、词、散文皆有成就的宋代女作家，但她最擅长的，成就最高的还是词。李清照经历了南北分裂之乱，在南渡前后，词风变化很大。南渡前，李清照的词多描写少女、少妇的闺中生活，如《如梦令·常记溪亭日暮》，于轻快活泼的画面中见作者开朗欢乐的心情和轻松悠闲的生活。《醉花阴·薄雾浓云愁永昼》《凤凰台上忆吹箫》《一剪梅·红藕相残玉簟秋》等小词也都是她的闺情名篇。南渡后，生活的苦难使她的词风趋于含蓄深沉。《声声慢·寻寻觅觅》等词表现了词人长期流亡生活的感受；《永遇乐·落日熔金》在这类词中为代表之作。李清照词风婉约，她的艺术特征表现在：一、善于抒情造境。她善于把强烈的感情熔铸在艺术形象里，造成一种情景交融的艺术境界。她还善于从描绘一段情节、一个思想曲折中，显示出感人的意境来。二、造句浅显新奇。李词语言既浅显自然，又新奇魂丽，富于表现力。她的词用典不多，却善于运用口语、市井俗语，使词写得明白而家常。李词的音节和谐，流转如珠，富有音乐美。

杨万里 "脊梁如铁心如石"

杨万里（1127~1206）字廷秀，号诚斋，吉州吉水（今江西）人，南宋著名诗人，有《诚斋集》。他是绍兴二十四年

关　键　词

杨万里　南宋　爱国之情　《诚斋集》

（1154）进士，历任太常博士、宝谟阁直学士等职，韩侂胄当政时，因政见不合，隐居15年不出，最后忧愤成疾而终。杨万里一生力主抗金，反对屈膝投降，他在给皇帝的许多"书""策""札子"中都一再痛陈国家利病，力诋投降之误，爱国之情，溢于言表。他为官清正廉洁，尽力不扰百姓。他为官刚正，遇事敢言，指摘时弊，无所顾忌，因此始终得不到大用。实际上他为官也不斤斤钻营升迁，在任京官时就随时准备弃官罢职，因此预先准备好了由杭州回家的路费，锁置箱中，藏于卧室，又戒家人不许买一物，怕去职回乡时行李累赘。他在赋闲家居的15年中，即韩侂胄当政之时，韩新建南园，请他作一篇"记"，并许以高官相酬，杨万里坚辞不作，表示"官可弃，'记'不可作。"诗人葛天民夸他"脊梁如铁心如石"，并非谥美之辞。

杨万里诗向大自然取诗材

杨万里的诗与陆游、范成大、尤袤齐各，称"中兴四大家"。他起初模仿江西诗

关键词 ｜ 杨万里　中兴四大家　诚斋体

派，后来认识到江西诗派追求形式、艰深晦涩的弊病，便摆脱了江西诗派的束缚，不再在句法、字法和模拟古人上寻求出路，而是直接向大自然索取诗材，使诗歌面貌发生了彻底变化，最后自成一家，形成了他独具的诗风，其诗风格纯朴，语言口语化，构思新巧，号为"诚斋体"。他的代表作有《小池》《过杨二渡》《舟过谢潭三首》等等。此外，如"接天莲叶无穷碧，映日荷花别样红"（《晓出净慈寺送林子方》），"溪回路转愁无路，忽有梅花一两枝"（《晚归遇雨》），"绿萍池沼垂杨里，初见芙蕖第一花"（《将至建昌》）等，都表现了"诚斋体"在创作方式上的特点：一是重视从大自然和日常生活中获取新颖生动素材，善于敏感地发现与迅速地捕捉在自然万物与日常生活中出现的常人所不能发现或容易忽略的富于情趣与美感的景象；二是注意在这些景象中融入自己的主观领悟与体验，使之带有一种与众不同的理趣。

爱国歌手 陆游

陆游（1125~1210）字务观，中年自号放翁，越州山阴（今浙江绍兴）人，南宋著名爱国诗人。陆游出生的第二年，金兵攻陷汴京，他的父亲陆宰带着家人逃归山阴故里。陆游自幼便受到家庭和亲友师长的爱国思想教育，因此他一生主张抗金，立志恢复中原。然而由于投降派当权，陆游的报国壮志并未获得施展。陆游一生仕途坎坷，几次遭到罢官，但他期望抗金北伐的热情始终不曾减退，常常在梦里都想着打到北方，收复失地，平时则看到一幅画、几朵花，喝上几杯酒，听了一声雁叫，都会激起他的满腔心事。可是理想再一次破灭，直到陆游去世，他也没有盼到北伐的胜利。嘉定二年（1210），85岁的陆游与世长辞，临终赋诗《示儿》，表达他对祖国统一的坚定信念从未动摇。综观陆游的一生，就是爱国的一生。因此，他的典范意义就在于，在一个民族矛盾尖锐的历史年代，将自己的人生追求和全部文学创作都集中到爱国救国这一主题上，成为最卓越的一位爱国歌手。

陆游诗洋溢深沉民族情

陆游现存诗歌9300多首，内容覆盖了南宋前期社会生活的所有方面。陆游诗特征之一，是气吞山河的英雄气概和万死不辞的牺牲精神。这在他一生的诗作中都有充分反映，直到82岁，他还高唱"一闻战鼓意气生，犹能为国平燕赵"的诗句。陆诗第二个特征是，对投降派尖锐的讽刺和坚决的斗争。另外，他也有壮志未酬的感叹和对理想境界的寄托，如《书愤》《秋思》《枕上偶成》《十一月四日风雨大作》等。此外，他还有不少像"山重水复疑

■ 陆游

无路，柳暗花明又一村"（《游山西村》）
和"小楼一夜听春雨，深巷明朝卖杏花"
（《临安春雨初霁》）等歌唱美好生活的诗

关键词　陆游　《游山西村》　《临安春雨初霁》

句。在表现手法上，他一般不直接对客观事物作具体刻画，而是抒写个人的主观感受，因此，他的诗概括性、抒情性强。陆游作为整个宋代留存作品最多的一位诗人，他的诗以更为广泛的题材、更为多样化的风格和更为老练的技巧，取得了显著的成就。尤其是他的诗中始终洋溢着一种激烈而深沉的民族情感，反映着在那山河破碎、民族危亡的年代人们的普遍心愿，在当时以及后世，都赢得了广泛的尊重。

理学思想集大成者朱熹

朱熹（1130~1200）字元晦，一字仲晦，号晦庵，徽州婺源（今江西）人，寓居建阳崇安（今福建），南宋著名思想家。他于绍兴十八年（1148）中进士，授泉州同安主簿。其后因反对南宋与金议和而屡次辞官不就。后又任焕章阁待制兼侍讲，在朝仅90天，被弹劾以伪学欺人，革职罢官，归建阳讲学以终。朱熹学识渊博，对经学、史学、文学、乐律乃至自然科学都有研究。他是理学思想的集大成者，发展了北宋程颢、程颐的学说，创建了一套体系严整的新儒家思想，成为宋以后历代封建王朝的官方哲学。所著《四书集注》，成为科举考试的依据。朱熹还是著名的教育家，一生讲学不缀，先后在白鹿洞书院、岳麓书院和居地建阳接纳四方游学之士，培养了大批弟子。其著述影响较大的有《四书章句集注》以

关　键　词　朱熹　南宋　理学思想　《四书集注》

■ 朱熹

及《诗集传》《楚辞集注》等著作。门人记录的《朱子语类》以口语化文体评经论道，涉及面很广，为研究古代哲学，语言等提供了重要资料。

清新明丽朱熹诗

朱熹一生作诗千余首，他主张"感物道情，吟咏情性"，推崇自然平易的诗风，重

关键词 | 朱熹 《春日》《观书有感》

古诗而轻律诗。诗中描写山川景物，往往清新明丽，抒情吟志也真挚动人，受汉魏古风以及唐代陈子昂等人的影响较为明显。如《春日》："胜日寻芳泗水滨，无边光景一时新。等闲识得东风面，万紫千红总是春。"这首诗写春游者所见之景与春游者愉悦之情，景中有情，情景交融。读之，令人仿佛感觉到和煦的春风扑面而来，明媚的春光映入眼帘，清新的春之气息沁人心脾。朱熹诗中还有一些貌似绘景，实为谈理的哲理小诗。这方面的佳作有《观书有感》（二首）等。《观书有感》其一："半亩方塘一鉴开，天光云影共徘徊。问渠那得清如许？为有源头活水来。"此诗寓理于景，理景交融。前两句以"方塘"比喻作者打开的所读之书，以"天光云影"比喻书中的内容。后两句转为议论说理，通过揭示"半亩方塘"清澈见底的原因，是有活水从源头不断注入，来形象地阐述只有不断吸取写作源泉才能写出鞭辟入里的书。

一世豪杰 辛弃疾

关 键 词

辛弃疾　南宋　戎马倥偬　抗金　军事家

■ 辛弃疾

辛弃疾（1140~1207）字幼安，号稼轩，济南历城（今山东济南）人，南宋著名词人。他出生在金国统治的北方，亲眼目睹汉人在女真人统治下所受的屈辱与痛苦，这一切使他在青少年时代就立下了恢复中原、报仇雪耻的志向。绍兴三十一年（1161），汉族人民由于不堪金人严苛的压榨，奋起反抗。22岁的辛弃疾也聚集了二千人，参加由耿京领导的一支声势浩大的起义军，并担任掌书记。第二年他还以惊人的勇敢和果断，捉拿了南宋叛徒，从而名重一时。宋高宗任命他为江阴签判，从此开始了他在南宋的仕宦生涯。然而由于朝廷不愿意打仗，只派他做了一些小官，这和他的理想大相径庭，时时让他感到壮志难酬。他曾在江西上饶闲居二十年，之后虽又被起用抗金，但还是在一些谏官的攻击下被迫离职，于开禧元年（1205）重回故宅闲居。虽然后两年都曾被召任职，无奈年老多病，身体衰弱，终于在开禧三年秋天溘然长逝。辛弃疾一生戎马倥偬，志在经世救国，抱有"整顿乾坤"的宏愿。他的作为也表明，他是一个雄才大略的英雄人物，是一个有胆有识的军事家、战略家。

悲壮豪放辛弃疾词

辛弃疾著有《稼轩词》，存词 600 多首。强烈的爱国主义思想和战斗精神是辛词的基本思想内容。这首先表现在他的《鹧鸪天·有客慨然谈功名》、《破阵子·为陈同甫赋壮语以寄》等词中，他不断重复对北方的怀念，对抗金战斗的回忆。另外，在《贺新郎·陈同甫自东阳来过年》、《摸鱼儿·淳熙已亥》等词中，他用"剩水残山"、"斜阳正在断肠处"等词句讽刺苟安残喘的南宋小朝廷，表达他对偏安一隅不思北上的不满。胸怀壮志无处可用，表现在词里就是难以掩示的不平之情。他擅长的怀古之作中《水龙吟·登建康赏心亭》、《水龙吟·过南剑双溪楼》，面对如画江山和英雄人物，在豪情壮志被激发的同时，他也大发英雄无用武之地

关键词	辛弃疾　爱国主义　战斗精神　豪放风格　《稼轩词》

■《菩萨蛮》"西北望长安，可怜无数山！"意境图

的感慨。理想与现实的激烈冲突，为他的词构成悲壮的基调。在艺术成就方面，辛词以生动、夸张的描绘和想象，形成了他的豪放风格。

生气浩然文天祥：人生自古谁无死，留取丹心照汗青

文天祥（1236~1283）字宋瑞，别号文山，吉州庐陵（今江西吉安）人。20 岁中进士第一名，官至右丞相兼枢密

关 键 词

文天祥　南宋　《正气歌》《过零丁洋》

▓ 文天祥

使。蒙古大军进逼临安时，他出使谈判，被无理扣押。后脱险南逃，组织义军力图恢复失地，再度因兵败被俘，押到大都（今北京）囚禁 4 年。尽管忽必烈一再威胁利诱，他始终不屈，最后被杀。文天祥前期诗歌比较平庸，但当他投身于抗元斗争，并历经沧桑之后，诗风大有变化，不仅内容变得充实丰富，情感变得深沉厚重，语言也沉着凝炼多了。在文天祥的诗中，反复表露威武不能屈、富贵不能淫的凛然气节，如著名的《正气歌》，以一系列历史人物的事迹赞誉这种"正气"的浩然博大，表明自己要以此"正气"抵御狱中种种邪气的侵袭，保持人格的完整。而《过零丁洋》和《金陵驿》二诗，更以它结合个人身世之悲与国家危亡之悲的抒情艺术给人以至深的感动。这两首诗交织着悲怆、哀婉、激奋、绝望等种种复杂的心情，它以诗中所表现的诗人情感的真实性和诗人人格力量的崇高，成为中国诗史上的优秀篇章。

元杂剧奠基人关汉卿

❋关 键 词

关汉卿　元杂剧　元曲四大家　《单刀会》

关汉卿约生于 1200 年，约卒于 1302 年，字汉卿，号已斋。他是中国古代伟大的戏剧家，是元杂剧的奠基者，是具有世界影响的文化名人。关汉卿是元代最早从事剧本创作的作家之一，与马致远、郑光祖、白朴并称为"元曲四大家"。他长期生活于勾栏瓦肆，与一些著名艺人也相当熟悉，过着玩世不恭、放浪形骸的生活，有时还参加戏剧导演和演出活动。关于关汉卿的为人和个性，元人熊自得《析津志》说他"生而倜傥，博学能文，滑稽多智，蕴藉风流，为一时之冠"。对此，关汉卿本人的《南吕一枝花·不伏老》套数中有更透彻的自白。他毫无惭色地自称"我是个普天下郎君领袖，盖世界浪子班头"，在结尾一段，更狂傲倔强地表示："我是个蒸不烂、煮不熟、捶不匾、炒不爆、响珰珰一粒铜豌豆"。关汉卿一生创作十分丰富，所作杂剧约 66 种，今存约 16 种，比较著名的有《窦娥冤》《救风尘》《拜月亭》《单刀会》等。

震撼人心《窦娥冤》

《窦娥冤》全剧为四契一折子，全名是《感天动地窦娥冤》。它确实具有一种震撼人心的悲剧力量，堪称彪炳一代的悲剧杰作。王国维认为，将它放在世界伟大的悲剧中，也毫不逊色。《窦娥冤》写的是：贫儒窦天章因无钱进京赶考，将幼女窦娥卖给蔡婆为童养媳。无奈婚后丈夫去世，窦娥与婆婆相依为命，后遭无赖张驴儿诬诬杀人。官府严刑逼训二人，窦娥为救蔡婆自认杀人，被判死刑。行刑关窦娥指天为誓，死后将血溅白绫，六月飞雪、大旱三年，以表冤屈，后来果然都应验了。三年后，窦父任廉访至家乡，见窦娥魂出现，于是重审此案，为窦娥申冤。《窦娥冤》的故事渊源于《列女传》中的《东海孝妇》。但关汉卿并没有局限在这个传统故事里，而是紧紧扣住当时的社会现实，真实而深刻地反映了元蒙统治下社会极端黑暗、极端残酷、极端混乱的悲剧时代，表现了中国人民坚强不屈的斗争精神和争取独立生存的强烈要求。它

关键词 | 《窦娥冤》 悲剧 《列女传》

■《窦娥冤》插图

成功地塑造了"窦娥"这个悲剧主人公形象，使其成为元代被压迫、被剥削、被损害的妇女的代表，成为元代社会底层善良、坚强而走向反抗的妇女的典型。

王实甫 "愿普天下有情人都成眷属"

王实甫（1260~1336）名德信，大都（今北京）人。在中国古代剧坛上，王实甫是元代杂剧作家的杰出代表，是元曲四大家之一。王实甫的生平资料较少，从明代文人贾仲明对他的悼词来看，他似乎是混迹于教坊勾栏的一个风流落拓的文人，"作词章，风韵美，士林中等辈伏低"，在当时有很高的声望。王实甫的剧作，见于载录的有13种。现存的除《西厢记》外，尚有《丽春堂》，写金章宗时丞相完颜乐善仕途沉浮的故事；《破窑记》写吕蒙正始贫终富过程中与刘月娥的曲折婚姻，成就都不大。另外，《贩茶船》和《芙蓉亭》二剧各存一折曲文。他可以说是以一部《西厢记》"天下夺魁"。《西厢记》在戏剧结构、矛盾冲突、人物塑造等方面，都取得了很高的艺术成就，无论是思想性，还是艺术性，都达到了元杂剧的一个高峰，成为最具舞台生命力的一部佳作。《西厢记》所表达的"愿普天下有情人都成眷属"的思想，在中国文学史上还是第一次。

一部《西厢记》，天下夺魁

《西厢记》可谓是家喻户晓的一部剧作，在元代就被誉为："新杂剧，旧传奇，《西

■《西厢记》插图

厢记》天下夺魁。"《西厢记》的故事源于中唐诗人元稹的传奇《莺莺传》，并以金代董解元的《西厢记诸宫调》为基础，通过讲述张生和崔莺莺自由恋爱，在丫鬟红娘的帮助下，以执著的精神，战胜相国夫人阻挠破坏的故事，反映了封建社会中青年男女反对封建婚姻制度、勇敢地同门阀观念决裂，要求自由择配的强烈愿望，揭露了以崔夫人为代表的封建卫道者的虚伪，提出了"愿普天下有情人都成眷属"这一美好的婚姻理想，并着力塑造了莺莺、张生、红娘几位典型形象。《西厢记》在艺术上有很高的成就，是中国古典戏剧的现实主义杰作，为明清以来的戏剧创作提供了宝贵经验。王实甫善于根据人物的性格特征来展开错综复杂的戏剧冲突，塑造人物形象；情节安排曲折复杂，全剧一波三折，波澜壮阔，而又一气呵成，结构完整，剧情引人入胜，具有很强的舞台生命力；作者善于描绘景物，制造氛围，抒情与写景统一和谐，心理刻画与环境渲染融为一体；作者对杂剧的体制也有所革新和创造，将杂剧一本四折、每折由一人唱到底的通例，改造为五本二十一折，且部分打破了一折一人唱到底的束缚，为杂剧艺术的发展做出了贡献。

墙头马上道 白朴

白朴（1226~?）字太素，号兰谷；原名恒，字仁甫，祖籍澳州（今山西曲沃），后迁居真定（今河北正定）。父白华，曾任金朝枢密院判官，又是著名文

关 键 词

白朴　元杂剧四大家　《墙头马上》

《梧桐雨》

士。白朴出生时，金王朝已经在南宋和蒙古的两面夹击下处于岌岌可危的状态，八、九年后为蒙古所灭。白朴幼年经历颠沛流离，母亲也死于战乱中。长成后，家世沦落，郁郁不欢，不复有仕进之意，几次拒绝了官员的荐举，漂流大江南北 15 年之久。55 岁定居金陵。白朴出身于具有浓厚文学气氛的家庭，少年时又随著名诗人元好问学诗词古文，在传统的文人文学方面有相当好的素养。在元代，他是最早以文学世家的名士身份投身于戏剧创作的作家。历来评论元代杂剧，都称他与关汉卿、马致远、郑光祖为元杂剧四大家。他的剧作见于著录的有 16 种，完整留存的有《墙头马上》与《梧桐雨》两种。《墙头马上》全名《裴少俊墙头马上》，是白朴较出色的剧作之一，是一部充满斗争精神的喜剧，有着浓重的市民色彩。

沉雄悲壮《梧桐雨》

关键词 白朴 《梧桐雨》 历史悲剧 《长恨歌传》 杨贵妃 唐明皇

《梧桐雨》，全名《唐明皇秋夜梧桐雨》，是一出历史悲剧，取材于唐人陈鸿《长恨歌传》，标目取自白居易《长恨歌》"秋雨梧桐叶落时"诗句。剧中描写李隆基和杨贵妃的爱情故事，包括长生殿庆七夕、沉香亭舞霓裳、马嵬坡杨贵妃之死、唐明皇深秋雨夜哭奠杨贵妃等情节。白朴通过唐明皇的形象和遭遇，概括了一代王朝兴亡的变化，不仅有对亡国教训的总结，更突出地流露出对时世更替、人生变迁、盛衰转化的哀愁、凄恻的感伤情绪，这与白朴词作中反复抒发的山川之异和沧桑之变的感叹是相通的。白朴对唐明皇既有讽刺、批评，又有赞赏、同情，这就形成了唐明皇形象的复杂性，也造成剧本内容的复杂性。但全剧却主要是借历史故事来抒发作者深切的现实感受，尤其是第四折，描写唐明皇忆旧、伤逝、相思、哀愁等感情交织搅扰的心境，和雨打梧桐的凄凉萧瑟氛围融为一体，构成一种诗剧的境界。王国维评此剧说："沉雄悲壮，为元曲冠冕"，正是着眼于其悲凉的意境。

"曲状元" 马致远

关 键 词

马致远 元曲四大家 曲状元 《汉宫秋》 《黄粱梦》

马致远（约 1250~1321 至 1324 之间），晚号东篱，以示效陶渊明之志，大都（今北京）人，元曲四大家之一。在马致远生活的年代，蒙古统治者开始注意到"遵用汉法"和任用汉族文人，却又未能普遍实行，这给汉族文人带来一丝幻想和更多的失望。马致远早年曾有仕途上的抱负，却长期毫无结果。后来担任地方小官吏，也是完全不能如意的，在职的时间大概也并不长。在这样的蹉跎经历中，他渐渐心灰意懒，一面怀着满腹牢骚，一面宣称看破了世俗名利，以隐士高人自居，同时又在道教中求解脱。马致远从事杂剧创作的时间很长，名气也很大，有"曲状元"之誉。他曾于元成宗元贞年间参加元贞书会，与李时中、花李郎、红字李二合撰《黄粱梦》杂剧，人称"万花丛里马神仙"。他的作品见于著录的有 15 种，今存《汉宫秋》《荐福碑》《岳阳楼》《青衫泪》《陈抟高卧》《任风子》六种，另有《黄粱梦》（马致远撰第一折），其中以《汉宫秋》最为著名。

《汉宫秋》"可称绝调"

《汉宫秋》是马致远的代表作，取材于王昭君出塞和亲的故事。正史记载这一故事的有《汉书·元帝纪》《汉书·匈奴传》和《后汉书·南匈奴传》。《汉宫秋》不拘泥于史实，马致远在前人创作的基础上，结合元代的时代精神和自身的现实感受，进行了全新的艺术创作。如把汉和匈奴的关系写成衰弱的汉王朝为强大的匈奴所压迫；把昭君出塞的原因，写成毛延寿求贿不遂，在画像时丑化昭君，事败后逃往匈奴，引兵来攻，强索昭君；把元帝写成一个软弱无能、为群臣所挟制而又多愁善感、深爱王昭君的皇帝；把昭君的结局，写成在汉与匈奴交界处的黑龙江投江自杀。这样，昭君故事便被赋予了新的主题，成为金

> **关键词** 马致远 《汉宫秋》
> 家国兴亡 昭君出塞

■《汉宫秋》"昭君出塞"意境图

元、宋元之交的家国兴亡和民族情绪的曲折反映。因此，《汉宫秋》实际是作者借历史上的兴亡聚散抒写自己的时代感受。《汉宫秋》曲词清丽潇洒，音律和谐华美，剧情婉转复杂，具有强烈的抒情性，文学艺术成就很高，取得了动人心弦的艺术效果。清人焦循《剧说》评道："马东篱《汉宫秋》一剧，可称绝调"。

"群英之上"马致远曲

在元代前期的散曲家中，马致远是留存作品最多，历来评价最高的一个。

> **关键词** 马致远 《双调夜行船·秋思》
> 《天净沙·秋思》

他现存小令115首，套数22首，另有残套4首。作品的内容，以感叹历史兴亡、歌颂隐逸生活、吟咏山水田园风光为主，在保持散曲特有的艺术风格的同时，又常具有诗词的意境和秀丽的画面感，其思想意蕴和艺术风格最容易引起知识分子内心的共鸣，所以被置于"群英之上"。套数《双调夜行船·秋思》是他的代表作，历来受到推崇，被称为元代套曲中的压卷之作。作者以富于表现力的语言和丰富的意象，表达了对人世间一切功名利禄的鄙弃和对人生若梦的感叹。而另一首小令《天净沙·秋思》最为脍炙人口，此曲自然有致，情趣天成，景物明朗，王国维《人间词话》评："寥寥数语，深得唐人绝句妙境。"马致远的散曲，声调和谐优美，语言疏宕豪爽，雅俗兼备，开拓了散曲真率醇厚的独特意境。

《赵氏孤儿》：正气浩然的悲剧

❀ 关 键 词 ❀

纪君祥 《赵氏孤儿》 《史记·赵世家》
复仇精神 《中国孤儿》

纪君祥，大都（今北京）人，生卒年代及生平事迹均不详。所作杂剧著录有6种，仅有《赵氏孤儿》完整传存。这个剧本很早就传入欧洲，1753~1755年，法国启蒙思想家伏尔泰把它改编为歌剧《中国孤儿》，1755年在巴黎公演、轰动了法国和欧洲。《赵氏孤儿》的剧情，主要是根据《史记·赵世家》所记春秋晋灵公时晋国上卿赵盾与权臣屠岸贾两个家族矛盾斗争的历史故事演绎而成，并强调了屠岸贾作为"权奸"和赵氏作为"忠良"之间的道德对立。剧中写赵盾全家被屠岸贾抄斩，赵盾之子赵朔为驸马，也被逼自杀，赵媳庄姬公主避入宫中并在此时生下赵氏孤儿。赵朔门客程婴将孤儿偷带出宫时，被奉屠岸贾之命把守宫门的韩厥发现，但韩厥不愿献孤儿以图荣进，遂放走程婴，自刎而死。继而屠岸贾下令杀死全国出生一个月至半岁的婴儿，程婴与赵盾友人公孙杵臼商量，以自己的儿子冒充赵氏孤儿，然后出面揭发公孙收藏了他。公孙与假孤儿被害，真孤儿得以保全，长成后程婴向他说明真相，终于报了大仇。《赵氏孤儿》是一部杰出的悲剧，剧中张扬的是强烈的复仇精神，全剧结构紧凑、简练，曲词刚健、本色。

"南曲之宗"《琵琶记》

　　高明，字则诚，自号菜根道人，生卒年不详，瑞安（今属浙江）人。他出身于书香门第，是理学家黄溍的弟子。被誉为

关 键 词

高明 《琵琶记》 南曲之宗 双线并行

"曲祖"和"南曲之宗"的《琵琶记》是他的代表作。《琵琶记》是对早期南戏《赵贞女蔡二郎》的改编，写赵五娘和蔡伯喈的故事。蔡伯喈即蔡邕，东汉末著名文人，民间传说他上京赶考，一去不回，不顾父母，遗弃妻子，是个不忠不孝的反面人物。但高明对人物和情节做了较大的改动，把原来作为反面人物的蔡伯喈改造成一个忠孝双全的正面人物，把他抛弃家庭、另娶贵妻处理为被人胁迫而不得已。改编后的《琵琶记》，通过蔡伯喈的遭遇，揭示了"忠"与"孝"这封建时代两大基本伦理观念的冲突。作品成功地塑造了赵五娘的艺术形象，赞美了她善良、勤朴、坚忍、尽责的精神品质。《琵琶记》代表了南戏在进入明清"传奇"阶段之前发展的顶峰，有较高的艺术成就。从结构上说，整部剧情以赵五娘和蔡伯喈不同遭遇的双线并行发展的处理，收到了良好的效果。在语言艺术上，高明兼用通俗的口语和秀雅的文语来抒情写物，如《吃糠》《尝药》等出，情景相生，意趣深隽，自然流畅，感人至深。

章回小说鼻祖 罗贯中

关 键 词

罗贯中 元末明初 章回体小说
《三国演义》

　　罗贯中的生平不见史传，一些零星记载也互相抵牾。现在一般据贾仲明《录鬼簿续编》等书提供的材料，认为他名本，字贯中，号湖海散人。祖籍太原，在杭州生活过。罗贯中是我国元末明初的一位杰出的古典小说家，著名的戏曲家，中国章回体小说鼻祖，是他把章回体小说这一文学式样推向成熟的阶段。他一生著作颇丰，主要作品有：剧本《赵太祖龙虎风云会》《忠正孝子连环谏》《三平章死哭蜚虎

■《三国演义》"桃园结义"插图

子》；小说《隋唐两朝志传》《残唐五代史演义》《三遂平妖传》《粉妆楼》代表作《三国演义》以及与施耐庵合著《水浒传》等。后来的很多学者和作家曾给予他极高的评价，把他同马司迁、关汉卿相提并论。他所创作的《三国志通俗演义》，不仅在国内家喻户晓，妇孺皆知，而且被翻译成十多国文字，风行全世界，受到各国人民的喜爱。在国外，他的《三国演义》被称为"一部真正具有丰富人民性的杰作"，而《大英百科全书》则称他为"第一位知名的艺术大师"。

《三国演义》绘三国历史风云画卷

关键词　《三国演义》　罗贯中　元末明初　虚实结合

《三国演义》诞生于元末明初，由罗贯中在民间传说和有关话本、戏曲的基础上写成。它是我国最有成就的历史小说，展现了公元184年到280年间的历史风云画卷。作者通过集中描绘三国时代各封建统治集团之间的政治、军事、外交斗争，揭示了东汉末年社会的动荡和黑暗，谴责了封建统治者的暴虐，反映了人民的苦难，表达了人民呼唤明君、呼唤安定的强烈愿望。另外，《三国演义》沿袭了平话"拥刘反曹"的传统，体现了封建时代人民拥明君、反暴君的共同愿望。《三国演义》是根据正史记载和民间传说加以扩展而成，基本上采用了现实主义的创作方法，但在许多情节的设置和历史人物的塑造上，又充满了浪漫的传奇色彩，体现了现实主义与浪漫主义的结合。其结构以蜀汉矛盾为中心，以三国矛盾斗争为主线来展开情节，既保证了前后发展的一贯性，又富于曲折和变化，于清晰明朗的脉络间，构成了一个古典小说中少见的，既宏伟又严密的结构。《三国演义》常用虚实结合的手法来讲述战争，并为古典小说的人物画廊贡献了众多鲜明的形象，它在人物塑造上的成就，标志着中国古典小说人物塑造的新发展。张飞的豪爽、关羽的高傲、曹操的机诈、孔明的智慧，都为世人所知晓。

一部《水浒传》，传 施耐庵 千古文名

关 键 词

施耐庵　元末明初　《水浒传》　古典小说

施耐庵（约 1296~1370）名子安，一说名耳，兴化（今江苏兴化县）人，原籍苏州，元末明初著名小说家，中国四大古典小说之一《水浒传》的作者。正是这部《水浒传》，奠定了施耐庵的千古文名。有关施耐庵生平事迹材料极少，搜集到的一些记载亦颇多矛盾。自 20 世纪 20 年代始，江苏兴化地区陆续发现了一些有关施耐庵的材料。据这些材料分析，施于元明宗至顺二年（1331）中进士，曾官钱塘二年，因与当权者不和，弃职还乡，回到苏州写作《水浒传》，追溯旧闻，闭门著述，悒悒不得行其志。还有的传说他此时与元末农民起义将领张士诚有过联系。施耐庵的代表作《水浒传》是中国古代最优秀的长篇小说之一，流传极广，对后世影响很大。它所体现的中国古典小说的民族特点，被后世文学艺术家广泛继承。时至今日，《水浒传》仍成为影视、绘画、雕塑等艺术取之不尽、用之不竭的艺术宝库，并对中华民族的精神气质产生着深远影响。

108 条好汉揭竿起义：《水浒传》

《水浒传》是第一部描写农民起义的小说，全书围绕"官逼民反"这一线索展开情节，表现了 108 条不堪暴政欺压

关键词　《水浒传》　农民起义
官逼民反　英雄人物

的"好汉"揭竿而起，聚义水泊梁山，直至接受招安致使起义失败的全过程。这部小说最闪光的思想在于：它将封建统治者视为"盗贼草寇"的起义农民给予充分肯定，并深刻揭示了农民起义的社会根源，即上至皇帝和高俅这样的大臣，下至大小官吏的横行霸道、昏庸无能，致使民不聊生，尖锐的阶级矛盾逐渐加深。对一、二十个性格鲜明的英雄人物的成功塑造，是这部小说具有光辉艺术生命的重要因素。小说善于通过人物的行为、语言来揭示复杂的内心世界。在表现相近人物的个性时，常用同中见异的表现手法，来区别他们的不同。鲁达与李逵的个性都豪爽粗犷，又粗中有细，但细比较起来，却相差甚远。李逵的"细"中显得天真、可爱，如他初次见宋江迟迟不

■《水浒传》"李逵闹东京"插画

肯下拜，原因是怕受戏弄；而鲁达的"细"中则见江湖的老道和经验，如打死镇关西后说他装死，机智地逃走就是很好的说明。《水浒传》在人物形象塑造上还有一个突出特点，即将人物置身于不同的环境中，通过他们不同的经历、身份来表现他们不同的性格特征和不同的反抗道路。

"意气慷慨" 汤显祖

关 键 词

汤显祖 明代 意气慷慨 "临川四梦"

汤显祖（1550~1616）字义仍，号海若、若士，晚年号茧翁，别署清远道人，江西临川人，明代戏曲家。汤显祖出身书香门第，早有才名，12岁的诗作即已显出才华。但因为性情耿直，蔑视封建权贵，常得罪名人。早年参加进士考试，因拒绝首辅张居正的招揽而落选。中进士后，也拒绝当时执掌朝政的张四维、申时行的拉拢。《明史》评他"意气慷慨"，颇能概括其生平之要。汤显祖的思想比较复杂矛盾，他视科举为唯一出路，同时又对科举、八股文字表示厌弃；30岁时潜心佛学，企图在宗教中寻求人生的意义，同时又讥笑服食丹药的迷信者和嘲讽佛学的轮回说教。他思想中不同的侧面，都在他的戏曲创作中得到反映。但是，汤显祖以思想家李贽为友，强烈地反封建思想占据主导地位。汤显祖作有传奇《牡丹亭》《邯郸记》《南柯记》《紫钗记》，合称"玉茗堂四梦"，又称"临川四梦"。《牡丹亭》则是他的代表作。

《牡丹亭》演生死离合之爱情故事

《牡丹亭》（全名《牡丹亭还魂记》，又简称《还魂记》）是汤显祖用力最深、也最能表现其文学思想和艺术才能的戏剧，在文学史上，与元杂剧《西厢记》同是最著名的爱情剧。此剧在当时引起的反响非同小可。它问世不久，便"家传户诵，几令《西厢》减价"。故事取材于话本小说《杜丽娘慕色还魂记》，讲述的是少女杜丽娘和书生柳梦梅生死离合的爱情故事。《牡丹亭》的感人力量，在于它洋溢着追求个人幸福、反对封建制度的浪漫主义理想。通过杜丽娘与柳梦梅的爱情婚姻，喊出了当时广大青年男女要求个性解放、要求爱情自由、婚姻自主的呼声，并且暴露了封建礼教对人们幸福生活和美好理想的摧残。《牡丹亭》在昆曲舞台上始终保持着历久不衰的魅力。《牡丹亭》塑造了杜丽娘光彩照人的形象，使之成为我国古代爱情文学中继崔莺莺之后出现的动人的女性形象之一。她的形象给那个时代追求爱情自由的青年男女以巨大鼓舞，同时流露了作家对所憧憬的美好生活的渴求。

关键词 《牡丹亭》《还魂记》汤显祖 杜丽娘 柳梦梅

■ 清暖红室刊本《牡丹亭·惊梦》插画

吴承恩 搜奇猎怪作《西游记》

吴承恩（约1500~约1582），字汝忠，号射阳山人，淮安山阳（今江苏淮安）人，明代小说家。吴承恩出身于一个由级官吏败落为小商人的家庭，自幼敏慧好学，博览群书，年轻时即以文名著于乡里。早年曾希望以科举进身，但屡试不第。中年以后才补为岁贡生。曾任长兴县丞职，不久

关 键 词

吴承恩 明代 搜奇猎怪 《西游记》

因"耻折腰",遂拂袖而归。后来又一度受任与县丞品级相近而为闲职的荆府纪善。晚年归居故里，放浪诗酒，贫病以终。吴承恩喜欢搜奇猎怪，爱看神仙鬼怪，狐妖猴精之类的书籍。如《百怪录》《酉阳杂俎》之类的小说野史，这类五光十色的神话世界，潜移默化中养成了搜奇猎怪的嗜好。随着年龄的增大，这种爱好有增无减，这对他创作《西游记》有着重大的影响。30岁后，他搜求的奇闻已"贮满胸中"了，并且有了创作的打算。50岁左右，他写了《西游记》的前十几回，后来因故中断了多年，直到晚年辞官离任回到故里，他才得以最后完成《西游记》的创作，历时7年。

■《西游记》插画

神仙世界 《西游记》

关键词 | 《西游记》 吴承恩
浪漫主义 色彩瑰丽

《西游记》经无数民间艺人和作者付出巨大劳动之后，于明朝中叶，由吴承恩最后完成。它是中国神话小说中最优秀的作品。《西游记》模拟了一个秩序井然的神仙世界，这个世界带着清晰的现实社会的影子，那威严不可一世的玉帝、太上老君，"要人事"的佛徒、残暴的各色妖魔似乎都可与现实对号入座。浓郁的浪漫主义是《西游记》的基本艺术特征。书中作者幻想了一个超自然的世界，在这个世界里神话人物、他们的神奇法宝和所处的环境又大都有现实的基础，同时在神奇的形态下体现了人们的某种意愿。在各色神魔形象的塑造上，既表现他们超自然的神性和动物属性，又能找出社会化个性的踪影。像孙悟空灵活多变、急躁、好动的个性，分明就是猴的特点，这一动物特性与他乐观反叛的人格化个性和谐地融为一体，使得作品既有色彩瑰丽的奇想，又有细节的真实性。

通俗文学专家冯梦龙

冯梦龙（1574~1646），字犹龙，又字子犹，别号有姑苏词奴、墨憨斋主人等。长洲（今江苏吴兴）人。冯梦龙生活在明代末年，受市民阶层思想影响很大。他博览群书，尤通经史，善于诗文，才华横溢，和他的哥哥冯梦桂，弟弟冯梦熊并称"吴下三冯"。但他自早年进学以后，屡试不中，晚年才补为贡生，任过丹阳县训导和福建寿宁知县。在任期间，他为官清廉，勤于施政。清兵入关，参与抗清活动，后忧愤而死。冯梦龙终身致力于通俗文艺的改编、整理和创作，成就卓著，为古代文人中所罕见。他是明代继罗贯中、熊大木之后的著名通俗文学专家和编辑家。他曾改编长篇小说，著有《增补三遂平妖传》《新列国志》，推动书商购印《金瓶梅词话》，刊行民间歌曲集《挂枝儿》《山歌》，编印《笑府》《古今谈概》《情史》，编辑有散曲集《太霞新奏》，也曾写作传奇剧本，并刻印了《墨憨斋传奇定本》十种。而最重要的成就，就是编著"三言"。

> **关 键 词**
>
> 冯梦龙　明代　通俗文学　三言

■ 三言

"三言"戒天下

关键词　《喻世明言》《警世通言》《醒世恒言》

"三言"即《喻世明言》《警世通言》《醒世恒言》，由冯梦龙编选，每集各40篇，共120篇。冯梦龙编辑"三言"，有明确的警世劝戒的目的，"三言"的书名就带有浓厚的道教训诫色彩。"三言"的主要内容，一是大胆揭露和批判封建社会政治制度的黑暗，如《沈小霞相会出师表》等篇；二是描写爱情婚姻，如《卖油郎独占花魁》《杜十娘怒沉百宝箱》等篇；三是描写商人的故事，表现了这一社会阶层的生活和观念，也反映了明代城市中手工业和商业的发展状况。如《施润泽滩阙遇友》《沈小官一鸟害七命》《新桥市韩五卖春情》《蒋兴哥重会珍珠衫》等篇。"三言"作为话本和拟话本，在艺术上都明显地保留了话本的特点，如情节曲折，故事性强；语言口语化，朴实自然；塑造人物，主要是在情节发展中完成，而且善恶十分分明，性格特点十分突出，但它的篇幅加长了，主题思想更集中，人情世态的描绘更丰富，内心刻画上也更细腻。

"二拍"天下惊

关 键 词

凌濛初 明末 二拍 拟话本小说集
《初刻拍案惊奇》《二刻拍案惊奇》

凌濛初（1580~1644）字玄房，号初成，别号即空观主人，乌程（今浙江湖州）人，明末小说家，编著有"二拍"。

"二拍"是《初刻拍案惊奇》和《二刻拍案惊奇》的合称，是中国文学史上第一部文人独立创作的拟话本小说集，与冯梦龙的"三言"齐名。"二拍"基本上是凌濛初个人独立创作的拟话本小说集，大多是他根据"古今来杂碎事"创作而成，其主要内容广泛反映了各阶层人民的现实生活，"二拍"

不但对商人、商业给予了相当的肯定和关注；还描写了官吏的昏庸无能，暴虐残酷与贪财受贿；此外，爱情与婚姻也是"二拍"中最重要的主题。但是由于所有的生活图景都是透过凌濛初的视角，因而浓重地染上了其个人的观念和性格的底色。凌濛初没有志得意满的平和，也没有与世无争的闲逸，他是带着强烈的愤世嫉俗的不平之气，尖锐地审视当时世界的。因此，"二拍"反映的世界与人心几乎处处疮痍，故事叙述间充满着深刻的忧愤与尖刻的讽喻。"二拍"中的故事，大多情节生动、语言流畅，大量运用活泼的口语、注意人物心理活动的刻画。

"震川先生" 归有光

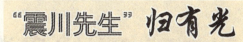

归有光（1506~1571）字熙甫，又字开甫，别号震川，又号项脊生，江苏昆山人，明代散文家。归有光出生在一个累世

关 键 词

归有光　明代　震川先生　唐宋派

不第的寒儒家庭。少年好学，9 岁能作文，20 岁时尽通五经三史和唐宋八大家文。35 岁时，乡试中举。但以后 8 次会试都未及第。嘉靖二十一年（1542）迁居嘉定安亭江上，读书讲学，远近从学者常达数百人，人称"震川先生"。直到 60 岁时，才中进士。初任浙江长兴县令，因得罪豪门与上司，调任顺德（河北邢台）通判。后被大学士高拱推荐，任南京太仆寺丞，参与撰修《世宗实录》，以劳成疾，卒于南京。归有光反对拟古，提倡唐宋古文。明代中叶，文坛上出现了前、后七子的复古运动，对扫除台阁体的文风有一定作用。但至嘉靖年间，已流为盲目尊古倾向。归有光和王慎中、茅坤、唐顺之等人起而抵制，主张文章取法唐宋古文，被称为"唐宋派"。归有光是唐宋派的代表人物，也是唐宋派作家在文学上取得较突出成就的人。

真切感人归有光文

关键词　归有光　《项脊轩志》
简练精洁　说教气息

归有光的散文继承了司马迁和唐宋八大家散文的优秀传统，结构精巧，曲折多变，言简意赅，真切感人。他的散文把家庭琐事引到古文中来，使散文扩大了表现范围。其散文记叙家人之情，朋友之谊，感情真挚，神态生动，风韵悠远。《项脊轩志》是归有光的名篇，作者在文中细致地描绘自己利用"百年老屋"改造成一个可爱的读书环境的过程。文章借项脊轩的兴废，写与之有关的家庭琐事，表达人亡物在，三世变迁的感慨，也表达作者怀念祖母、母亲和妻子的感情。《寒花葬志》《先妣事略》也是抒情叙事散文，虽都写平常事件，却极为凝练，无不独具韵味。在日常生活中捕捉印象深切的感受，娓娓道来，却寄托着感慨和深情，是归有光抒情叙事散文的长处。像《项脊轩志》这几篇文章的语言都十分简练精洁，材料讲究剪裁，可以看出作者写作时是很用心的。这种散文在当时的文坛上显得很突出。但应该指出，在归有光的文集中，还是有很多文章散发着迂腐的说教气息。这也反映出明中期文学的复杂情况。

"公安派" 领袖 袁宏道

关 键 词

袁宏道 公安派 抒写性灵 《袁中郎全集》

晚明诗歌、散文领域中，以"公安派"的声势最为浩大，其代表人物是袁宗道、宏道、中道三兄弟，他们是湖广公安（今湖北）人，故称"公安派"。其中袁宏道声誉最隆，是这一派的领袖。袁宏道（1568~1610）字中郎，号石公，万历二十年（1592）进士。他不喜做官，动辄请假、辞职，总共在吴县令、吏部郎中等任上做了五、六年，大多数时间在游山玩水、诗酒之会中度过。但他做官时也做得很认真，有很好的声誉，只是觉得官场的生活太压抑，所以宁可赋闲。袁宏道在明代文坛上占有重要地位。他的一套系统理论，成为公安派文学纲领。他反对盲目拟古，主张文随时变，其目标是去伪存真，抒写性灵。他认为，性灵能导致文章的趣和韵，而它们是由"无心"或"童子之心"得来的。他推崇民间的通俗文学是"无闻无识"的"真声"。著有《袁中郎全集》。

清新明畅袁宏道文

关键词

袁宏道 语言浅显 清新明畅
《满井游记》 《徐文长传》

袁宏道的散文是公安派文学成就的代表，它们语言浅显，无斧凿之迹，且极富特色，清新明畅，卓然成家。袁宏道的70多篇游记，使柳宗元之后的游记文学出现新的面貌。其代表作《满井游记》，极受称颂。作品描写初春的景色、游人的心境，情与景会，颇具神韵。文笔自然明快，清新秀美。《晚游六桥待月记》写西湖景致，作家个性呼之欲出，情趣盎然。《观第五泄记》从远近不同视角，直接写瀑布景观的奇异，而且融入人物的感受，使人如临其境，因而有着强烈的艺术感染力。袁宏道的传记文最著名的是《徐文长传》，刻画人物，生动鲜明。文章记叙了徐渭的性格和遭遇，也抒写出自己胸臆。袁宏道的尺牍短文也极富特色，如《致聂化南》，写得活脱随意，字字皆从胸臆流出。此外，袁宏道也有一些涉及时事政治的作品，如《监司周公实政录序》《送京兆诸君升刑部员外郎序》等。

顾炎武 学识渊博，誓死不仕清

顾炎武（1613~1682）原名绛，字忠清；明亡，改名炎武，字宁人；学者尊其为亭林先生。江苏昆山人。明末清初思想家，史学家。他年少时与同乡归庄参加"复社"，清兵南下，曾在昆山、嘉定一带抗清，以后也为此奔走多年，并始终不仕于清朝。康熙十七年（1678），清廷议修《明史》，拒不就荐；次年，更誓死不入《明史》馆。此后，即客居山西、陕西，潜心著述不再入都。顾炎武学识渊博，在经学、史学、音韵、小学、金石考古、方志舆地以及诗文诸学上，都有较深造诣，建树了承前启后之功。他继承明季学者的反理学思潮，不仅对陆王心学作了清算，而且在性与天道、理气、道器、知行、天理人欲诸多范畴上，都显示了与程朱理学迥异的为学旨趣。顾炎武以学以经世致用的鲜明旨趣，朴实归纳的考据方法，创辟路径的探索精神，以及他在众多学术领域的成就，宣告了晚明空疏学风的终结，开启了一代朴实学风的先路，给予清代学者以极为有益的影响。著有《日知录》《音学五书》等近50种。

关 键 词

顾炎武　明末清初　学识渊博　《日知录》

■ 顾炎武

"一代诗史" 顾炎武诗

关键词　顾炎武　家国兴亡　一代诗史　苍凉沉郁

顾炎武的诗有三大特点：一是现存的400余首诗歌中，十之八九寓有强烈的家国兴亡之感，绝少世俗应酬之作，即便是拟古、咏史、写景、唱和之作也是如此。他严肃的写作态度来源于他的"文须有益于天下"的文学见解。二是他的诗取材广泛。晚明统治阶级的腐朽堕落、清兵入关后残酷的屠杀和剥削、汉族人民的苦难和敌忾，都在他的诗中反映了出来，因此被人称作"一代诗史"。如他的《大行哀诗》哀悼明崇祯皇帝死难，却也给我们留下一幅明末社会的真实写照。他的《京口即事》则记叙了史可法督师扬州时，明朝爱国臣民对收复失地的希望和信心。其三是他的诗歌风格雄浑悲壮，苍凉沉郁，语言却又朴素自然，兼有杜甫和陶渊明的优长，并带有学者的气质。顾炎武的诗歌在我国诗歌史上具有相当地位，潘德舆在《养一斋诗话》中称刘基和他为明诗中首尾突出的两家；冯志沂则认为顾炎武的诗为清朝第一，都指出了他在诗歌史上不容忽视的影响。

洪昇三易《长生殿》

关 键 词

洪昇　清代　《长生殿》　《舞霓裳》

■《长生殿》

洪昇（1645~1704）字昉思，号稗畦，又号南屏樵者、稗村，浙江钱塘（今杭州市）人。清代戏曲作家，诗人。洪昇出身于已趋中落的世宦之家，这样的家境赐予了他优裕的生活条件和良好的文学修养，也熏陶了他入仕济世的儒家思想。然而仕途坎坷，奔走无门，使他在青年时代总是郁郁寡欢。又因为同父母关系恶化，他始终过着飘零寄旅的贫困生活。18岁时开始创作《沉香亭》，后改名《舞霓裳》，23岁时又将《舞霓裳》修改为《长生殿》，历经数年，三易其稿，27岁时三稿《长生殿》问世，一时轰动京师，到处搬演。康熙二十八年（1689）因在佟皇后丧期内观演《长生殿》被劾下狱，受株连者近50人，被国子监除名，逐出北京。他返回故里，寄情山水，抒愤诗章，悲苦地打发晚年生活。康熙四十三年（1704）从南京返杭途中，舟经乌镇，酒后溺水而死。

"曲中巨擘"《长生殿》

《长生殿》是洪昇的代表作，描写的是唐明皇（李隆基）和杨贵妃（杨玉环）的爱情故事。唐明皇和杨贵妃死后不久，

关键词　洪昇　《长生殿》　爱情悲剧　曲中巨擘

白居易就写下了动人诗篇《长恨歌》，陈鸿也写有《长恨歌传》。宋元南戏和元杂剧中也有十数种以此为题材的作品，以元代白朴的杂剧《梧桐雨》最为著名。洪昇正是在此基础上创作的。《长生殿》爱情悲剧的美学价值，不仅在于它揭示了这一悲剧的必然结果，而且细腻地描写了为获得真正的爱情而付出的惨重代价。洪昇笔下的杨玉环，被赋予了时代的新的美的气质，使观众为之同情和叹息，产生了巨大的悲剧力量，取得了在戏曲领域中超越前人的艺术成就。《长生殿》同时又是一部时代悲剧。安史之乱，李隆基负有不可推卸的责任，但作者以"情悔"，借爱情悲剧反映时代悲剧；时代悲剧又铸成了爱情悲剧，这正是洪昇驾驭历史题材的高明之处。《长生殿》曲词优美，清丽流畅，刻画细致，抒情色彩浓郁，历来为人称道。清代曲家赞誉《长生殿》为千百年来"曲中巨擘"。

孔尚任 广搜史料作《桃花扇》

孔尚任（1648～1718）字聘之，又字季重，号东塘，别号岸堂，自称云亭山人。山东曲阜人，孔子后裔。清代戏曲作

关 键 词

孔尚任　清代　《桃花扇》　《小忽雷》

家、诗人。在康熙帝一次南巡返经曲阜时（1684），孔尚任被荐在御前讲经，受到赏识，由国子生的身份破格被任为国子监博士。后迁至户部员外郎，因故罢官。其间他曾因参与疏浚黄河入海口的工程，在淮扬一带生活了3年，结识了冒襄、黄云、邓汉仪、杜浚等明末遗老及其他一些著名文人，还在扬州、南京诸地凭吊明朝的遗迹，广泛了解到南明政权兴亡的史料，这为他后来创作《桃花扇》提供了素材。孔尚任兴趣广泛，知识渊博，尤其爱好书画古玩，有《享金簿》一书，记载其收藏。他也擅长诗文，有《湖海集》《岸堂稿》等传世。他的诗抒情意味较浓，有些怀古之作，写得很不错。除代表作《桃花扇》之外，孔尚任还与顾彩合撰《小忽雷》传奇，描写唐代梁

厚本与郑盈盈的爱情故事，鞭笞暴虐骄横的权奸，痛斥趋炎附势的小人，主题思想与《桃花扇》一脉相承。

《桃花扇》"借离合之情，写兴亡之感"

关键词　孔尚任　《桃花扇》　历史剧　李香君　侯方域

■《桃花扇》"李香君血染桃花扇"插图

《桃花扇》是孔尚任的代表作，此剧历经十余年，三易其稿而成。《桃花扇》是一部以南明王朝的兴亡为内容的历史剧，它以复社文人侯方域和秦淮名妓李香君的爱情故事为线索，表现了以阮大铖和马士英为代表的权奸同以复社文人侯方域、吴次尾、陈定生为代表的清流之间的斗争，揭露了南明王朝政治的腐败和衰亡原因，在广阔的时代背景上，反映了明末动乱的社会面貌。作者的创作意图，是"借离合之情，写兴亡之感"。通过侯方域和李香君悲欢离合的爱情故事，表现南明覆亡的历史，并总结明朝300年亡国的历史经验，表现了丰富复杂的社会历史内容。剧本寄寓了作者的亡国之痛和故国之思。《桃花扇》的艺术成就，主要表现在人物塑造和艺术结构上，在人物安排上，经过精心构思，形成了一个完整的形象体系。全剧以侯、李爱情为线索，组织多方面的社会矛盾，结构严整紧凑。曲词亦流畅优美，富于文采而又适合于舞台表演。

蒲松龄 满腔愤懑寄聊斋

关 键 词
蒲松龄　清代　《聊斋志异》　《蒲松龄集》

蒲松龄（1640~1715）字留仙，一字剑臣，别号柳泉居士，山东淄川县（今淄博市）蒲家庄人。清代文学家。他出身于一个久已衰落的世家，其父因科举不显而弃儒从商，却仍不能忘怀于光复门庭。蒲松龄从小随父读书，19岁时以县、府、道试三个第一补博士弟子生员，得到山东学政施闰章的称扬。自此文名大振，而自视甚高。但他此后的科场经历却始终困顿不振，一直考到60多岁，才接受老妻之劝，放弃了仕途幻想。又到71岁时，才援例得到一个已经无意义的岁贡生名义。在蹭蹬科场的数十年中，他先是做过短期的幕宾，后来长期在官宦人家为私塾教师，以为糊口。科场的失败使他悲愤万分，他把满腔愤懑寄托于《聊斋志异》的创作中。大致从中年开始，蒲松龄一边教书一边写作《聊斋志异》，一直写到晚年，可以说这部小说凝聚了他一生的心血。书未脱稿，便在朋辈中传阅，并受到当时诗坛领袖王士禛的赏识。除《聊斋志异》外，他还存有相当数量的诗、词、文、俚曲等，今人编为《蒲松龄集》。

狐鬼花妖 《聊斋志异》

关键词 《聊斋志异》 文言短篇 《促织》 《画皮》

《聊斋志异》是一部文言短篇小说集，共有短篇小说431篇。其内容大致有四部分：第一，怀着对现实社会的愤懑情绪，揭露、嘲讽贪官污吏、恶霸豪绅贪婪狠毒的嘴脸，笔锋刺向封建政治制度。如《促织》《席方平》等。第二，蒲松龄对腐朽的科举制度有切身体会，通过《司文郎》《书痴》等篇，作者无情地揭开了科举制度的黑幕，勾画出考官们昏庸贪婪的面目，剖析了科举制度对知识分子灵魂的禁锢与腐蚀，谴责了考场中营私舞弊的风气。第三，对人间坚贞、纯洁的爱情及为了这种爱情而努力抗争的底层妇女、穷书生予以衷心的赞美。如《鸦头》《细侯》等。《聊斋志异》中还有相当多狐鬼精灵与人的恋爱故事，颇具浪漫情调。在这些故事里，塑造了很多容貌美丽、心灵纯洁的女性形象，如红玉、婴宁、香玉、青凤、娇娜、莲香等。第四，有些短篇是阐释伦理道德的寓意故事，具有教育意义，如《画皮》《劳山道士》等。《聊斋志异》是一部积极浪漫主义作品。它的浪漫主义精神，主要表现在对正面理想人物的塑造上，特别是表现在由花妖狐魅变来的女性形象上。另外，也表现

■《聊斋志异》插画

在对浪漫主义手法的运用上。作者善于运用梦境和上天入地、虚无变幻的大量虚构情节，冲破现实的束缚，表现自己的理想，解决现实中无法解决的矛盾。

吴敬梓 无意功名甘贫困

关 键 词

吴敬梓　清代　《儒林外史》　讽刺小说

吴敬梓（1701~1754）字敏轩，号粒民，晚年自号文木老人，安徽全椒人。清代小说家。他出身于仕宦名门，小时候受到良好教育，对文学创作表现出特别的天赋，及至成年，因为随父亲到各处做官而有机会获得包括官场内幕的大量见识。吴敬梓20岁时考上了秀才，这也是他一生所取得的最高功名。22岁时，父亲去逝，他继承了一笔丰厚的遗产，家族内部也因为财产和权力和他展开了激烈的争斗。他因不善持家，遇贫即施，家产卖尽，被乡里视为"败家子"而"传为子弟戒"。经历了这场变故，吴敬梓既无心做官，对虚伪的人际关系又深感厌恶，无意进取功名。33岁时移居南京，不愿再走仕途，安徽巡抚推荐他应博学鸿词考试，他竟装病不去，甘愿过素食布衣的穷困生活，54岁时贫病而死。吴敬梓一生创作了大量的诗歌、散文和史学研究著作。不过，确立他在中国文学史上杰出地位的，是他创作的长篇讽刺小说《儒林外史》。这部小说大约耗其20年时间，直到49岁时才完成。

封建社会的照妖镜：《儒林外史》

关键词　《儒林外史》　吴敬梓　清代　讽刺小说

《儒林外史》是一部杰出的长篇讽刺小说，作者是清代文学家吴敬梓。《儒林外史》是一面封建社会的照妖镜。它通过对封建文人、官僚豪绅、市井无赖等各类人物无耻行为的真实生动的描写，深刻地揭露了行将崩溃的封建制度的腐朽性，强烈地抨击了罪恶的科举制度，并涉及了政治制度、伦理道德、社会风气等等，客观上否定了整个封建制度。被科举制度害得精神失常、心理变态的范进；本是贫寒青年，但在黑暗社会的熏染下逐渐腐蚀变质，抛弃糟糠之妻，成了忘恩负义卑鄙小人的匡超人；掠夺他人土地，霸占寡妇财产，专靠欺诈哄骗饱食终日的严贡生等人物形象，是中国讽刺文学中最早出现、最具影响的艺术典型。《儒林外史》还写了一些下层人民，表现了作者对他们深切的同情和热爱，颂赞他们正义、朴实的高贵品质和非凡的才能。鄙视功名的王冕，真诚善良的伶人鲍文卿，淳朴的农村小生产者卜老爹和牛老爹，便是这类人物的代表。作者擅长运用典型情节，深刻地揭露社会矛盾。语言准确、精练、形象，具有讽刺效果。可以说，《儒林外史》是我国古典讽刺小说的高峰。

■《儒林外史》"范进中举"插画

曹雪芹 坎坷身世撰《红楼梦》

曹雪芹（1715~1763）名霑，字梦阮，号雪芹、芹圃、芹溪。清代小说家。他性格嗜酒狷介，多才多艺。曹雪芹的曾祖父

关 键 词

曹雪芹　清代　《红楼梦》

曹玺，祖父曹寅，父辈的曹颙和曹頫相继担任江宁织造达60余年之久，颇受康熙帝宠信。在他13岁以前，曹家是"鲜花着锦，烈火烹油"，过着富贵荣华的日子。雍正五年（1727），由于封建统治阶级内部斗争的牵连，曹家遭受多次打击，曹頫被革职入狱，家产抄没，举家迁回北京，家道从此日渐衰微。这一转折，使曹雪芹深感世态炎凉，更清醒地认识了封建社会制度的实质，从此他远离官场，无视权贵，生活一贫如洗，过着"举家食粥酒常赊"的日子。这种大起大落的经历，也为他的创作提供了坚实的生活基础。在凄凉困苦的晚年，曹雪芹以坚韧不拔的毅力专心致志地从事小说《红楼梦》的写作和修订，"披阅十载，增删五次"，真是"字字看来皆是血，十年辛苦不寻常"，可惜没有完稿，就"泪尽而逝"。

《红楼梦》：千红一哭，万艳同悲

《红楼梦》被公认为中国古典小说创作高峰的杰作。全书共120回，前80回为曹

关键词 《红楼梦》 曹雪芹 高鹗 百科全书

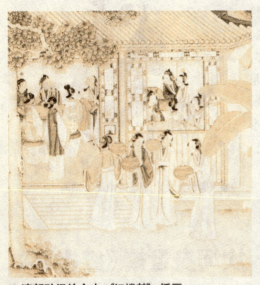

■ 清朝孙温绘全本《红楼梦》插画

雪芹所写，后40回大家都认为是高鹗续写。小说写了一个封建贵族大家庭从繁荣走向衰败的故事。贾宝玉、林黛玉、薛宝钗的恋爱婚姻悲剧，是这个故事的中心。作者的高明在于，他没有表面地、简单地表现这个爱情悲剧，而是从人物思想性格的深处，从人与人之间的关系上去挖掘这一爱情悲剧的社会根源，从而充分地揭露了封建主义的残酷虚伪和封建统治阶级的腐朽罪恶。作品的主题也没有局限在个人爱情悲剧本身，而是围绕着中心事件，展开了许多错综复杂的矛盾斗争，描绘了一幅极其广阔的社会生活图画，说明了整个封建社会已是千疮百孔，摇摇欲坠，从而深刻尖锐地批判了封建社会制度、封建吏治、婚姻制度、伦理关系，悲愤满腔地控诉了封建主义的残酷无情和灭绝人性。在中国，《红楼梦》被评价为剖析封建社会的百科全书。《红楼梦》还塑造了贾宝玉、林黛玉、薛宝钗、王熙凤、鸳鸯、晴雯、贾政、贾赦、贾珍、贾琏等一大批千古不朽的艺术形象。

思想开明、感情真挚 袁枚文

关 键 词
袁枚 清代 《随园记》 《黄生借书说》

袁枚（1716~1797）字子才，号简斋，晚年自号仓山居士、随园主人、随园老人，钱塘（今浙江杭州）人，清代文学家。他24岁中进士，入翰林，做过溧水等县的县令。33岁辞官，在南京小仓山下筑"随园"，过着论文赋诗、优游自在的享乐生活，故世称"随园先生"。他的文章以思想开明、感情真挚为基本特色。如早年所作《郭巨论》，对非人道的"孝道"痛加鞭挞，很有一种少年意气；《所好轩记》言读书之乐，不故为高论，也不讳言自己"好味，好色，好茸屋，好游，好友，好花竹泉石"等等平凡的情欲；《祭妹文》在往日琐事的回忆中寄托凄恻之情，尤为真切动人。以技巧性而言，《随园记》在袁枚散文中颇为出色。文笔自然流转，不见用力，而文气完足，又让人觉得结构颇严谨，表现了相当的修养和才气。《黄生借书说》也是袁枚散文的代表作之一。文章从一青年学士向作者借书谈起，指出借书读的人用心专一，而自己拥有藏书的人却往往不读书，并举自身经历为例，勉励后人珍惜时光，勤奋学习。层次分明，说理透彻，语言诚恳亲切。

桐城派集大成者姚鼐

关 键 词

姚鼐 清代 桐城派 《古文辞类纂》

姚鼐（1732~1815）清代散文家。字姬传，一字梦谷，室名惜抱轩，世称惜抱先生。安徽桐城人。他少时家贫而体弱多病，学习刻苦。乾隆二十八年（1765）中进士，历任山东、湖南副考官。《四库全书》馆开，任纂修员。不久，请病假辞官还乡，先后主讲梅花、钟山、紫阳等书院，达四十余年，所到之处，士子都以能入他门为荣幸。他为了宣扬桐城派主张，使青年便于学习古文，选辑了《古文辞类纂》七十四卷，选文七百余篇。这是现代流传广，影响较深的一部古文选本。姚鼐少年时随伯父姚范学习经学，以姚范好友刘大櫆为师，学习古文，深受其影响。他发展了方苞、刘大櫆的理论，提出文章要义理、考据、词章三者并重。在学习方法上，主张多读多做，要从摹仿到自我脱化。姚鼐完成了桐城派完整的理论体系，成为桐城派散文的集大成者，并使这个派别真正发展成为一个重要的古文流派。他是散文史上一位有较大影响的作家，但由于生活经验所限，他的散文内容较贫乏，偏重形式，写景文章成就高。作品有《惜抱轩诗文集》《九经说》等。

■ 姚鼐

《登泰山记》绘泰山美景

公元 1774 年冬，姚鼐游泰山后写了《登泰山记》，这是他最著名的一篇文章，也是我国文学史上脍炙人口的游记佳作。经作者精心剪裁，全文不足五百字，却包含了很大容量。介绍了泰山，叙说了登山经过，描写了泰山夕照和日出佳景，综述了名胜古迹。文章既再现了隆冬时节泰山的壮丽景色，又抒发了作者对祖国山河的热爱赞颂之情。作为桐城派的代表，姚鼐的散文创作文字雅洁，含义

关键词 　《登泰山记》　姚鼐　游记　语言简洁

隽永，虽无夸饰之词，却有神来之韵。体现在本文中，其语言极为简洁，如写登山的情景，用"道中迷雾冰滑，磴几不可登"，只11字就概括了登山的困难和艰辛。文章还多处运用比喻、拟人的手法，使语言简洁中不乏神韵。如"苍山负雪，明烛天南"，这是登上山顶时刹那间的感受。作者不言冰雪覆盖群山，却说群山背负白雪，且白雪像蜡烛一样映照着天空，勾勒出泰山顶上的一幅雪夜美景。又如"半山居雾若带然"，写山间环绕的云雾如飘带一般朦胧、柔美。"居雾"强调了云雾的停滞状态，烘托了一种宁静、迷离的气氛。

龚自珍诗着眼现实，抨击黑暗

关 键 词

龚自珍　晚清　《己亥杂诗》《咏史》

龚自珍（1792~1841）字尔玉，仁和（今浙江杭州）人，晚清思想家、史学家、诗人。龚自珍诗、词、文兼长，尤以诗文成就最高。其文多政论之作，详尽明晰，深切通达；小品杂文，则短小精悍，构思别致，寓意深刻。龚自珍诗今存600余首，大部分是他中年以后所作。内容多抒发感慨，纵横议论，着眼于社会现实，绝少单纯自然风景的描写，即使叙事抒情之中，也往往涉及时事。因此，他的诗歌从多方面揭露了当时社会的种种弊端和黑暗现实。如著名的七律《咏史》，名为咏史，实为讽今，感情浓郁，语言警拔。尤其是他晚年所写的组诗《己亥杂诗》315首，更对封建专制的残酷、官吏的昏聩、军队的腐败、鸦片的毒害等，进行了无情的抨击，具有强烈的现实意义和深刻的历史内容。"我劝天公重抖擞，不拘一格降人才"这一千古名句便出自《己亥杂诗》之一百二十五。龚自珍诗的主要艺术特色是形式多样，境界奇肆，形象瑰丽，极富浪漫色彩。

"诗界革命"的旗帜黄遵宪

关 键 词

黄遵宪　近代　境庐主人　诗界革命

黄遵宪（1848~1905）近代诗人，政治家。字公度，别号人境庐主人。广东嘉应州（今梅州市）人。出身于大商人兼官僚家庭。光绪二年（1876）考中举人。次年出国，此后 10 余年先后在中国驻日本、美国、英国等国使馆任职。这对他变法维新的资产阶级改良主义政治思想的形成起了重要作用。1895 年回国后，积极参加以康有为为首的资产阶级改良主义运动，在上海加入强学会，创办《时务报》，鼓吹变法。后任命为湖南长宝盐法道，不久又署理湖南按察使。在湖南时，积极协助湖南巡抚陈宝箴大力推行新政。戊戌变法失败后，遭到清政府迫害，放归故里。黄遵宪是中国近代文学史上"诗界革命"的积极实践者，他的诗歌创作最有实绩，成为诗界革命的一面旗帜。

博大宏深黄遵宪诗

关键词　黄遵宪　我手写我口　豪迈奔放　博大宏深

■ 黄遵宪

黄遵宪论诗主张"以言为体，以感人为用"，反对模拟复古，提倡"我手写我口"；重视独创。他的诗作，努力实践自己的主张，书事纪实，别创境界，成为晚清诗坛上最有代表性的诗人。黄遵宪诗作，现存约一千余首。他的诗运用现实主义方法，反映近代史上的重大事变，特别是反映近代中国社会的主要矛盾，因而有"诗史"之称。同时，他的诗表现了强烈的爱国主义精神和对封建专制主义、封建学术文化和旧礼教的批判精神。他还利用诗歌直接为改良主义运动服务，宣传改良主义思想，宣传外国的科学文明。在艺术表现和艺术风格上，多写古体，常采用散文化笔法，内容丰富，篇幅较长，热情洋溢，豪迈奔放，格调高昂，给人以博大宏深之感。著有《日本杂事诗》《日本国志》《人境庐诗草》等。

清末四大谴责小说揭露官场阴暗

清朝末年的小说创作，成就较高的是李伯元的《官场现行记》、吴趼人的《二十年目睹之怪现状》、刘鹗的《老残游记》

关 键 词
《官场现行记》《二十年目睹之怪现状》《老残游记》《孽海花》

和曾朴的《孽海花》，一般称之为清末四大谴责小说。《官场现形记》共五编六十回，由30多个短篇故事联缀而成，涉及大小官吏百人以上，上自王公大臣，下至佐杂小吏，无所不有。通过这些故事，作品集中暴露了清末官场的腐败污浊。《二十年目睹之怪现状》共一百零八回，通过主人公"九死一生"二十年间耳闻目睹之二百余宗"怪现状"，反映了光绪十年（1884）中法战争前后到二十世纪初期中国腐败黑暗的社会现实。小说以暴露官场为重点，其次也涉及商场、洋场和家庭。《老残游记》二十回，全书为游记式的写法，以"老残"行医各地的所见所闻，串联一系列的故事，描绘出社会政治的情状。它揭露官僚的罪恶，对象主要是那些名为"清官"实为"酷吏"的人。《孽海花》主要描写清末同治初年（1862）到甲午战争三十年上层社会文人士大夫的生活，以展现这一时期政治、外交及社会的各种情态。小说对清朝统治的批判也格外强烈，敢于把矛头直指慈禧等最高统治者。

国学大师 梁启超

梁启超（1873~1929）近代思想家、文学家、学者。字卓如，号任公、饮冰子，又号饮冰室主人，广东新会人。幼年时从师学习，"八岁学为文，九岁能缀千言"（《三十自述》），17岁中举。后从师于康有为，成为资产阶级改良运动的宣传家。戊戌变法前，与康有为一起联合各省举人发动"公车上书"运动，此后先后领导北京和上海的强学会，又与黄遵宪一起办《时务报》，任长沙时务学堂的主讲，并著《变法通议》为变法做宣传。戊戌变法失败后，与康有为一起流亡日本，政治思想上逐渐走向保守，但是他是近代文学革命运动的理论倡导者。他提出并积极倡导"诗界革命"，批判了以往那种诗中运用新名词以表新意的做法，提出"以旧风格含新意境"的进步诗歌理论，对中国近

关 键 词

梁启超　思想家　文学家　学者

■ 1905 年的梁启超及家人

代诗歌的发展起了指导作用。他还提出"小说界革命"的口号，并在创作上进行了积极的有意义的尝试。梁启超还是一名学者，他潜心研究学问，以西学的方法研究中学，立志国学的研究和传播，并先后撰写了《清代学术概论》、《中国历史研究法》及其补编、《中国近三百年学术史》等煌煌专著。

梁启超文 "笔锋常带感情"

梁启超曾提出"诗界革命""文界革命""小说界革命"等一系列文学革命的口号，也曾创作诗歌、散文、戏曲和小

关键词 梁启超 文学革命 新体散文 《少年中国说》

说，但以散文最为著名。他的文章，一反桐城义法，自求解放，形成一种新体散文。他曾自称，所为文，既不赞成"桐城派"的古文，也不受"晚汉魏晋"的束缚，而"务为平易畅达"，成为"条理明畅，笔锋常带感情，对于读者别有一种魔力"的新体文章。这种文章曾风靡一时，"学者竞效之，号新文体"。他的一些散文名篇，如《变法通议》《少年中国说》《谭嗣同传》《呵旁观者文》和《新民说》等，信笔直书，感情充沛，语言运用，非常自由，极富鼓动性，很好地体现了作者的为文主张。其缺点是有时立意甚浅，而用语繁杂。但这种新文体，代表了散文发展的一个新阶段，对二百年来的桐城文派是一次有力冲击，为晚清的文体解放和"五四"白话运动的兴起开辟了道路。

学术巨子王国维

关 键 词

王国维 《静安文集》 《人间词语》 史学

王国维（1877~1927）字静安，号观堂，浙江海宁人，是我国近代享有国际盛誉的著名学者。他中过秀才，早年学习英、日文，研究哲学、文学，受到德国资产阶级唯心主义哲学和文艺思想的影响，其成果在我国近代文化学术事业上作出了一定的贡献。1903年起，任通州、苏州等地师范学堂教习，讲授哲学、心理学、逻辑学，著有《静安文集》。1907年起，任学部图书局编辑，从事中国戏曲史和词曲的研究，著有《曲录》《宋元戏曲考》《人间词话》等，重视小说戏曲在文学上的地位，开创了研究戏曲史的风气，对当时文艺界颇有影

■ 王国维

响。1913年起转治经史之学，专攻古文字学、古器物学、古史地学，先后致力于历代古器物、甲骨金文、齐鲁封泥、汉魏碑刻、汉晋简牍、敦煌唐写经、西北地理、殷周秦汉古史和蒙古史等等的考释研究，还做了很多古籍的校勘注疏工作。他治史严谨，考证精湛，信而有征，不囿成见，主张以地下史料参订文献史料，多能发前人所未发，对史学界有开一代学风的影响。1925年任清华研究院教授，与梁启超、陈寅恪、赵元任并称清华四大导师"教授的教授"。1927年在北京颐和园投水自尽。

古代诗词曲鉴赏典范之作《人间词话》

关键词 《人间词话》 王国维 文艺美学 诗词曲鉴赏

王国维的《人间词话》作于1908~1910年，是重要的近代文艺美学论著，也是古代诗词曲鉴赏的典范之作。这部作品是王国维接受了西洋美学思想之洗礼后，以崭新的眼光对中国旧文学所作的评论，但他又脱弃了西方理论之局限，力求运用自己的思想见解，尝试将某些西方思想中之重要概念，融入中国固有的传统批评中。《人间词话》以"境界"说为核心，作为全书的脉络，统领其他论点，沟通全部主张。王国维不仅把它视为创作原则，也把它当作批评标准，论断诗词的演变，评价词人的得失，作品的优劣，词品的高低，均从"境界"出发。因此，"境界"说既是王国维文艺批评的出发点，又是其文艺思想的总归宿。如他提出了"有我之境"和"无我之境"、"造境"与"写境"、"诗人之境"与"常人之境"等。王国维论词，指出境界说，又主张要写得真切自然，并且有格调、气象、感情、韵味等，这些观点，对文学创作也有一定贡献。在以往词论界里，许多人把《人间词话》奉为圭臬，把它的论点作为词学、美学的根据，影响很是深远。

新文化运动的旗手 鲁迅

鲁迅（1881~1936）原名周樟寿，后改名周树人，字豫才，浙江绍兴人。文学家，思想家，革命家。鲁迅出身于没落的官僚地主家庭。1898 年到南京求学，先入江南水师学堂，次年考入江南陆师学堂附设的路矿学堂。1902 年赴日本留学，1904 年到仙台医学专科学校学医，然而一次课上放映的纪录日俄战争的幻灯画片，让他深受刺激，并深刻地感觉到：医治精神的麻木更急于医治肉体的病弱，而文艺是改变精神的利器，便决定中止学医，改治文艺。1918 年初他在《新青年》上发表了第一篇白话小说《狂人日记》，抨击家族制度与封建礼教。此后"一发而不可收"，陆续发表《孔乙己》《药》《阿 Q 正传》等杰作。1930 年参加发起并组织成立了中国左翼作家联盟，担任"左联"领导工作。1936 年 10 月 19 日，这

> **关 键 词**
>
> 鲁迅 《狂人日记》《孔乙己》
> 《阿 Q 正传》《中国小说史略》

■ 鲁迅

位伟大的文化巨人因积劳成疾卒于上海。鲁迅是中国新文化运动的旗手，对民主革命和现代文学作出了巨大贡献，并给人们留下了宝贵丰富的精神遗产。他一生著译约近 1000 万字，计有小说集 3 部，杂文集 17 部，散文诗集 1 部，回忆散文集 1 部，1400 多封书信，还有 1912 年 5 月 5 日到 1936 年 10 月 18 日的日记（其中 1922 年的已逸），以及《中国小说史略》《汉文学史纲要》等学术著作。他还翻译了 14 个国家将近 100 位作家的文学作品和文艺理论，印成 33 部单行本。此外还辑录、校勘古籍 18 种。

鲁迅小说：在《彷徨》时《呐喊》

关键词 | 《呐喊》《彷徨》 鲁迅 白话文

在"五四"时期白话文和文言文的尖锐对垒中，鲁迅是以白话写小说的第一个人。他写下将近三十篇小说，充分地表现了从辛亥革命前夕到第一次国内革命战争之前这一时期的历史特点。在这一时期里，资产阶级的软弱无力已经暴露无遗，从"五四"起开始了无产阶级领导的新民主主义革命运动，但是工人阶级暂时还没有和农民群众联合，广大人民依旧过着被奴役的生活。这是一个痛苦的时代，一个希望和失望相交织的时代。鲁迅的小说集中揭露了封建主义的罪恶，反映处于经济剥削和精神奴役双重压力下的农民生活面貌，描写在激烈的社会矛盾中挣扎着的知识分子的命运。这些小说随后结成为《呐喊》和《彷徨》两个短篇集。其中，《呐喊》收录了鲁迅1918年至1922年所作的14篇小说，包括《狂人日记》《孔乙己》《药》《故乡》《社戏》等；《彷徨》收录了他1924年至1925年所作的11篇小说，包括《祝福》《在酒楼上》等。从《呐喊》到《彷徨》，每一篇作品的题材内容和艺术构思都不一样，富于独创性，具有非常突出的个人风格：丰满而又洗练，隽永而又舒展，诙谐而又峭拔。这些小说也成为中国现代小说的奠基之作和经典之作。

《阿Q正传》：精神胜利法的代言

《阿Q正传》是鲁迅小说中最著名的一篇，写于1921~1922年，最初分章发表

关键词 | 《阿Q正传》 鲁迅 精神胜利法

于北京《晨报副刊》，后收入小说集《呐喊》。作品以辛亥革命前后闭塞的农村小镇未庄为背景，塑造了阿Q这个身心受到严重戕害的落后农民的典型。他无家无地无固定职业，以出卖劳力为生，备受残酷的压迫与剥削。但他不能正视自己的悲惨地位，却以"精神胜利法"自我陶醉。阿Q从盲目的自尊自大到可悲的自轻自贱，是半封建半殖民地社会环境里的典型性格。阿Q的阶级地位决定他欢迎革命，但他不了解革命，认识糊涂，精神麻木，结果被篡夺了革命果实的封建地主阶级枪毙示众。鲁迅以"揭出病苦，引起疗救"为目的，遵循现实主义原则，通过艺术描绘，深刻地指出：农民是中国革命的重要力量，启发农民觉悟，是极其重要的问题。阿Q这个人物自从在鲁迅笔下出现以后，一直成为具有类似精神现象的人的代名词，时时挂上批评者的口头，得到了普遍的运用，成为中国文学史上，以至世界文学史上一个不朽的典型。

"从记忆中抄出来"《朝花夕拾》

《朝花夕拾》写于 1926 年 2 月至 11 月间,在《莽原》半月刊上发表时总题为《旧事重提》,1927 年 5 月编订成书时改题为《朝花夕拾》。这是一个回忆散文集,鲁迅说其中的 10 篇作品都是"从记忆中抄出来"的。《朝花夕拾》忆述了鲁迅从少年到青年时期的一些重要的生活片段,其中关于少年时期在故乡绍兴时的生活忆述有 7 篇,离开故乡到南京求学、留学日本、归国在绍兴任教的各一篇。这些优美的散文真实生动地记叙了鲁迅生活经历中的各个侧面。《朝花夕拾》的重点在于社会人情世态的刻画,给人们留下了一幅幅色彩鲜明、浓淡相宜的风俗画和世态画,其中浸透着作者深切的人生感受和对中国社会生活、中国国民精神的解剖。同时,这本散文集还为我们塑造了许多栩栩如生的人物形象:如《阿长与〈山海经〉》中长妈妈的淳朴、《从百草园到三味书屋》中"先生"的方正、《藤野先生》中藤野先生的亲切、《范爱农》中范爱农的孤傲,都给人留下了深刻的印象。

关键词 │《朝花夕拾》 鲁迅 回忆散文集

鲁迅杂文:匕首与投枪

鲁迅在创作小说的同时,也结合斗争需要,创造了被称为匕首和投枪的文体形式——现代杂文。他一生写了大量杂文,他自编和他人为之编订的杂文集共有 16 部(如果加上由后来发现的鲁迅逸文编成的《集外集拾遗补编》共有 17 部),包括《热风》《坟》《华盖集》《华盖集续编》《三闲集》《南腔北调集》《且介亭杂文》等。杂文在鲁迅的全部创作中占有最大的比重,是鲁迅一生的主要文化和文学业绩。在中国现代文学史上,只有鲁迅杂文堪称中国现代史诗性的作品,它反映了中国现代社会的历史发展,也解剖了这个时代的各种社会思想现象,是中国社会思想百科全书式的作品。鲁迅杂文的特色是把深刻的人生哲理与生动的社会现象及生活现象的描述结合起来,用强烈的主体意识记录客观事实。在艺术上,它更与现代的摄影艺术相近,但鲁迅的杂文比现代摄影艺术更尖锐、更泼辣,战斗性更强,其中加入了作者的议论和抒情,把理性的启迪、情感的感染和形象的刻画熔于一炉,自由奔放,不拘一格。

关键词 │ 现代杂文 鲁迅 史诗性作品

"小品文之王" 周作人

周作人（1885~1967）现代作家，翻译家。浙江绍兴人。1901年秋入南京水师学堂。1906年赴日本留学，1911年回国后，在浙江从事教育工作。1917年春任北京大学文科教授兼国史编纂处纂辑员。周作人是五四新文化运动重要代表人物，参与《新青年》的编撰活动，参加发起文学研究会；提倡"思想革命"，以"人的文学""平民文学"的口号，推动新文化运动和文学革命的发展；同时热心译介外国文学，并用自己的散文和新诗创作显示了文学革命的实绩。20年代中期，他主编过《语丝》，写了大量着重于

◆ 关 键 词 ◆

周作人　作家　翻译家　《语丝》

■ 周作人在他的苦雨斋中写作

"社会批评"与"文明批评"的杂文随笔，以及一些表现个人情趣的小品散文。后来思想逐渐远离时代主流，鼓吹闭门读书，提倡闲适小品。1937年抗日战争爆发后，他滞留北平，不久出任伪华北政务委员会常务委员兼教育督办、东亚文化协会会长等职。日本投降后，以叛国罪于1945年12月入狱。1949年1月保释。50年代以后，在北京主要从事日本、希腊文学作品的翻译工作。周作人一生著述涉及广泛领域，在民俗学研究、儿童文学与民间文学研究，希腊及日本文化研究等方面都作出了开拓性的贡献。

意趣盎然周作人小品文

关键词　小品散文　周作人　《乌篷船》故乡的野菜

周作人的小品散文是最能显示20世纪30年代小品散文创作的思想风采和艺术风格的，他也因此被誉为"小品文之王"。　周作人的小品散文的最大特色是常记生活的一事一情，一种景，却清新随意，意趣盎然，悠然自得。其作品题材极为广泛，从社会批评、文学批评到日常情景，生活

琐事，古今中外无所不谈。同时，他的小品散文取材也十分随便，想写什么就写什么，写苍蝇虱子，品茶饮酒，谈狐说鬼，评古论今，细玩古董等，内容驳杂，《吃茶》《乌篷船》《谈酒》《故乡的野菜》等名篇所写都是平平常常的事，平平常常的生活，虽无多意义，却另有一番情趣和哲理。另外，由于周作人博学多识，因此他常常在他的文章中妥帖地使用各种知识，于旁征博引中传授丰富的知识；或者抓住生活中的小现象，结合自己的所见所闻，旁敲侧击，左右逢源，充分显示了学者式散文的特色。从思想性看他的小品文不及他的杂文的思想性，但艺术成就方面，小品散文这一形式在他的手中确实发展得更圆熟、精粹，这可以说是他对散文的一大贡献，推动了我国现代散文的发展。

浪漫主义诗人郭沫若

郭沫若（1892~1978）原名郭开贞，号尚武，沫若是他的笔名。生于四川省乐山县沙湾镇。郭沫若是创造社最杰出的诗人，也是中国现代文学史上成就卓著的浪漫主义诗人。郭沫若自幼聪颖好学，从童年起便阅读了大量古典文学作品，培养了他对诗歌的兴趣。1918年开始新诗创作。1921年夏，与成仿吾、郁达夫等人组织文学团体创造社。同年出版诗集《女神》。1923年大学毕业回国后，参加《创造周报》《洪水》的编辑工作，并出版诗集《星空》等。抗日战争爆发后，他负责有关抗战的文化宣传工作。在文艺创作主面，除写了《战声》《蜩螗集》等诗集外，还配合现实斗争创作了不少历史剧，这是郭沫若创作中又一重大成就。抗战胜利后，郭沫若坚持了反内

关 键 词

郭沫若　创造社　浪漫主义诗人 《星空》

■ 郭沫若

战、争民主的斗争，勇敢地站在运动的前列。1948年来到解放区。这以后，他参加各项政治运动，思想有更大发展，创作上也不断地取得新的收获。他是继鲁迅之后，中国文化战线上的又一面光辉旗帜。

《女神》：浪漫主义的瑰丽奇峰

关键词 | 《女神》 郭沫若 现代新诗 浪漫主义

郭沫若的代表作《女神》是中国现代新诗的奠基之作，它出版于 1921 年 8 月，全诗共三辑，以第三辑最为重要。他的许多代表诗篇皆出于此，如《凤凰涅槃》《天狗》《炉中煤》《日出》等。《女神》所表达的思想内容，首先是"五四"狂飙突进时代改造旧世界、冲击封建藩篱的要求。主人公以一个追求个性解放的叛逆者形象出现，要求打破一切封建枷锁，歌唱一切破坏者。其次，是对祖国深情的热爱和对美好明天的憧憬。诗中歌唱太阳、光明、希望，处处洋溢着积极进取的精神。《女神》在艺术上取得了新诗最辉煌的成就，它是"五四"时期浪漫主义的瑰丽奇峰。其格式追求"绝对自由，绝对自主"，而不受任何格式的束缚。它的形式自由多变，依感情的变化自然地形成"情绪的节奏"。《女神》的浪漫主义特征主要表现在：诗中采用了比喻、象征的手法，并常借助神话传说、历史故事表达感情。《女神》的诗风多豪壮、雄健、颇具阳刚之美。

雄浑悲壮的"抒情诗"《屈原》

《屈原》完成于 1942 年 1 月，是郭沫若历史剧的代表作，也是中国现代戏剧史上一部杰出的浪漫主义剧作。作品

关键词 | 《屈原》 郭沫若 历史剧 《雷电颂》

取材于战国时代楚国大诗人屈原的事迹，但取其神韵而不拘于史实。剧本主人公屈原具有坚贞不屈的品格和远大的政治理想。他置个人生死于不顾，坚持自己的政治主张，在陷害、排挤和各种打击面前威武不屈。他是正义的化身，民族的灵魂，光明的象征。剧本将屈原 30 年的政治生涯压缩到凌晨至深夜的一天中来表现，情节高度集中、紧凑，矛盾冲突则以投降与反投降为线索，显出作者惊人的概括力。为了烘托主人公丰富而高尚的内心感情世界，剧中还穿插了相当数量的抒情诗和民歌，其中托物言志的《橘颂》贯穿剧作始终。此外，屈原的大段独白、脍炙人口的《雷电颂》，尤其显得大气磅礴，充满浪漫主义色彩，更把全剧推向了高潮。这一切，使得全剧成为一首澎湃激昂、雄浑悲壮的抒情诗。

中国现代童话拓荒者叶圣陶

叶圣陶（1894~1988）原名叶绍钧，江苏苏州人。幼年接受传统的封建文化教育，同时受到民间文学和古典小说的熏陶，上中学时开始接触外国文学作品。1911年中学毕业，家贫无力升学，开始10年乡镇小学教员的生活，对挣扎在社会底层的知识分子、小市民和劳动者，有较多的接触和了解。1914年他开始用文言写作，1919年用白话写作，到1925年，已出版《隔膜》《火灾》《线下》等短篇小说集。在创作上，叶圣陶有着多方面的准备和发展，除小说外，他在新诗、散文、戏剧和学术、批评等领域也有所涉足，他是我国新文学多种艺术形式最早的实践者和开拓者之一。叶圣陶也是我国最早的儿童文学作家之一，是中国现代童话创作的拓荒者，他在1923年作为"研究会丛书"出版的《稻草人》，是我国现代最早的童话集。此外，叶圣陶还编辑过几十种中小学语文教科书，撰写过十多本语文教育方面的论著，在语文教育方面多有建树。他一生从事并关注教育工作，晚年更以主要精力贡献于此。

> **关 键 词**
>
> 叶圣陶　叶绍钧　《稻草人》　语文教育

■《稻草人》

灰色人生的力作：《潘先生在难中》

关键词　《潘先生在难中》　叶圣陶　灰色人生　小市民习气

在"五四"以后的作家中，叶圣陶以描写小市民和知识分子的灰色生活著称。写于1924年冬天的《潘先生在难中》，就是一篇描写灰色人生的力作。作品以发生在南方某小市镇的军阀混战为背景，在动乱纷扰的生活画面上，绘声绘色地刻画了一个小市民习气颇重的小学校长潘先生的形象。作者以冷隽有力的笔触，通过一系列生动的细节描写，展示了潘先生庸俗、懦弱的灵魂。从小说的整个布局来看，开头写逃难，中间写逃难中的周折，末尾写逃难的结束，首尾一贯，富于变化，故事完整，章法严谨，是叶圣陶许多小说的典型写法。潘先生这个人物，在我国现代文学画廊上已经留下了鲜明的形象。他的不敢正视现实、只图眼前满足和追求精神安慰的人生态度，使人们很容易想起阿Q。这同样是旧中国半殖民地半封建社会环境的产物，他也像阿Q一样，加深着人们对一个时代的认识。

幽默大师 林语堂

关 键 词

林语堂　幽默大师　性灵文学　语录体

■《京华烟云》是林语堂第一部小说，以英文著成，后被人译为中文。

林语堂（1895~1976）原名和乐，后改名玉堂、语堂，福建龙溪人。1919年后留学美国、德国，研究语言学，获哈佛大学硕士、莱比锡大学博士学位。1923年回国，在北京大学、北京女子师范大学任教，因支持爱国学生运动，被北洋政府通缉。1926年去厦门大学任教，后专事著述。1932年9月，林语堂主编的《论语》半月刊杂志在上海创刊。该刊以提倡晚明的小品文，鼓吹幽默、性灵、闲适，宣扬"人生在世还不是有时笑笑人家，有时给人家笑笑"的处事态度。林语堂写了不少"幽默"文章，冷嘲热讽，文白兼用，寄沉痛于闲适，一时大为盛行，被称为"幽默大师"。1934年4月，林语堂另行创办《人间世》杂志，后又创办《宇宙风》杂志，都旨在提倡"以自我为中心，以闲适为格调"的小品文，推崇"性灵文学"和文白兼用的"语录体"。1966 年定居台北。他一生撰写的传记、散文、论著、文选及译作等共 30 余部，重要的有《剪拂集》《开明英文读本》《开明英文文法》《大荒集》《我的话》《生活的艺术》《吾国与吾民》《无所不谈》《京华烟云》《风声鹤唳》和《语堂文存》等。

幽默闲适林语堂小品文

林语堂致力于幽默闲适小品文的创作，在 20 世纪 30 年代的中国文坛独树一帜并形成了以他为代表的"论语派"。

关键词 林语堂 小品文 论语派 《论语》《人世间》《宇宙风》

1932 年 9 月，林语堂创办了《论语》半月刊，1932 年和 1934 年，又先后创办了《人间世》与《宇宙风》两刊，都以发表小品文为主，提倡幽默、闲适和独抒性灵的小品文创作。幽默闲适是林语堂小品文的突出特色。他力求把幽默的文风贯穿于他的创作中，用幽默诙谐的态度来嘲讽种种束缚人性的传统陋习。林语堂认为，幽默不是滑稽之炫奇斗胜，也不是机警巧辩，它只在婉约豪放之间得其自然，不加矫饰，所表示的是心灵的光辉与智慧的丰富，是一种闲逸的观察，是和缓的、温柔的、出于心灵的妙语。读林语堂的文章，你在他幽默的文字中，并不能指出哪一段文字使你发笑，只是读下去觉得心灵启悟，胸怀舒适，感觉到一种深远超脱的情境。林语堂的小品文往往以一种超脱与悠闲的心境来旁观世情，用平淡的话语去赞扬或针砭，这样便形成一种庄谐并用如"私房娓语"式的"闲适笔调"。

"中国的卢梭" 郁达夫

郁达夫（1896~1945）原名郁文，浙江富阳人，现代作家。20 世纪 30 年代，他与鲁迅齐名，被称为"中国的卢梭"。

关 键 词 郁达夫 作家 《沉沦》 中国的卢梭

1913 年随兄赴日本学习，1922 年毕业于东京帝国大学经济学部。由于对中国古典文学浓厚的兴趣，又广泛阅读外国文学作品，从而走上文学创作的道路。1921 年，他和郭沫若、成仿吾等发起成立创造社。同时创作了新文学最早的白话短篇小说集《沉沦》，

■ 沉沦

震惊了文坛。他还曾参加《创造》季刊、《创造周刊》、《创造日》的编务工作，并在安庆政法学校、北京大学、武昌师范大学任教。1933年移居杭州，徜徉于浙、皖等地的山水之间，写有不少文笔优美的游记。随着抗日救亡运动的高涨，郁达夫的爱国热情又被唤起，投入抗战的时代洪流。1938年底赴新加坡，从事报刊编辑和抗日救亡工作。1942年流亡到苏门答腊，化名赵廉隐居下来。不久，当地日本宪兵部强迫他去当翻译，暗中保护和营救了不少当地志士和华侨，并获悉了日本宪兵部许多秘密罪行。1945年日本投降后被日本宪兵秘密杀害。

郁达夫游记：由雅返俗，以俗解雅

关键词 | 郁达夫　游记　意境优美
语言流丽

除小说外，郁达夫在散文创作上也有显著的成就。他的散文作品可分为纪实性散文、议论性散文、游记、日记和自传体散文或回忆性散文等五类。真正显示郁达夫独立特色和艺术成就的是他的游记。《屐痕处处》和《达夫游记》是他的两部最重要的游记作品集。他的游记多是写山川景物，名胜古迹，在中国现代散文史上独树一帜。首先，郁达夫是着意于游记创作的少数现代作家之一，其游踪遍布全国很多地方。其次，郁达夫有广博的历史知识和地理知识，因此他的游记作品中常常还有历史掌故、神话传说、外地之景容纳其中，从而使作品具有回肠荡气的开阔感。第三，郁达夫对自然美有特别敏锐的感受，加上他又能自觉地把自己的个性、情感和情绪注入其中，因此，他的游记作品充满了诗意，意境优美，情感丰富。第四，他的游记作品语言明丽晓畅，既有中国古代游记的遗风，也有中国古代诗、词、短赋的特征，音调谐美，语言流丽，集绘画美和音乐美于一身。第五，郁达夫的游记常常由俗返雅，以俗解雅，使人由正经归于自然，由严肃返于轻松，紧张的心情立即松弛下来。

社会剖析派小说坛主 茅盾

茅盾（1896~1981）原名沈德鸿，字雁冰，生于浙江省桐乡县乌镇。茅盾是他创作《幻灭》时开始经常使用的笔名。茅盾是中国现代文学史上伟大的作家和社会活

关 键 词

茅盾　沈雁冰　作家　社会活动家
左翼文学代表　《蚀》《林家铺子》

动家。在"五四"时期，他和新文化运动的旗手鲁迅一起为开辟文学的新时代作出了杰出贡献，奠定了中国新文学的基础。20世纪20年代以后，他更以坚实的创作实践，成为左翼文学的杰出代表。文学史界也公认他为中国社会剖析派小说的坛主。茅盾在民族忧患的岁月中成长，也体察到了中国人民寻求真理、拯救国难的社会使命。时代的风云和乡土的情结，构成了他日后创作的重要内蕴。茅盾10岁丧父，由母亲抚养长大。1916年从北京大学预科毕业后，因生活困窘无力上学，同年8月到商务印书馆编译所工作，从此步入文坛。茅盾是从三部曲《蚀》（包括《幻灭》《动摇》《追求》三部中篇）开始小说创作的。30年代写出了《子夜》《林家铺子》《春蚕》等。抗战时期，辗转于香港、新疆、延安、重庆、桂林等地，发表了《腐蚀》和《霜叶红似二月花》《锻炼》等。

雾幕沉沉开 《子夜》

关键词　《子夜》茅盾　史诗风范

《子夜》出版于1933年，震动了中国文坛，瞿秋白把这一年称为"子夜年"，可见它的影响之大。它的问世，也标志着矛盾的创作已经走向了成熟。这部长篇围绕着民族资本家吴荪甫与买办赵伯韬之间的尖锐矛盾，全方位、多角度地描绘了30年代初中国社会的广阔画面：工人罢工，农民暴动，反动当局镇压和破坏人民的革命运动，帝国主义掮客的活动，中小民族工业被吞并，公债场上惊心动魄的斗法，各色地主的行径，资本家家庭内部的各种矛盾……通过这些多姿多彩的生活画面，艺术地再现了第二次国内革命战争时期的风云，反映了革命深入发展，星火燎原的中国社会风貌，充分表现了作者对社会现实的极大关注和捕捉巨大课题反映社会时代的卓越能力。可

以这样说，清晰的时代风云的展现，纷然杂陈的矛盾冲突的揭示，甚广的社会生活的概括和细致的习俗风情的刻画，使《子夜》具有了宏阔的体制和史诗性的风范。

"中国的雪莱" 徐志摩

关 键 词

徐志摩　新月派　新诗格律化运动

徐志摩（1897~1931）名章垿，字志摩，笔名南湖、云中鹤等，浙江海宁人。徐志摩是中国现代文坛最具特色，最有才华的诗人、散文家之一，他是开一代诗风的"新月派"的主将，被誉为"中国的雪莱"。1915年毕业于杭州一中，先后就读于上海沪江大学、天津北洋大学和北京大学。1918年赴美国学习银行学。1921年赴英国留学，入伦敦剑桥大学当特别生，研究政治经济学。在剑桥两年深受西方教育的熏陶及欧美浪漫主义和唯美派诗人的影响。这种特殊的艺术素养，对徐志摩此时开始的新诗创作，具有重要的导向作用。1922年回国后，他主要致力于新月社的活动和新诗创作。1926年在北京主编《晨报》副刊《诗镌》，与闻一多、朱湘等人开展新诗格律化运动，影响到新诗艺术的发展。1931年11月因飞机失事罹难。徐志摩著有诗集《志摩的诗》《翡冷翠的一夜》《猛虎集》《云游》，散文集《落叶》《巴黎的鳞爪》《自剖》《秋》，小说散文集《轮盘》，戏剧《卞昆冈》（与陆小曼合写），日记《爱眉小札》《志摩日记》，译著《曼殊斐尔小说集》等。

■ 徐志摩

一曲优雅动听的轻音乐 《再别康桥》

关 键 词

《再别康桥》　徐志摩
音乐美　绘画美　建筑美

《再别康桥》是一首优美的抒情诗，宛如一曲优雅动听的轻音乐。1928年秋，徐志摩再次到英国访问，重游康桥，勃发了诗兴，于是将自己的生活体验化作缕缕情思，融汇在所抒写的康桥美丽的景色里，也驰骋在诗人的想象之中。全诗以"轻轻的""走""来""招手""作别云彩"起笔，接着用虚实相间的手法，描绘了一幅幅流动的画面，构成了一处处美妙的意境，细致入微地将诗人对康桥的爱恋，对往昔生活的憧憬，对眼前的无可奈何的离愁，表现得真挚、浓郁、隽永。诗人将具体景物与想象糅合在一起构成诗的鲜明生动的艺术形象，巧妙地把气氛、感情、景象融汇为意境，达到

■ 康桥

景中有情，情中有景。诗的结构形式严谨整齐，错落有致。全诗 7 节，每节 4 行，每行 6 至 8 字不等，富有民族化、现代化的建筑美。诗的语言清新秀丽，节奏轻柔委婉，和谐自然，伴随着情感的起伏跳跃，犹如一曲悦耳徐缓的散曲，轻盈婉转，拨动着读者的心弦。《再别康桥》兼具"音乐美""绘画美""建筑美"，堪称徐志摩诗作中的绝唱。

"别一世界"徐志摩散文

关键词 徐志摩 哲理与诗情融合 散文诗化

徐志摩以诗歌创作饮誉文坛，而他的散文创作亦有很高成就。徐志摩散文个性化色彩强烈，自成一体。徐志摩一共出版过《落叶》《自剖》《巴黎的鳞爪》三个散文集和一个单篇散文《秋》，计 33 篇（未收集中还有不少）。除《秋》写于 1929 年，其余三个集子的大部作品均完成于 1925~1926 年间。其中《自剖》《想飞》《我所知道的康桥》《翡冷翠山居闲话》等都是传世名篇。徐志摩的散文内容涉及的范围也较广泛，有对人生理想的漫评，有触及时政的论说；有对往事的怀想和追忆，也有对艺术发表见解和评说；有一事一议的小品，也有说长道短的书评。他的散文表现了很强的个性，他的自我思想感情的剖露，哲理和诗情的融合，散文的诗化，三者合而为一，构成了其散文的"别一世界"。徐志摩的一部分散文，如同他的一些哲理诗一样，具有启迪思考的哲理性，又具有浓郁的诗情，

使得哲理和诗情两相融合，这构成了其散文一特点。徐志摩散文艺术上另一与众不同的地方，是他的不少散文和诗很难严格区分。他将诗和散文黏合在一起，难以分开，是他"自己的另创一格的诗的散文"。

有骨气的爱国文化人 朱自清

■ 朱自清

朱自清（1898~1948）原名自华，号实秋，字佩弦。原籍浙江绍兴，生于江苏东海，长于扬州。1916年入北京大学预科，次年入哲学系，参加过五四运动，是文学研究会的早期会员，还参与发起新文学史上第一个诗歌团体中国新诗社，开始发表新诗。1920年大学毕业后，在江浙一带多所中学任教，并撰写小说和散文。1925年起，历任清华大学中文系教授、系主任，其间曾于1931年去英国留学，并漫游欧陆数国。抗日战争爆发后，到昆明西南联大任中文系主任，从事学术研究和杂文写作。抗战胜利后，参与爱国民主运动，在身患重病，每月的薪水仅够买3袋面粉，全家12口人吃都不够，更无钱治病时，仍签名于《抗议美国扶日政策并拒绝领取美援面粉宣言》，并说："宁可贫病而死，也不接受这种侮辱性的施舍。"1948年8月12日，朱自清死于贫病交迫之中。临终前，他嘱咐夫人："我是在拒绝美援面粉的文件上签过名的，我们家以后不买国民党配给的美国面粉。"朱自清一身重病，宁可饿死也不领美国的"救济粮"，表现了中国人的骨气，被誉为有骨气的爱国文化人。

朴素清新朱自清散文

朱自清从创作新诗步入文坛，但主要成就是在散文方面。他最早的散文名篇，有作于 1923 年的《桨声灯影里的秦淮河》和翌年年初的《温州的踪迹》。1925 年，他任清华大学中文系教授，有意识地将主要经历转向散文创作。1927 年以前，他创作的散文名篇有《白种人——上帝的骄子》《背影》《荷塘月色》等等。这些散文，处处显示着他的严谨洗练、朴素清新的创作风格，尤其是《背影》，已经成了和朱自清的名字密不可分的一篇散文名作。《背影》这篇散文描绘了一幅父子车站送别的

■ 清华大学荷塘，为朱自清创作《荷塘月色》的背景。

图画。文中描写了父亲爬上站台的动作，于滑稽、笨拙的动作中，传达出父子间的真情。作者用平易的语言，在朴素的叙述中寄寓真挚深沉的情愫。他的炉火纯青的文字功力在《荷塘月色》中更是表现得淋漓尽致。比如在描写月色下的荷花之美时，作者将它比喻为明珠，碧天的星星、出浴的美人；在形容荷花淡淡的清香时，又用了"仿佛远处高楼上飘过来的渺茫的歌声似的"一句，以歌声比喻香气，以渺茫比喻香气的轻淡，这一通感手法的运用准确而奇妙。

随笔大师 丰子恺

关 键 词

丰子恺　现代漫画家　文学家　随笔体

丰子恺（1898~1975）原名丰润，浙江崇德（今桐乡市）人。丰子恺是中国现代漫画家、翻译家、文学家、美术音乐教育家。1914 年考入杭州浙江省立第一师范，曾受业于李叔同（弘一法师），后游学于日本。在东京学习绘画和音乐时，受到了画家竹久梦二画风影响。回国后开始以漫画描绘故事意境、儿童生活等。丰先生博学多能，除了漫画、散文、翻译，还在美术

■ 丰子恺

音乐理论、书法及艺术教育等诸方面取得突出成就。他的思想既有超尘出世、静观人生的一面，又有爱国忧民、面向现实的一面。他的漫画、书法自然潇洒，风韵别致，称誉艺坛，《子恺漫画》《儿童漫画》《人生漫画》等受到广泛重视，他的散文结集出版有《缘缘堂随笔》《车厢社会》《率真集》等10余种。他厌恶人世间的虚伪、鄙俗、自私，赞美儿童的真诚、纯洁、聪明。散文大多采用随笔体，与漫画一样清幽玄妙、传神有趣。他勤于翻译工作，先后翻译过屠格涅夫、夏目漱石等人的作品，并将日本长篇古典文学名著《源氏物语》译成中文。

率真纯情丰子恺散文

关键词 | 丰子恺　朴实自然　率真纯情

丰子恺于 1925 年后开始发表散文随笔，30年代结集为《缘缘堂随笔》《随笔二十篇》《车厢社会》《缘缘堂再笔》，40年代又出版了《子恺近作散文集》《率真集》等。他的散文朴实自然，从琐屑平凡中流露率真纯情，宗教、自然、艺术和儿童是丰子恺观察世界的视角和出发点，也是他迥异于其他现代散文家的本真性情和独特个性的全部内涵。丰子恺的散文大体可分为四类：一类是探究人生和自然玄理，且受佛教思想影响，带有禅味的，如早期的《渐》《秋》等；一类是描写儿童情趣的，突出地表现了他的儿童本位思想和一颗赤子之心，这是他 20 年代后期创作的中心题材，脍炙人口的有《给我的孩子们》《华瞻的日记》《作父亲》等；一类是回忆自己的生活经历和创作过程的，《甘美的回忆》和抗战时期的"逃难记"可作为代表；最后一类是取材于日常生活见闻的，反映世态人情的，集中体现了他对现实和人生的矛盾态度，这是丰子恺散文的主体部分，最能代表他散文的基本特色。

丰子恺漫画：沟通文学与绘画的桥梁

丰子恺是我国著名的漫画大师，其"子恺漫画"为人们熟知。他是中国文人抒

关键词 | 丰子恺　文人抒情漫画　艺术宝库

情漫画的开创者。1925 年上海文学研究会所办《文学周报》，郑振铎托胡愈之向丰子恺索画，陆续在周报上发表，从此我国正式统一使用漫画二字，并作为一个画种的名称。丰子恺自谓其漫画创作分为四个时期：第一是描写古诗词时代，第二是描写儿童相时代，第三是描写社会相时代，第四是描写自然相时代。丰子恺的漫画是一座丰富的艺术宝库，他有着深厚的文化艺术修养，善于吸收中外艺术传统而形成自己富有民族特色和个性的艺术风格。他认为漫画是一种简笔而注重意义的绘画，自谓要沟通文学与绘画的关系，创作中追求"小中能见大，弦外有余音"。他的画多为人们日常生活情景，又具有普遍的人情世故与动人情趣，具有雅俗共赏、老少皆宜的特点。他的那些隽永、简括、流畅、朴实的漫画具有超越时空的艺术魅力，是中国乃至世界传之久远的艺术珍品。

"现代关汉卿" 田汉

　　田汉（1898~1968）原名寿昌，湖南长沙人。田汉是我国话剧运动的奠基人，戏曲改革的先行者，被人们称为"现代关汉卿"。他不但写话剧、写戏曲，还写电

> **❀ 关 键 词 ❀**
>
> 田汉　话剧运动　戏曲改革　《毕业歌》
> 《义勇军进行曲》

影剧本、诗歌和电影插曲。他出生在一个农民家庭。从"五四"运动起，就投身于反帝反封建的新文化运动。20 世纪 20 年代他组织的"南国社"在我国现代文艺史上起过重要作用。那时田汉创作的《咖啡店之一夜》《获虎之夜》《名优之死》等十几个话剧，就像是盛开在当时中国话剧荒地上的一朵朵奇葩。1932 年，田汉加入中国共产党以后，又迎来了他的第二次创作高潮，他成为左翼戏剧、电影的主力之一，不但创作了一大批话剧，还创作了《三个摩登女性》《母性之光》《风云儿女》等电影剧本。他创作的反映上海码头工人斗争生活的歌剧《扬子江的暴风雨》，是我国最早的革命歌剧之一。田汉还为很多话剧、电影的插曲写了大量振奋人心、社会影响广泛的歌词，如《义勇军进行曲》《毕业歌》等。解放后，他创作了《关汉卿》《文成公主》等剧作。1968 年被"四人帮"迫害致死。

《关汉卿》：中国当代话剧史上的一座丰碑

关键词 《关汉卿》 田汉 结构完整
语言精炼

1958年，为纪念世界文化名人关汉卿，田汉写作了话剧《关汉卿》。全剧以《窦娥冤》的写作和上演为线索来展开矛盾冲突，塑造了元代战斗的戏剧家关汉卿的艺术形象。虽然现存历史文献中关于关汉卿生平的资料极少，但田汉全面分析了元代社会的政治经济情况和人民生活，通过研究作品的思想感情来把握关汉卿的思想性格，从而写出了他和人民群众息息相通的关系，写出了他憎恶黑暗、蔑视权势、坚贞不屈的斗争精神。剧本不拘泥于历史事实，又切合于历史真实，在阶级斗争、民族斗争的背景上表现了关汉卿的戏剧艺术活动，写出了他最可贵的斗争品格。关汉卿的艺术形象，概括了中国历史上进步文人的斗争传统，也融注了田汉一生为我国戏剧事业奋斗的生活体验。剧本体现了田汉创作的一贯特色：丰富的想象、炽热的诗情，执着的历史正义感。全剧结构完整，描写细密，语言精炼，被公认为是田汉戏剧创作的高峰，也是中国当代话剧史上的一座丰碑。

坚定的民主战士 闻一多

❀ 关 键 词 ❀

闻一多 爱国主义者 民主战士
诗人 学者 《最后一次的讲演》

闻一多（1899~1946）原名家骅，字友三，湖北浠水人。闻一多是中国现代伟大的爱国主义者，坚定的民主战士，中国民主同盟早期领导人，中国共产党的挚友，诗人，学者。闻一多出生于"世家望族，书香门第"，幼年即深受古典诗词的熏陶并酷爱美术。1913年考入清华，读书期间受到"五四"新思潮的影响。1922年大学毕业后赴美深造，学习绘画和文学。清华九年的美式教育和留美三年的艺术研究，既使他受到了唯美主义艺术思潮的影响，也孕育了他深厚的爱国主义情感。1925年回国后，他积极参与《诗镌》的活动，成为新格律诗的主要倡导者。1928年以后，他潜心研究中国古典文学和古代文化，对《周易》《诗经》《庄子》《楚辞》四大古籍进行整理研究，后汇集成为《古典新义》，被郭沫若称为"前无古人，后无来者"。40年代起，他积极投身爱国民主运动。1946年7月15日在悼念李公朴先生大会上，他愤怒斥责国民党暗杀李公朴的罪行，发表了著名的《最后一次的讲演》，当天下午即被国民党特务杀害。

■ 闻一多

感情深厚闻一多诗

关键词 闻一多 感情深厚 艺术精美 新格律诗派

闻一多是近现代中西文化大交汇、大碰撞中成长起来的一位学贯中西、博古通今的大家，他首先以独具特色的诗作闻名于世。闻一多诗作的数量并不算多，但却以感情深厚、艺术精美见长。他的诗在内容上的突出特点，就是具有极强烈的民族意识和民族气质，表现出深沉、热烈的爱国主义精神，并从爱国爱民的真情出发，表现出对黑暗现实的厌恶，对人民疾苦的同情和美好未来的憧憬。在新诗形式上闻一多既善于吸收西方诗歌音节体式的长处，又注意保留中国古典诗歌的格律传统，提出了一套创造新格律诗的理论，主张新诗应具有"音乐的美（音节）"、"绘画的美（辞藻）"、"建筑的美（节的匀称和句的均齐）"。他所倡导的新格律诗理论和独树一帜的诗歌创作影响了为数众多的诗人，并形成了以他为代表的新格律诗派，在新诗发展史上写下了重要的一页。从总体上来说，闻一多的诗作较为出色地体现了传统文化与现代文化的结合，代表了"新月诗派"典丽凝重的诗风。代表作有《死水》《孤雁》《太阳吟》《忆菊》等。

"人民艺术家" 老舍

老舍（1899~1966）原名舒庆春，字舍予，满族。著名作家、杰出的语言大师，被誉为"人民艺术家"。出生于北京一个贫寒的家庭，父亲死于八国联军的炮火中，母亲是一位勤劳、刚强、讲义气的劳

关 键 词

老舍 舒庆春 人民艺术家 市民生活

■ 老舍在伦敦大学

动妇女。他幼年和少年的生活都是在大杂院里度过的，这使他从小就熟悉北京下层市民的生活，深知他们的思想感情。这种特殊的生活经历使他日后的创作视野迥然不同于其他作家。1918年，老舍从北京师范学校毕业后，担任了小学校长。次年，爆发了反帝反封建的五四运动。伟大的五四运动拓展了老舍的视野，使他醉心新文艺，教学之余，他读了大量外国文学作品，并正式开始创作生涯。自1925年起，他陆续发表《老张的哲学》《赵子曰》和《二马》三部描写市民生活的讽刺长篇小说。20世纪三四十年代，他又发表了《骆驼祥子》《四世同堂》等作品。抗日战争爆发后，到武汉、重庆主持中华全国文艺界抗敌协会的工作，并组织出版会刊《抗战文艺》。1966年遭"四人帮"迫害，跳湖自杀。

《骆驼祥子》：城市贫民悲惨命运的缩影

关键词 | 《骆驼祥子》 老舍 祥子 虎妞

长篇小说《骆驼祥子》成功地塑造了祥子、虎妞两个形象，是老舍的代表作。从反映市民生活的深度和艺术魅力两方面审视，《骆驼祥子》都代表老舍创作的最高水平。作者怀着炽烈的爱和深深的同情，描写了从农村流落到北京城里的祥子三起三落的悲惨遭遇，讲述了在黑暗的社会环境腐蚀下，祥子从一个善良、本分、富有正义感的人力车夫，开始在生活上、人格上、政治上一步步走向堕落，最后变得人不人鬼不鬼的悲剧历程，真实地揭示了旧社会对劳苦大众的残酷剥削。军阀、特务、车厂老板乃至虎妞，都如同毒蛇一样，死死地缠着祥子，害得他成了一个可悲的牺牲品。祥子的命运，是旧中国广大城市贫民悲惨命运的缩影。祥子的堕落是令人心痛的，但这是对吃人的旧社会的有力控诉。老舍用他那犀利的文笔，准确地描画出祥子身上农民的性格、气质和心理特征。这

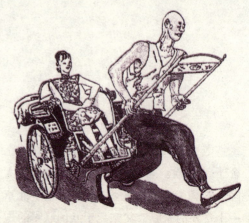

■《骆驼祥子》插画

个如同骆驼一样吃苦耐劳的汉子，是那么淳朴、善良、宽厚；而他的堕落，又是那么令人深思。虎妞外貌老又丑，个性泼辣、厉害、粗鲁，从里到外，都被作者描画得活灵活现。另外，通过虎妞畸形的、变态的心理和行为，也巧妙地反衬出刘四这一类半殖民地社会里地痞恶棍的生活。这3个形象也为中国现代文学的人物画廊增添了多彩的光辉。

"东方舞台上的奇迹" 《茶馆》

话剧《茶馆》是老舍在1957年创作的，是他后期创作中最为成功的作品，也是当代中国话剧舞台上最优秀的剧目之一，曾被西方人誉为"东方舞台上的奇迹"。《茶馆》为三幕话剧，共有70多个人物，其中50个是有姓名或绰号的，这些人物的身份差异很大，有曾经做过国会议员的，有宪兵司令部里的处长，有清朝遗老，有地方恶势力的头头，也有说评书的艺人，看相算命及

关键词 | 老舍 《茶馆》 社会缩影

■《茶馆》插画

农民村妇等等，形形色色的人物，构成了一个完整的"社会"层次。剧本通过裕泰茶馆的盛衰，表现了自清末到民国近50年间，中国社会的变革。"茶馆"是旧中国社会的一个缩影，同时也反映了旧北京茶馆的习俗，展示了中国茶馆文化的一个侧面。在结构上，《茶馆》采取三个横断面连缀式结构，每一幕内部也以许多小小的戏剧冲突连缀。剧本以人物带动故事，同时，人物的故事和命运又暗示着时代的发展，从而使得剧本紧针密线，形散神凝，以貌似平淡散乱的人物、情节织出一幅"清明上河图"式的从清末到民国的民间众生相。

冰心：有了爱就有了一切

冰心（1900~1999）原名谢婉莹，福建长乐人。出生于福州，1901年移居上海。父亲是当时清朝政府的海军军官，

关 键 词

冰心 谢婉莹 爱的哲学 《小橘灯》
《寄小读者》

■ 冰心

后来又随父亲移居山东烟台，童年是在海边度过的。冰心有一个温暖、富裕的家庭，她从4岁起就跟着母亲认字，听讲童话和民间故事，以后又跟着舅舅阅读了不少古典名著。1914年秋天考入教会办的北京贝满女子中学，基督教博爱思想的影响，形成了日后贯穿于冰心早期作品中的"爱的哲学"。"有了爱就有了一切。"这是冰心的一句名言，也是她一生坚持的信念。她深爱着她的故乡，如《我的故乡》《故乡的风采》等一篇篇文字，就倾注了她对故乡的深深爱恋。冰心的爱更多地倾注于一代又一代的孩子身上。从"五四"运动时期步入文坛，在近一个世纪的漫长岁月里，伴随世纪的风云变幻，她一直坚持写作近八十载，笔耕不辍，硕果累累，为世人留下了大量珍贵的文学遗产。期间，她为孩子们写作，长达七十多年，她的作品，影响了一代又一代的少年儿童。《寄小读者》《再寄小读者》《小橘灯》等都倾注了她浓浓的爱，从而在广大读者中引起了深深的共鸣。

爱的赞歌： 《繁星》 《春水》

关键词 冰心 《繁星》 《春水》 爱的赞歌

冰心的诗写得很好。她的诗，一方面学习外国（特别是受泰戈尔影响更深），一方面对于自己民族的传统也多有继承。冰心诗歌的代表作是1923年出版的诗集《繁星》和《春水》。其中《繁星》由164首小诗组成，《春水》由182首小诗组成。由于冰心信奉"爱的哲学"，因此，她在这两部诗集中不断唱出了爱的赞歌：歌颂母爱，歌颂亲情，歌颂童心，歌颂大自然。冰心以其特有的女性纤柔，用清新秀丽的语言写成了《繁星》《春水》两本诗集，并形成独特的艺术风格。第一，哲理性强是《繁星》《春水》的一大艺术特点。这两部诗集中，有许多诗都是蕴涵着深刻思想的哲理诗。这些深刻的思想往往都是和诗中描绘的具体形象以及诗人深沉的思绪糅合在一起的，因而仍然具备着诗的情绪，有着诗的美感。第二，纤柔是冰心诗歌的另一个显著特色。冰心的诗，无处不表现出一种女性的纤柔。以她"满蕴着温柔，带着忧愁"的抒情风格，感情深沉浓烈地歌吟着纯真的爱，描绘着大自然的美；同时也以独特的方式表达了对某些社会丑恶现象的谴责。第三，文字轻柔雅丽，韵律浑然天成，意境优美清丽。《繁星》《春水》中词句的运用仿佛信手拈来，处处透露着轻柔雅丽的风格。

清新婉丽冰心散文

每个作家都有他擅长或喜欢的文学样式，冰心之于散文，可谓如鱼得水，这一形式在她手里，是常常发挥得淋漓尽致的。郁达夫甚至这样推崇冰心的散文："冰心女士散文的清丽，文字的典雅，思想的纯洁，在中国好算是独一无二的作家了"。确实，清新婉丽，以情感人，是冰心散文的独特风格。她善于截取生活中的片断，编织在自己的情感之中，凭着敏锐的观察和细密的情思，将情与景融合在一起，寓情于景，情景交融，给人以崇高真挚的审美感受。冰心散文主情，以抒情见长。在她的文字中，有相当一部分是对片段的情思，以及那些晶莹美丽的回忆的抒写。她的那些最精彩，最富灵气，最自然的散文，几乎都是她用饱蘸真挚的情感之笔，对昔日"埋存"的令人难以忘怀的生活进行艺术的"发掘"所得。虽然她抒发感情的文笔，永远也激不起大波大澜，却能给读者带来一种细泉似的脉脉温情。在抒情的章法上，冰心也有自己的风格：她善于在绵绵密密的抒情里，轻巧地插入场景的描绘，人物的刻画或哲理的思索，使文章一波三折，摇曳多姿。冰心散文的代表作有《笑》《往事》《寄小读者》《山中杂记》等等。

关键词 | 冰心　散文　《寄小读者》

沈从文用小说构造"湘西世界"

沈从文（1902~1988）原名沈岳焕，湖南凤凰县人。现代著名作家、历史文物研究家、京派小说代表人物。14岁时，他投身行伍，浪迹湘川黔边境地区，1924年开始文学创作，抗战爆发后到西南联大任教，1946年回到北京大学任教，建国后在中国历史博物馆和中国社会科学院历史研究所工作，主要从事中国古代服饰的研究，1988年病逝于北京。从20世纪30年代起，沈从文开始用小说构造他心中的"湘西世界"，

关 键 词

沈从文　湘西世界　作家　《边城》
中国古代服饰研究

■ 沈从文

完成一系列代表作，如《边城》《长河》等。他以"乡下人"的主体视角审视当时城乡对峙的现状，批判现代文明在进入中国的过程中所显露出的丑陋，这种与新文学主将们相悖的观念大大丰富了现代小说的表现范围。沈从文一生创作的结集约有 80 多部，是现代作家中成书最多的一个。在这些创作中，沈从文完成了他的湘西系列，乡村生命形式的美丽，以及与它的对照物城市生命形式批判性结构的合成，提出了他的人与自然"和谐共存"的本于自然、回归自然的哲学。"湘西"所能代表的健康、完善的人性，一种"优美、健康、自然，而又不悖乎人性的人生形式"，正是他的全部创作要负载的内容。

《边城》：和谐之美，人性之美

关键词 | 《边城》 沈从文 中篇小说

中篇小说《边城》是沈从文的代表作，出版于 1936 年。作为中国现代文学史上一部优秀的抒发乡土情怀的中篇小说，《边城》不仅典型地表现了作者理想的人生形式及社会理想，更以其浑圆完整、凝练畅达的结构形式、独特的审美品格以及深刻的情感内涵，为中国现代抒情小说提供了一种独特的境界。小说以川湘交界的边城小镇茶峒为背景，以兼具抒情诗和小品文的优美笔触，描绘了湘西边地特有的风土人情；借船家少女翠翠的爱情悲剧，突显出了人性的善良美好与心灵的澄澈纯净。作者用写意的笔法，对生活中最能传达人物神韵的语言、动作和情态加以点染，使其呼之欲出。如少女翠翠的纯净、天真、活泼，老船工的纯

■ 边城原型：湘西凤凰古城

朴、诚实、坚忍，无不栩栩如生，跃然纸上。《边城》对人物性格的塑造，显然受到中国传统艺术写意传神笔法较深的熏陶，它的人物更具东方式的恬静的美，如翠翠的形象就体现了中国人的审美理想。《边城》中人物的美与作品整体上的自然与和谐的美学境界融为一体，达到了一种独特的审美境界。

丁玲——"活的中国"

丁玲（1904~1986）原名蒋冰之，笔名彬芷、从喧等。湖南临澧人。现代女作家，有"活的中国"之称。在长沙等地上中学时，受到"五四"思潮的影响。1923年进

❀ 关 键 词 ❀
丁玲　现代作家　《莎菲女士的日记》
《太阳照在桑干河上》

共产党创办的上海大学中文系学习。1927年发表小说《莎菲女士的日记》等作品，引起文坛的热烈反响。1930年参加中国左翼作家联盟，后出任左联机关刊物《北斗》主编及左联党团书记。这时期她创作的《水》《母亲》等作品，显示了左翼革命文学的实绩，1933年被国民党特务绑架，后逃离南京转赴中共中央所在地陕北保安县。在陕北历任西北战地服务团团长、《解放日报》文艺副刊主编等职，并先后创作《一颗未出膛的枪弹》《夜》《我在霞村的时候》《在医院中时》等解放区文学优秀作品。1948年写成长篇小说《太阳照在桑干河上》，曾被译成多种外文。1951年获斯大林文学奖。丁玲一生著作丰富，有些作品被译成多种文字，在世界各国流传，产生了广泛的影响。

《太阳照在桑干河上》：绚丽的华北农村生活画卷

关键词　《太阳照在桑干河上》　丁玲
华北农村　土地改革

《太阳照在桑干河上》是丁玲的代表作，写的是1946年华北农村的土地改革斗争。小说以桑干河边暖水屯为背景，真实生动地反映了土改中农村尖锐复杂的阶级斗争，展现出各个阶级不同的精神状态。小说的突出成就，就在于它真实、细致、具体地表现了在时代的风暴面前各阶级、各阶层之间错综复杂的关系。作者不是简单地一般化地描写农民与地主的矛盾，不是从概念和公式出发去反映土改斗争，而是循着生活的脉络，把延续千百年的中国农村封

建关系和社会情况真实生动地表现出来。丁玲是描写人物的高手，在这部长篇里塑造了以张裕民、程仁为代表的可爱的先进农民的形象；以地主钱文贵、胆小绝望的李俊等为代表的反面人物形象。通过近四十个鲜明的人物形象的塑造，作品比同类题材作品更加深刻地体现了这样一个重要思想：土地改革这场伟大的群众运动，不但以极大的威力改变着中国农村社会几千年的旧秩序，也改变着各阶层人民的思想、性格和伦理观念。《太阳照在桑干河上》结构宏大，故事线索纷繁，然而主次分明，繁而不乱，显示了作者高度的艺术概括力。作者善于描写人物内心活动和大场面，特别是"果树园闹腾起来了"一节写得情景交融，有声有色，曾作为范文选入中学语文教科书中。

农民诗人臧克家

关 键 词

臧克家 现当代诗人 《罪恶的黑手》 《烙印》

臧克家（1905~2004）山东诸城人，中国现当代著名诗人。从小喜爱古典诗词，18岁以前一直生活在农村，对农民的悲惨处境有较多了解。这段农村生活成为他以后诗歌创作的深厚基础。1923年入济南山东省立第一师范学校学习，开始写作新诗。1926年参加北伐。1933年出版第一部诗集《烙印》，用较大篇幅描写了乡村和农民，诗作健康厚实的思想内容和朴素严谨的艺术风格，赢得了读者的喜爱，也引起了文学界的广泛关注，因此博得了"农民诗人"的称号。抗战爆发前，诗人又出版了《罪恶的黑手》《自己的写照》等诗集，进一步反映农民的疾苦，揭露和鞭挞了黑暗的旧社会。抗战胜利后到上海，又出版了反映人民疾苦、控诉蒋家王朝罪恶的政治讽刺诗集《宝贝儿》《生命的零度》《冬天》等。建国后出版有《臧克家诗选》《一颗新星》《春风集》《欢呼集》《李大钊》《杂花集》《学诗断想》《诗与生活》《今昔吟》《怀人集》。2000年1月获首届"中国诗人奖——终生成就奖"。2003年获由国际诗人笔会颁发的"中国当代诗魂金奖"。

严谨含蓄臧克家诗

臧克家1933年出版了第一部诗集《烙印》，这是他最具影响的作品。这部诗集真挚朴实地表现了中国农村的破落，农

关键词　臧克家　《有的人》《李大钊》

民的苦难、坚忍与民族的忧患。此后，他陆续出版的诗集、长诗有《罪恶的黑手》《自己的写照》《泥土的歌》《宝贝儿》《生命的零度》等十多部。这个时期，臧克家的诗篇幅短小，却颇具概括力。他除有意识学习古典诗词的结构方法，形成严谨含蓄、精练质朴的风格之外，还苦心追求词句的新颖、独到、形象化，但又不失平易、明朗和口语化。建国后，臧克家多作政治抒情诗，《有的人》是他这类诗中的代表作。这首诗是为纪念鲁迅逝世 13 周年而作，它的独特之处，在于表现具有哲理意义的主题：人是为了多数人更好地活着而活着。事实上，这一主题已超出了歌颂鲁迅精神的范围，而将读者引入对人生的更深层的思考。语言朴素、对比强烈、形象鲜明是这首诗的艺术特色。除了继续做短小隽永的小诗之外，臧克家还创作了一部人物传记体长诗《李大钊》。这部长诗从多个角度，包括战斗、家庭等方面将一个革命先驱伟大而又平凡的人格展现出来。

"世纪的良心" 巴金

❀ 关 键 词

巴金　现当代作家　《爱情三部曲》
《激流三部曲》

■ 巴金

巴金（1904~2005），原名李尧棠，字芾甘，中国现当代著名作家。巴金生于四川成都一个官僚地主家庭。封建家长制的专横与腐败和幼弱者、劳动者的苦痛境况、悲惨命运，使他在少年时代便萌生了对旧制度的反叛情绪，也构成了他终生创作的"情绪记忆"。早年被"五四"运动唤醒，先后去上海、南京求学。曾信仰无政府主义，译介了以克鲁泡特金为代表的无政府主义者的著述。1927 年赴法国学习，开始正式的文学创作生涯。1928 年回国，继续进行创作，被鲁迅称为"一个有热情的有进步思想的作家，在屈指可数的好作家之列的作家"。抗战时期积极投身抗日救亡运动。解放后，历任中国文联副主席，中国作协副主席、主席等职。1982 年获得"但丁国际奖"，1983 年又被授予法兰西共和国荣誉勋章。巴金创作甚丰，主要作品有：长篇小说《爱情三部曲》——《雾》《雨》

《电》，《激流三部曲》——《家》《春》《秋》，"抗战三部曲"——《火》《冯文淑》《田惠世》，《寒夜》；中篇小说《灭亡》《憩园》；短篇小说《月夜》等。巴金作品多以抒情笔调，描写新知识青年对旧制度、旧文化的强烈憎恨和大胆抗争，充满激情，语言清新流畅。

《家》：20世纪的《红楼梦》

| 关键词 | 《家》 巴金 现实主义杰作 《激流三部曲》 |

在巴金众多的小说中，由《家》《春》《秋》三部长篇组成的《激流三部曲》，是成就最高、影响最大的一部巨制。其中，第一部《家》不仅是巴金文学道路上树起的第一块丰碑，也堪称中国现代文学史上最优秀的现实主义杰作之一。小说以作者自己的家庭为素材，描写"五四"时期，一个正在崩溃的封建大家庭的全部悲欢离合的历史。作品通过封建大家庭内部的互相倾轧，围绕高家长房觉新、觉民、觉慧三兄弟的爱情，展开了高公馆内以高老太爷为代表的封建专制统治势力对青年一代的迫害和新旧两种思想斗争的描写，控诉了封建礼教的吃人罪恶，歌颂了青年一代的觉醒反抗，并深刻揭示出封建家族制度必然崩溃的趋势，因此又有"20世纪的《红楼梦》"之称。全书结构宏伟，人物众多，线索纷繁，但始终围绕觉慧和鸣凤以及觉新与梅芬、瑞珏的爱情线索展开，有条不紊，紧凑严密，波澜起伏，迭宕有致；以热烈酣畅的语言，通过滂沱倾泻的抒情或人物的内心独白，发散出汪洋恣肆的情绪，具有强大的情感的冲击力与震撼力，颇能激动读者特别是年轻读者的心。

真挚亲切巴金散文

巴金的散文作品多收于《海行杂记》《生之忏悔》《旅途随笔》《龙·虎·狗》《怀念》、《随想录》等10多本散文集中。

| 关键词 | 巴金 散文 《随想录》 《怀念萧珊》 |

巴金散文最精彩的篇章是那些怀念故人和歌颂普通人高尚精神的作品。如早期的《忆范兄》《纪念憾翁》，建国后的《忆鲁迅先生》《哭靳以》《廖静秋同志》以及那篇感人肺腑的《怀念萧珊》。巴金散文最大特点是真挚亲切，以情动人。这主要得益于他喜欢用第一人称写文章。巴金倾述感情不借助热情，也没有炽烈的语言和华丽铺陈的辞采，而是像一位老朋友在与你促膝谈心，真情流露于字里行间，自然地感染读者。他

的语言水静沙明，一清到底，自然流畅，毫不造作，于平淡中见文采，通脱之处出意境，自然之中求严谨。《怀念萧珊》是最能体现巴金散文风格的代表作之一，这是他为纪念亡妻而作的悼文。该文在平凡的叙述中，充溢着震撼人心的悲痛，透过这种悲痛所传达出的对妻子的挚爱，对"文革"的控诉，对刽子手的痛恨，都自然地奔涌出来，再次显示出巴金散文自然真实的艺术魅力。

"雨巷诗人" 戴望舒

关 键 词

戴望舒 《雨巷》 雨巷诗人 现代诗

戴望舒（1905~1950）原名戴梦鸥，浙江杭州人。中国现代著名诗人，也是现代诗派最重要和最有代表性的诗人。从小在故乡就学，1923年考入上海大学文学系，1925年转入震旦大学法文班。其间，在一些共产党人的影响下，加入过共青团，参加过革命宣传活动，同时开始从事文学创作。后来与施蛰存、杜衡创办《璎珞》旬刊《现代》等刊物，在文坛上颇有影响。1929年4月，第一本诗集《我的记忆》出版，其中《雨巷》成为传诵一时的名作，他因此被称为"雨巷诗人"。1932年赴法留学，后又去西班牙，1934年回国。1936年与卞之琳、冯至等创办《新诗》月刊。抗战爆发后，在香港主编《大公报》文艺副刊，译介抗日文学作品，为抗日和扩大中国现代文学的国际影响作出了一定贡献。1941年底被日寇捉捕入狱，饱受摧残，但坚持民族气节，并在狱中写下了《狱中题壁》《我用残损的手掌》《心愿》《等待》等诗篇，后被友人营救出狱。1950年在北京病逝。戴望舒的主要作品有诗集《我的记忆》《望舒草》《望舒诗稿》《灾难的岁月》等。

《雨巷》：一首迷离飘忽的梦幻曲

《雨巷》是戴望舒的成名作和前期的代表作。这首诗写于1927年夏天。当时

关键词 | 《雨巷》 戴望舒 象征 音乐性

全国处于白色恐怖中，戴望舒因曾参加进步活动而不得不避居于松江的友人家中，在孤寂中咀嚼着大革命失败后的幻灭与痛苦，心中充满了迷惘的情绪和朦胧的希望。《雨巷》一诗就是这种心情的表现，其中交织着失望和希望、幻灭和追求的双重情调。

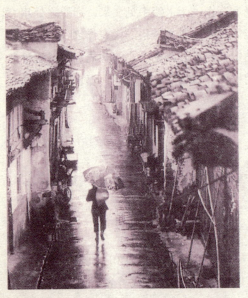

■《雨巷》

这种情怀在当时是有一定的普遍性的。《雨巷》运用了象征性的抒情手法。诗中那狭窄阴沉的雨巷，在雨巷中徘徊的独行者，以及那个像丁香一样结着愁怨的姑娘，都是象征性的意象。这些意象又共同构成了一种象征性的意境，含蓄地暗示出作者既迷惘感伤又有期待的情怀，并给人一种朦胧而又幽深的美感。富于音乐性是《雨巷》的另一个突出的艺术特色。诗中运用了复沓、叠句、重唱等手法，造成了回环往复的旋律和宛转悦耳的乐感。整首诗就像一首迷离飘忽的梦幻曲，回响着浓重的感伤失望情绪。叶圣陶先生称赞这首诗为中国新诗的音节开了一个"新纪元"。

农民作家赵树理

关 键 词

赵树理　现当代作家　《李有才板话》
《小二黑结婚》

赵树理（1906~1970）原名树礼，山西沁水人，现当代作家。因家境贫困，少年时即参加农业劳动，深受农民的生活情趣、语言、民间文艺、地方戏曲的熏陶。赵树理的创作活动始于20年代末。1930年首次发表了反映农民生活的短篇小说《铁牛的复职》。1943年发表成名作、短篇小说《小二黑结婚》。稍后的中篇小说《李有才板话》被誉为"反映农村斗争的最杰出的作品，也是解放区文艺的代表之作"，为他赢得了更大的声誉。此后，又发表了长篇小说《李家庄的变迁》，中篇小说《邪不压正》，短篇小说《地板》《福贵》《田寡妇看瓜》《登记》等一系列有影响的作品。1954年后著有长篇小说《三里湾》，短篇小说《锻炼锻炼》《套不住的手》《实干家潘永福》等作品。另写有评书、鼓词、剧本、评论等。他的不少作品已被译为英、法、德、俄、日等20余种文字，产生了国际影响。赵树理的创作以农村生活斗争和社会关系的变革为题材，塑造了一系列新型的农民形象。

《小二黑结婚》：文坛发生变化的报春花

《小二黑结婚》发表于1943年5月，是赵树理的成名作。这篇短篇小说描写的

关键词 | 《小二黑结婚》 赵树理 短篇小说

是根据地一对青年男女小二黑和小芹，冲破封建传统和落后家长的重重束缚，终于结为美满夫妻的故事。作品成功地塑造了二诸葛和三仙姑两个农民中的落后人物形象。二诸葛胆小怕事、落后迷信，极力想维护家长制的权威，顽固地反对儿子小二黑与小芹自由恋爱结婚。三仙姑本是一个好逸恶劳、作风不正的妇女，不仅忌妒女儿小芹的幸福婚姻，而且还贪财出卖女儿。赵树理通过这两个人物形象的塑造，深刻地揭示了农村小生产者精神的落后、陈腐，说明实行民主改革、移风易俗确实是势在必行。小二黑和小芹是年轻的进步力量的代表，他们争取婚姻的斗争，展示了新生事物一定要战胜旧事物的历史大趋势。《小二黑结婚》热情地歌颂了民主政权的巨大力量，反映了解放区农村的重大变化，积极地扶持了新一代农民的成长。《小二黑结婚》的出现，是千百年来的中国文坛发生彻底变化的报春花。

一代翻译巨匠傅雷

❀ 关 键 词 ❀

傅雷 翻译家 文学评论家 音乐鉴赏家 美术鉴赏家

傅雷（1908~1966）字怒安，号怒庵，上海南汇人。著名翻译家、文学评论家、音乐鉴赏家、美术鉴赏家。傅雷堪称是我国一代翻译巨匠。他幼年丧父，在寡母严教下，养成严谨、认真、一丝不苟的性格。早年留学法国，学习艺术理论，得以观摩世界级艺术大师的作品，大大地提高了他的艺术修养。回国后曾任教于上海美专，因不愿从流俗而闭门译书，几乎译遍法国重要作家如伏尔泰、巴尔扎克、罗曼·罗兰的重要作品。傅雷多艺兼通，在绘画、音乐、文学等方面，均显示出独特高超的艺术鉴赏力：作为文学评论家，他对张爱玲小说的精湛点评，为学界作出了文本批评深入浅出的典范；作为音乐鉴赏家，他写下了优美的对贝多芬、莫扎特和萧邦的赏析；作为美

傅雷

术鉴赏家，他著有《世界美术名作十二讲》。1957年被打成"右派"，但仍坚持自己的立场。"文革"中因不堪忍受污辱，与夫人朱梅馥双双含冤自尽，实现了文格与人格的统一。

傅雷译作文笔传神

关键词 | 傅雷　法国文学作品
行文流畅　文笔传神

傅雷是我国一代翻译巨匠，他翻译的作品，共30余种，主要为法国文学作品。包括巴尔扎克的《高老头》《欧也妮·葛朗台》《贝姨》《邦斯舅舅》《搅水女人》《幻灭》、罗曼·罗兰的《约翰·克利斯朵夫》《贝多芬传》《米开朗琪罗传》《托尔斯泰传》，伏尔泰的《老实人》《天真汉》，梅里美的《嘉尔曼》《高龙巴》，丹纳的《艺术哲学》等。傅雷对译著严肃认真，一丝不苟，每天译稿长达十二、三小时。对译稿总是多次修改和誊写，好些著作重印时还作大量修改，有时等于重译。他的译作严格遵循"信、达、雅"的原则，风格力求符合原作，文笔优美，细腻流畅，很受文学文化界及读者好评。傅雷译作行文流畅，文笔传神，其数百万言的译作成了中国译界备受推崇的范文，形成了"傅雷体华文语言"。他向国人译介的罗曼·罗兰的《约翰·克利斯朵夫》曾深深影响了不止一代人；他翻译的巴尔扎克作品，也被誉为"信、达、雅"的完美楷模。

《傅雷家书》：谆谆人世语　悠悠父子情

关键词 | 《傅雷家书》　傅聪　傅敏
家书集

傅雷是一位严慈的父亲，他为国人培养出第一位获得国际声誉的钢琴家傅聪。他及夫人写给儿子傅聪、傅敏的家书集——《傅雷家书》更是脍炙人口，从20世纪80年代至今，这部家书已感动了无数国内读者。《傅雷家书》是一部很特殊的书。它是傅雷思想的折光，甚至可以说是傅雷毕生最重要的著作，因为《傅雷家书》是他与儿子之间的书信，体现了作为爸爸的他对儿子苦心孤诣。《傅雷家书》里的都是些家常话。傅雷无拘无束，心里怎么想的，笔下就怎么写。正因为这样，《傅雷家书》如山间潺潺清溪，如碧空中舒卷的白云，如海上自由翱翔的海鸥，如无瑕的白璧，如透明的结晶体，感情是那样的纯真，那样的挚朴，没有半点虚伪，用不着半点装腔做势。《傅雷家书》的意义，远远超过了傅雷家庭的范围。书中无处不体现了浓浓的父爱，且在疼爱的同时，不忘对儿子进行音乐、美术、哲学、历史、文学乃至健康等全方位的教育。这本书曾荣获"全国首届优秀青年读物"（1986 年），足以证明这本小书影响之大。可以说，《傅雷家书》是一本"充满着父爱的苦心孤诣、呕心沥血的教子篇"；也是"最好的艺术学徒修养读物"。

中国的"莎士比亚"曹禺

关 键 词

曹禺 《雷雨》《日出》《原野》 话剧

曹禺（1910~1996）被称为"中国的莎士比亚"。原名万家宝，字小石。祖籍湖北省潜江县，出生于天津一个没落的封建官僚家庭。父亲是日本士官学校出身的军官，很早退职，在家闲居。因为父亲喜欢与上流社会交往，曹禺得以见识许多形形色色的人物和事件，对上层社会，对"许多高级恶棍、高级流氓"都很了解，这为他日后的戏剧创作提供了难得的素材。曹禺 5 岁入私塾，从小迷恋戏剧，经常随母亲出入于戏园，看戏听曲艺，受到民族戏剧艺术的熏陶。12 岁入读南开中学，并参加了南开新剧团，并以扮演易卜生剧作《娜拉》中的娜拉角色而闻名，绽露表演才华。1928 年，入南开大学政治系，翌年转入清华大学西洋文学系。在校期间，继续演剧并攻读了大量的中外剧作。这都为他的戏剧创作提供了条件。1933 年毕业前夕，年仅 23 岁的他即完成了处女作《雷雨》。继而又发表了《日出》（1936 年）、《原野》（1937 年）。他的这三部剧作，犹如一座座丰碑，矗立在中国剧坛上，从而决定了曹禺在中国话剧发展上，特别是话剧文学上的奠基地位。

■ 曹禺

内涵丰富的社会悲剧 《雷雨》

关键词 《雷雨》 曹禺 现代话剧 社会悲剧

■《雷雨》剧照

《雷雨》于 1934 年发表在《文学季刊》1 卷 3 期上，是曹禺的处女作，也是他的代表作。它的问世，在中国现代话剧史上具有极其重大的意义，《雷雨》也被公认为是中国现代话剧真正成熟的标志。这部剧作写的是一个发生在带有浓厚封建色彩的资产阶级家庭里的悲剧。作者把道德伦理冲突、人性的剖析同社会的政治经济现象联系在一起，从而完成了一部内涵丰富的社会悲剧。繁漪是《雷雨》中最令人难以把握但又刻画得最成功的人物。在作品中，繁漪是一个遭受着双重压迫的被侮辱与被损害者。周朴园是剧中着力刻画的另一个人物，作品深刻地表现了他的虚伪、冷酷和专横。《雷雨》中的戏剧语言也很传神，人物语言不仅极具个性化，对话的潜台词也很丰富。《雷雨》以富有动感而精美的语言，充分展示了话剧这门"说话的艺术"的魅力。在千百个舞台上曾以多种面貌出现，被不同的人们饱含深情的演绎着，解读着，并一举将中国话剧推上了历史上最轰动最热烈的颠峰时期。

吹芦笛的诗人 艾青

艾青（1910~1996）原名蒋海澄，浙江金华人。中国现当代著名诗人，被誉为"时代杰出的号手""吹芦笛的诗人"。艾青刚出生就因"克父母"而被送到一个贫困农妇家寄养，这使他从小就同情农民。1928 年入杭州国立西湖艺术学院绘画系。翌年赴法国勤工俭学。1932 年初回国，在上海加入中国左翼美术家联盟，从事

关键词 艾青 现当代诗人 吹芦笛的诗人 《大堰河——我的保姆》

革命文艺活动，不久被捕，在狱中写了不少诗，其中的《大堰河——我的保姆》发表后引起轰动，一举成名。1935年出狱，翌年出版了第一本诗集《大堰河》。抗日战争爆发后，艾青在汉口、重庆等地投入抗日救亡运动，并出版了《北方》《向太阳》《旷野》《火把》《黎明的通知》《雷地钻》等9部诗集。文革结束后，创作有诗集《彩色的诗》《域外集》，出版了《艾青叙事诗选》《艾青抒情诗选》。在中国新诗发展史上，艾青是继郭沫若、闻一多等人之后又一位推动一代诗风、并产生过重要影响的诗人，在世界上也享有声誉。1985年，法国授予艾青文学艺术最高勋章。

《大堰河——我的保姆》：献给保姆的颂歌

《大堰河——我的保姆》是艾青1933年在狱中写的。艾青因参加革命被捕，在铁窗内，他看到窗外雪花纷飞，想起了自

关键词　《大堰河——我的保姆》
艾青　自传性质　抒情诗

己的保姆，一口气写下这首诗，这是诗人第一次以"艾青"的笔名发表诗作，也是奠定他成为著名诗人的一篇力作。这是一首带有自传性质的抒情诗，也是诗人献给自己保姆的一首颂歌。全诗贯穿一个"情"字，虽然写的是一般的生活琐事，却字字落地有声，句句充满真情。诗人把自己对于故土亲人的回忆和思念凝聚在乳母大堰河身上。在她身上，作者倾诉了他对乳母的"不是母亲，胜似母亲"的深情。大堰河之所以成为诗人强烈情感的一个"引爆点"和"喷火口"，绝不是偶然的。在大堰河这个生活中的具体的人身上，寄托着诗人对中国农民的深切同情和关注，这也就形成了这首诗的一个基本特色，即它既是抒情的，又是叙事的。在强烈的抒情中有着对中国农民的生活和命运纵向发展的叙述，而在叙述的过程中又无处不贯穿着对农民母亲的赤子深情，从而达到水乳交融、浑然一体的艺术效果。

钱锺书 学贯中西

关键词
钱锺书　《围城》《管锥编》《宋诗选注》《写在人生边上》

钱锺书（1910~1998），字默存，号槐聚，曾用笔名中书君，江苏无锡人。作家，文学研究家。他是古文家钱基博的长

钱锺书和夫人杨绛

子，自幼受到传统经史方面的教育。1929年考入清华大学外国语文系，广泛接触了世界文化学术成果。1933年毕业。1935年入牛津大学英国语文系，两年后到巴黎大学进修法国文学，1938年归国。先后担任西南联合大学外文系教授、湖南兰田师范学院英语系主任、上海暨南大学外语系教授、中央图书馆英文总纂、清华大学外文系教授等。1953年起，任中国社会科学院文学研究所研究员。1982年起任中国社会科学院副院长。作品有散文集《写在人生边上》、短篇小说集《人·兽·鬼》、长篇小说《围城》等。钱锺书学贯中西，博通古今。学术著作《谈艺录》对中西诗学作了精微的辨析、比较和阐发，是中国最早的中西比较诗论。《管锥编》对中国古代多部典籍作了考释，并比较研究了中西文化和文学，融广博的知识和精卓的见解于一体。《宋诗选注》体现了新的选诗原则和注释标准，对诗歌创作中的问题作了精见迭出的阐发。这些著作在国内外学术界享有很高声誉。

《围城》：一部新《儒林外史》

关键词	《围城》 钱锺书 长篇小说 现代讽刺小说

《围城》写于1944年至1946年之间，是钱锺书唯一的一部长篇小说，也是一部风格独特的现实主义讽刺长篇小说，被誉为一部新《儒林外史》。作品以归国留学生方鸿渐在爱情和职业上的多次失败来展开对旧中国这一"围城"中的中上层知识分子生活的描写，在方鸿渐等人从这一"围城"到那一"围城"的不断追求和不断失败的经历中，寄托着作者深沉的哲学思考，并向人们揭示了这样一个主题：围在城里的人想逃出来，城外的人想冲进去。对婚姻是这样，对职业也是这样，人生的愿望大多如

■ 电视剧《围城》中苏文纨住的别墅，像一座城堡。

此。《围城》是一部杰出的"学人小说",是知识密度相当大的现代讽刺小说,作者"以小说见才学",在中国现代讽刺小说之林中独树一帜。《围城》中集纳了各具面目的角色近 70 人,作者用半是嘲讽半是悲悯的笔调调侃着他们,其讽刺幽默的笔墨能融汇中心、博引经传,从而创造出一种由博识、睿智、谐趣构成的有智性之美的审美世界和巧喻迭出、纵横恣肆的独特文体。

"学界泰斗" 季羡林

关 键 词

季羡林 博古通今 东方学 印度学

■ 季羡林

季羡林(1911~2009),山东清平(今山东临清市)人。中国东方学学者,印度语言文学专家,翻译家,散文家。他博古通今,被称为"学界泰斗"。1930 年考入清华大学西洋文学系,专业方向德文,又从师吴宓、叶公超学习英文、梵文。1935 年考取清华大学与德国交换研究生。曾在哥廷根大学学习梵文、巴利文、吐火罗文等。1941 年获哲学博士学位。1946 年回国,聘为北京大学教授兼东方语言文学系主任。历任南亚研究所所长、北京大学副校长等职。多年致力于东方学,特别是印度学的研究、开拓工作,著述甚丰。主要有《中印文化关系史论丛》《印度简史》《罗摩衍那初探》《印度古代语言论集》《中印文化关系史论文集》、《原始佛教的语言问题》等。在语言学领域,季羡林对印度中世纪语言(包括阿育王碑铭用语、巴利语、俗语和混合梵语)形态学、原始佛教语言和吐火罗语的语义研究均有开创意义;在文学方面,他直接从梵文翻译了《沙恭达罗》《五卷书》《优哩婆湿》《罗摩衍那》等印度古典名著,还从巴利文、英文和德文翻译了一些文学作品;散文作品有《季羡林散文集》等。

155

底蕴浓厚季羡林散文

关键词 季羡林 散文 《富春江上》 《八十述怀》

季羡林散文属"学者散文"一派，其散文文字质朴，思想深远但表述平易，颇具大家风范，成为当今学者散文的一座高峰。

季羡林散文的特色主要有以下几个方面：第一，展现真情、真思于情景相触之中，创造出令人难忘、发人深思的艺术境界是季先生散文的主要内在特色。第二，季先生的每一篇散文，几乎都有独具匠心的结构。特别是一些回环往复、令人难忘的晶莹玲珑的短小篇章，其结构总是让人想起一支奏鸣曲，一曲咏叹调，那主旋律几经扩展和润饰，反复出现，余音袅袅。季先生最美的写景文章之一《富春江上》就是如此。第三，除了结构的讲究，季先生散文的语言还十分重视在淳朴恬淡、天然本色中追求繁富绚丽的美。第四，季先生散文的音乐性很强。他的散文遣辞造句，十分注重节奏和韵律，句式参差错落，纷繁中有统一，总是波涛起伏，曲折幽隐，如《八十述怀》。总的来说，季羡林先生的散文有着浓厚的底蕴。"真"与"朴"是季先生散文的两大特点，也是其散文的独特风格。"真"即其散文是他心灵的一面镜子，真实地映照出其坎坷、曲折、追求、奋斗的人生历程。"朴"即他的散文朴实无华、小中见大，如同他一生经常穿在身上的蓝色中山装一样。他的散文代表作还有《听雨》、《清塘荷韵》等。

"荷花淀派"领袖孙犁

孙犁（1913~2002）河北安平人。12岁开始接触五四新文学。高中毕业以后，一度到北平谋生。抗日战争爆发后，在冀

关键词 孙犁 《荷花淀》《芦花荡》 荷花淀派

中、冀西抗日根据地从事抗日文化宣传工作。1945年发表《荷花淀》《芦花荡》等作品，以清新而细腻的风格引起文艺界的注意。抗日战争胜利后，回到冀中农村从事写作。1949年1月到《天津日报》负责文艺副刊。这段时期先后出版短篇小说集《芦花荡》《荷花淀》《嘱咐》《采蒲台》，中篇小说《村歌》。1958年出版的小说散文集《白洋淀纪事》。50年代初开始写作1963年出版的三集长篇小说《风云初记》，反映了抗日战争时期的冀中人民在艰苦环境中的斗争和成长，在同类题材中别开生面。1956年发表的中篇小说《铁木前传》，描写老一代农民患难与共的友谊和少年男女亲密无间

的友情，显示出作家透视生活的独特性。文化大革命以后，主要写作评论、散文、杂文和回忆录，结集出版的有《晚华集》、《秀露集》、《耕堂杂录》、《澹定集》等，在恬淡、苍劲的文字中，流动着激情的潜流，形成新的艺术风格。孙犁对冀中的农民有一种特别挚爱和眷恋之情，作品常常洋溢着浓郁的诗意。在中国现代文学中形成以他为主要代表的"荷花淀派"的风格流派。

诗人型作家杨朔

关 键 词

杨朔　散文家　以诗为文　《荔枝蜜》

杨朔（1913~1968）原名杨毓瑨，字莹叔，山东蓬莱人。现当代小说家、散文家。1929年随舅父到哈尔滨谋生。抗日战争初期，辗转于武汉、延安、临汾、广州、桂林等地，从事文学创作。1939年到太行山八路军总部从事文化宣传工作。解放战争期间，当过随军记者，转战于晋察冀地区。抗美援朝战争期间，随一支由铁路工人组成的志愿军赴朝参战。1955年后，主要从事对外文化交流工作，曾任中国作家协会外国文学委员会主任、亚非作家常设局联络委员会秘书长等职。杨朔的前期创作以小说为主，著有中长篇小说《帕米尔高原的流脉》《红石山》《三千里江山》和短篇集《月黑夜》等，主要反映革命人民的战斗业绩，在开拓小说新题材方面有所建树。1956年后，他致力于散文创作，先后出版《亚洲日出》《海市》《东风第一枝》《生命泉》等散文集。他以诗为文，刻意求工，在营造意境、谋篇布局、锤炼文字诸方面取得成就，提高了散文艺术的审美价值。代表作品有《荔枝蜜》《蓬莱仙境》《雪浪花》《香山红叶》《画山绣水》《茶花赋》。

"激情作家" 刘白羽

刘白羽（1916~2005），北京人。现当代卓越的散文家、报告文学家、小说家，享有"激情作家"的美誉。1934年入北平

关 键 词

刘白羽　激情作家　《长江三日》《日出》

民国大学中文系，2年后辍学，开始从事文学创作。处女作小说《冰天》发表在上海《文学》月刊。1937年在上海出版第一部小说集《草原上》。1938年春到延安，不久转赴华北抗日根据地工作。1944年到重庆，编辑《新华日报》文艺副刊。1946年初，到北平军事调处执行部，以随军记者身分在东北、平津、华中等地活动。抗美援朝期间奔赴朝鲜前线，写了大量散文、通讯。他所写的小说和通讯，结集出版过《游击中间》《环行东北》《无敌三勇士》《战火纷飞》《历史的暴风雨》《战斗的幸福》等20余种，以题材重大、具有强烈时代感、富有战斗激情和雄健气度取胜。1955年以后，历任中国作家协会副主席、文化部副部长、解放军总政治部文化部部长等职。1959年发表《日出》以后，他的写作重点转移到抒情散文上，出版《红玛瑙集》《红色的十月》《芳草集》《海天集》等。其散文代表作《长江三日》《日出》等曾被选入中学、大学教材。

秦牧——"一棵繁花树"

秦牧（1919~1992）原名林阿书，又名林派光、林觉夫、林顽石，广东澄海人。由于他在小说、童话、戏剧、诗歌、

关 键 词

秦牧 《秦牧散文选》 当代散文代表作家

文艺理论等都有著作，故被喻为"一棵繁花树"。他生于香港，幼居新加坡，1932年回国。高中时开始发表文章。抗日战争期间，在韶关、桂林、重庆等地从事救亡活动和文教工作，常在桂林《野草》等刊物发表杂文和散文。1946年去香港，专事写作。1949年8月到东江解放区，后来一直在广州工作，曾任暨南大学中文系主任、《羊城晚报》副总编辑、中国作家协会广东分会副主席、广东省文联副主席等职。著有中长篇小说《黄金海岸》《愤怒的海》，独幕剧集《北京的祝福》，童话故事集《巨手》等。但以创作散文为主，出版过《秦牧杂文》《贝壳集》《花城》《潮汐和船》《长街灯语》《秋林红果》等专集和选集《长河浪花集》《秦牧散文选》《秦牧知识小品选》等20多种。其中《秦牧散文选》于1989年获全国首届优秀散文奖。他的散文融博识、理趣和激情于一炉，联想灵巧，开掘深广，意到笔随，娓娓漫谈，承传和发展了现代散文史上的"谈话风"传统，因而成为当代中国散文的代表作家之一。

美文大师**汪曾祺**

关 键 词

汪曾祺 现当代作家 《受戒》 《大淖记事》

■ 汪曾祺和夫人施松卿

汪曾祺（1920~1997）江苏高邮人，现当代作家。1939年考入昆明西南联合大学中文系，深受教写作课的沈从文的影响。1940年开始发表小说。1943年大学毕业后在昆明、上海任中学国文教员和历史博物馆职员。1946年起在《文学杂志》《文艺复兴》和《文艺春秋》上发表《戴车匠》《复仇》《绿猫》《鸡鸭名家》等短篇小说，引起文坛注目。1950年后在北京文联、中国民间文学研究会工作，编辑《北京文艺》和《民间文学》等刊物。1962年调北京京剧团（后改北京京剧院）任编剧。曾任北京剧协理事、中国作协理事、中国作协顾问等。出版作品集30多部，著有小说集《邂逅集》《羊舍的夜晚》《汪曾祺短篇小说选》《晚饭花集》、《寂寞与温暖》《茱萸集》，散文集《蒲桥集》、《塔上随笔》，文学评论集《晚翠文谈》，以及《汪曾祺作品自选集》等。另有一些京剧剧本。短篇《受戒》和《大淖记事》是他的获奖小说。作品被译成多种文字介绍到国外。

旷世才女**张爱玲**

张爱玲（1921~1995），原名张瑛，笔名梁京，河北丰润人。张爱玲出生在上海一个没落的官宦之家，其祖父为张佩

关 键 词

张爱玲 海派作家 《倾城之恋》
《半生缘》 《流言》 《张看》

■ 张爱玲

纶，外曾祖父为李鸿章。3岁时张爱玲随父母生活在天津，受父亲风雅能文的影响，张爱玲从小就会背唐诗，并深受古典文学的熏陶，鼓励了她的文学嗜好。同时也受母亲向往西方文化的影响，生活情趣及艺术品味都是西洋化的。张爱玲是一个天才儿童，6岁入私塾，在读诗背经的同时，就开始小说创作。1929年迁回上海。中学毕业后到香港读书。1942年香港沦陷，未毕业即回上海，给英文《泰晤士报》写剧评、影评，也替德国人办的英文杂志《二十世纪》写文章。1943年她的小说处女作《沉香屑》（第一、二炉香）被周瘦鹃发在《紫罗兰》杂志上，一举成名。此后三四年是她创作的丰收期，作品多发表于《天地》《万象》等杂志。1952年移居香港，在美国新闻处工作，曾发表小说《赤地之恋》和《秧歌》。1955年旅居美国，并在加州大学中文研究中心从事翻译和小说考证工作，过着"隐居"生活。1995年9月8日，被发现死于美国洛杉矶公寓。张爱玲著述颇丰，主要作品有：散文集《流言》、散文小说全集《张看》、中短篇小说集《传奇》、中篇小说《倾城之恋》、长篇小说《半生缘》《赤地之恋》《小团圆》等。

《金锁记》：文坛最美的收获之一

关键词 《金锁记》 张爱玲 曹七巧 中篇小说

《金锁记》写于1943年，是张爱玲最出色的中篇小说，傅雷曾称它为"张女士截至目前为止的最完满之作，颇有《猎人日记》中某些故事的风味，至少也该列为我们文坛最美的收获之一"；美国学者夏志清在他的《中国现代文学史》一书中则推之为"中国从古以来最伟大的中篇小说"。小说描写了一个小商人家庭出身的女子曹七巧的心灵变迁历程。七巧做过残疾人的妻子，欲爱而不能爱，几乎像疯子一样在姜家过了30年。在财欲与情欲的压迫下，她的性格终于被扭曲，行为变得乖戾，不但破坏儿子的婚姻，致使儿媳被折磨而死，还拆散女儿的爱情。张爱玲在作品中空前深刻地表现了现代社会两性心理的基本意蕴。她在她那创作的年代并无任何前卫的思想，然而却令人震惊地拉开了两性世界温情脉脉的面纱。同时，作者也在这部小说中将现代中国心理分析小说推向了极致，细微地镂刻着人物变态的心理，那利刃一般毒辣的话语产生了令人惊心动魄的艺术效果。

"兰气息，玉精神" 宗璞

宗璞（1928~ ）原名冯钟璞。著名作家，其人其文曾被誉为"兰气息，玉精神"。原籍河南省唐河县，生于北京。著

关 键 词

宗璞 《三生石》 《弦上的梦》 《东藏记》

名哲学家冯友兰之女。10岁时随家庭南迁到昆明，上过南菁小学和西南联大附中。1946年考入天津南开大学外文系，后转入清华大学外文系，1951年毕业。曾任《文艺报》《世界文学》等刊物编辑。1962年加入中国作家协会为会员。1981年调到外国文学研究所英美文学研究室。1982年加入国际笔会为会员。1984年当选为中国作家协会理事，经澳中理事会、英中文化协会邀请，于1981、1984年访问澳大利亚与英国。现列入1986年国际名人录和国际著名作家名人录。主要作品有：《红豆》《弦上的梦》《三生石》《宗璞小说散文选》《丁香结》《南渡记》《东藏记》等。其中《三生石》获第一届全国优秀中篇小说奖，《弦上的梦》获1978年全国优秀短篇小说奖，童话《总鳍鱼的故事》获中国作家协会首届全国优秀儿童文学奖，《东藏记》获第六届茅盾文学奖。

《紫藤萝瀑布》：生命勃发的写意图

《紫藤萝瀑布》写于1982年，是宗璞散文的代表作之一，被选入中学语文课本。这篇文章文章围绕紫藤萝花来抒发感情，

关键词

《紫藤萝瀑布》 宗璞
生命再生 精神涅槃

由看花、忆花、悟花三部分层层深入，揭示主旨。作品中对紫藤萝的摹写既具体又抽象，既写实又空灵，它呈现给我们的与其说是一幅关于紫藤萝色彩的写生画，不如说是一幅关于生命勃发的写意图，至于对每穗花的形态描写，简直就是一首生命的赞美诗了。当作者从视觉描写转入到味觉感应时，就自然地从空间描画转入到时间的回顾，让人在紫藤萝命运的回溯中感到历史的沧桑。花开花谢连系着人生命运的浮沉，花荣花枯交结着时代社会的兴衰。至此，紫藤萝已不再是纯自然生物，而是一个象征，它

象征生命再生，象征时代更替，象征精神涅槃，象征美的不灭，象征心灵之花的重放。作者对紫藤萝瀑布的礼赞，是抒情主体的心灵之光对自然之象的烛照与感应，是她对生命活力的呼唤，是身心遭劫后寻求感奋勃兴的精神寄托，是人生在历史沧桑中解脱重负的心灵搏动。

"艺术上的多妻主义者"余光中

❀ 关 键 词 ❀

余光中　诗人　散文家　批评家
翻译家

余光中（1928~ ）祖籍福建永春。出生于南京，抗日战争爆发后随父母逃难至江苏、安徽、上海、重庆。1949 年赴台湾，入台湾大学外文系。1952 年毕业于台湾大学外文系。1959 年获美国爱荷华大学艺术硕士。先后任教台湾东吴大学、师范大学、台湾大学、政治大学。其间两度应美国国务院邀请，赴美国多家大学任客座教授。1972 年任政治大学西语系教授兼主任。1974 年至 1985 年任香港中文大学中文系主任。1985 年至今，任高雄市"国立中山大学"教授及讲座教授。其中有六年时间兼任文学院院长及外文研究所所长。余光中一生从事诗歌、散文、评论、翻译，自称为自己写作的"四度空间"。至今驰骋文坛已逾半个世纪，涉猎广泛，被誉为"艺术上的多妻主义者"。其文学生涯悠远、辽阔、深沉，为当代诗坛健将、散文重镇、著名批评家、优秀翻译家。现已出版诗集 21 种；散文集《左手的掌纹》等 11 种；评论集 5 种；翻译集 13 种；共 40 余种。

《乡愁》：无尽的乡思

《乡愁》写于 1972 年，是余光中的诗歌代表作之一。这首诗是余光中诗集《白玉苦瓜》中的一首，和《民歌》《乡愁四韵》《罗二娃子》等，同是以民歌风抒发乡愁的经典之作。诗人余光中被称为

关键词　《乡愁》余光中　浅白真率
意味隽永

"以乡愁之诗撼动亿万华裔"的诗人。"乡愁"是其众多诗作中念念不忘的主题。《乡愁》把一个抽象的难以作出描绘、却被大量描绘所覆盖的主题作出了新的诠释。在意

象上，选用了"邮票""船票""坟墓""海峡"四个日常生活中常用的物品，赋予其丰富的内涵，使原本不相干的四个物象，在乡愁这一特定情感的维系之下，反复咏叹。诗的前三句思念的都是女性，到最后一句想到祖国大陆这样"大母亲"，于是意境和思路便豁然开朗，就有了"乡愁是一湾浅浅的海峡"一句。诗歌在语言上纯净、清淡，浅白真率而又意味隽永。"小小""窄窄""矮矮""浅浅"等叠音的形容词，用来修饰中心意象，增强了语言的生动性与音乐感。

《乡愁》意境图

《听听那冷雨》 雨里的乡愁

《听听那冷雨》是余光中的代表作品，正如《荷塘月色》之于朱自清，《茶花赋》之于杨朔一样，比较集中地反映了作家的创

关键词	《听听那冷雨》 余光中 散文 思乡情绪

作主张及艺术风格。这篇散文也被选入了中学语文课本。《听听那冷雨》抒写的是深深的思乡情绪，这种乡情主要是通过雨声的描写流淌而出的，借冷雨抒情，将自己身处台湾，不能回大陆团聚的思乡情绪娓娓倾诉，但另一方面这种乡情也表现在他在文中化用的诗词里面，中国古典诗词的意趣在被赋予生命的冷雨中表现得淋漓尽致。文章由春雨绵绵到秋雨潇潇，由少年听到中年，淡淡的记忆，梦中雨声、雨韵，在70年代的台湾却难以再寻。干涸的土地要滋润，干涸的心田同样要滋润，但随着经济的迅速发展，没有人去在乎那些能够温暖安慰你心灵的东西，要寻找也只有去《诗经》里寻找，作者的乡愁是何等的苦楚。另外，文章还十分注意词语的音韵美，化古求新，别具一格。叠字叠句的用法在余光中笔下出神入化了，读起来有醉人的韵味，又引发读者一连串的遐想。

"文坛常青树" 王蒙

关 键 词
王蒙 当代作家 《组织部新来的青年人》

王蒙（1934~ ）祖籍河北南皮，当代著名作家。生于北京，中学时代参加中国共产党领导的地下工作。建国后，在北京

市新民主主义青年团的区委会工作。1963年底举家迁往新疆，在新疆生活、劳动、工作了16年，1979年回到北京。先后任北京市专业作家、中国作家协会副主席、《人民文学》主编、文化部部长等职。1953年开始处女作、长篇小说《青春万岁》的写作。1956年发表短篇小说《组织部来了个年轻人》，引起社会强烈反响。1979年后，发表大量中短篇小说、报告文学及文学评论等，成为文坛上创作最丰、最具活力的作家之一，被誉为"文坛常青树"。其作品有长篇小说《活动变人形》《恋爱的季节》，中、短篇小说集《冬雨》《夜的眼及其他》《木箱深处的紫绸花服》《在伊犁》《球星奇遇记》《我又梦见了你》《坚硬的稀粥》，评论集《当你拿起笔……》《漫话小说创作》《创作是一种燃烧》及专著《红楼启示录》等。他的作品多次获得国内外多项文学奖，包括意大利的蒙德罗文学奖和日本创作学会的和平文化奖。

王蒙小说：政治、寓言与反讽的结合

关键词 | 王蒙　意识形态　寓言化　反讽修辞

王蒙小说的特点主要体现在三个方面：第一，王蒙的小说大都涉及政治，《青春万岁》中那饱满的政治热情得到较为充分的抒发；《悠悠寸草心》表现的是人民群众对党的领导干部的殷切期望；即便是后来借鉴西方现代派创作技巧创作的一批被称为"意识流"的小说，如《春之声》《夜的眼》《布礼》《蝴蝶》《海的梦》和《风筝飘带》，从创作的主题来看仍是属于意识形态范畴。第二，王蒙的政治色彩浓烈的小说，大多是以一种寓言化的方式构成的，《杂色》是这类小说中最有意味的一篇。这种寓言化的写作方式在王蒙后来的作品中也一直延续着。第三，王蒙特别看重语言在揭示主题方面的作用。王蒙对语言有过人的敏感和把握，他具有"以最公开的语言，传达最不宜公开也不易公开的灵魂秘密的说话艺术。"他喜欢运用和叙事语境不协调的过时的政治辞令造成反讽的效果。这种反讽修辞在王蒙的小说，如《名医梁有志传奇》《说客盈门》《冬天的话题》《一嚏千娇》等小说中都得到很好的运用，使小说闪烁出刺人的光芒。

余秋雨：中国文化传播坐标人物

余秋雨（1946~　）浙江余姚人。著名艺术理论家、散文家，曾任上海戏剧学院院长，2007 年被澳门科技大学聘为荣誉教授。1968 年 8 月毕业于上海戏剧学院戏剧文学系。1983 年之后，由于出版了一系列

关 键 词
余秋雨　艺术理论家　散文家　《文化苦旅》

学术著作如《戏剧思想史》《中国戏剧史》《观众心理学》《艺术创造论》等，先后获全国戏剧理论著作奖、上海市哲学社会科学著作奖、全国优秀教材一等奖。1986 年开始被任命为上海戏剧学院副院长、院长，上海市写作学会会长，上海市委咨询策划顾问，并被选为"上海十大高教精英。"80 年代后期开始写作《文化苦旅》等文化散文，辞职后更以亲身历险考察国内外各大文明为人生主业。所写的《山居笔记》《霜冷长河》《千年一叹》《行者无疆》等，开启一代文风，长期位踞全球华文书畅销排行榜前列，已被公认目前全世界各华人社区中影响力最大的作家之一。2004 年底，被联合国教科文组织、北京大学、中华英才编辑部等单位选为"中国十大艺术精英"和"中国文化传播坐标人物"。

《文化苦旅》：寻求文化灵魂

关键词　《文化苦旅》　余秋雨　散文集　《道士塔》

《文化苦旅》是余秋雨的一部文化散文集。这本书曾获全国金钥匙图书二等奖、上海市优秀图书一等奖、台湾 1992 年最佳读书人奖、上海市第二届文学艺术成果奖等。全书的主题是凭借山水风物以寻求文化灵魂和人生真谛，探索中国文化的历史命运和中国文人的人格构成。其中《道士塔》（选入人教版中学教材）、《阳关雪》等，是通过一个个古老的物像，描述了大漠荒荒的黄河文明的盛衰，历史的深邃苍凉之感见于笔端。《白发苏州》《江南小镇》等却是以柔丽凄迷的小桥流水为背景，把清新婉约的江南文化和世态人情表现得形神俱佳。《风雨天一阁》《青云谱随想》等直接把笔触指向文化人格和文化良知，展示出中国文人艰难的心路历程。此外，还有早已传为名篇的论析文化走向的文章《上海人》《笔墨祭》以及读者熟知的充满文化感慨的回忆散文《牌坊》《庙宇》《家住龙华》等。作者依仗着渊博的文学和史学功底，丰厚的文化感悟力和艺术表现力所写下的这些文章，不但揭示了中国文化的巨大内涵，而且也为当代散文领域提供了崭新的范例。

■ 《道士塔》中提到的道士王圆箓

史铁生：长翅膀的轮椅

关 键 词

史铁生　当代作家　思想家　《我与地坛》

史铁生（1951~　）北京人，当代著名作家、思想家。1958 年入北京市东城区王大人小学读书，1967 年毕业于清华附中初中部。1969 年到陕北延安地区"插队"。3 年后因双腿瘫痪回到北京，在北新桥街道工厂工作，后因病情加重回家疗养。1979 年开始发表作品。他的写作与他的生命完全融入在一起，在自己的"写作之夜"，史铁生用残缺的身体，说出了最为健全而丰满的思想。他体验到的是生命的苦难，表达出的却是存在的明朗和欢乐，他睿智的言辞，照亮的反而是我们日益幽暗的内心。主要作品：《我与地坛》《秋天的怀念》《我的遥远的清平湾》《插队的故事》《务虚笔记》《法学教授及其夫人》《老屋小记》《奶奶的星星》《来到人间》《合欢树》《病隙碎笔》《命若琴弦》《原罪·宿命》《钟声》《我的丁一之旅》《一个谜语的几种简单猜法》《中篇 1 或短篇 4》等。其中《我的遥远的清平湾》《奶奶的星星》分别获 1983 年、1984 年全国优秀短篇小说奖，《老屋小记》获首届鲁迅文学奖。

《我与地坛》：个人对生命的反思

正当生命最灿烂的季节，命运却给了史铁生最沉重的打击——双腿残废。他一时"被命运击昏了头"，觉得"自己是世上

关键词｜《我与地坛》　史铁生　散文　参悟生命

最不幸的一个"。于是，家附近的地坛，这个荒芜冷落的古园，便成了"可以逃避一个世界的另一个世界"，他"一天到晚耗在这园子里"。史铁生在这个古园里泡了 15 年，也在思索着历代哲学家们都苦思了一生的问题——死与生。没有人比他更熟悉这里的一草一木，没有人比他对园子的感受更丰富，《我与地坛》就是他在这里浸泡、在这里思考后的结晶。它是史铁生散文作品的代表作，在这篇文章里，史铁生以自己的亲身经历为基础，回顾了残疾之后的心路历程，叙述多年来他在地坛公园沉思流连所观察到的人生百态和对命运的感悟，写出了自己"涅槃"的经历，写出了对生命的参悟，写出了激励生命的人间亲情。《我与地坛》分为七个部分，每一部分都不是环环相扣

的，它们是单独的个体，只是在叙述情感方面隐隐地连接着，引人入胜。全文感情深厚隽永，哲理含蓄博大，感人至深。

"文坛怪才" 贾平凹

贾平凹（1952~　），原名贾平娃，陕西丹凤人。当代著名作家，被称为"文坛怪才"。1975 年西北大学中文系毕业后，历任陕西人民出版社、《长安》文学月刊

❋ 关 键 词 ❋

贾平凹　当代作家　文坛怪才　《废都》
西部文学特色

编辑，专业作家，西安市文联主席，《美文》散文杂志主编。1978 年后发表和出版大量作品，其创作是多方面的，他的作品以小说和散文见长。在小说方面，仅长篇就有多部，如：《商州》《浮躁》《妊娠》《废都》《白夜》《土门》《高老庄》以及《怀念狼》，其它中篇以及小说集有《黑氏》《腊月·正月》《鸡窝凹人家》《油月亮》《人极》等等。散文作品则有《丑石》《闲人》《敲门》《商州初录》《商州再录》《商州三录》等。他的《腊月·正月》获中国作协第 3 届全国优秀中篇小说奖；《满月》获 1978 年全国优秀短篇小说奖；《废都》获 1997 年法国费米娜文学奖；《浮躁》获 1987 年美国美孚飞马文学奖。他的作品多描写陕南一带的风土人情，文笔优美，语言富有地方色彩，是一位突出地显示出西部文学特色的代表性作家。

朦胧诗派的 "独生女" 舒婷

❋ 关 键 词 ❋

舒婷　当代诗人　朦胧诗　《致橡树》

舒婷（1952~　）原名龚佩瑜，当代女诗人，"朦胧诗"代表诗人之一。祖籍福建泉州，1952 年生于福建石码镇，

生长在厦门。1964 年就读于厦门市第一中学，1969 年到闽西上杭县农村"插队落户"，其间开始诗歌创作，并在知青中流传。1972 年回厦门先后做过泥水工、挡纱工、浆洗工、焊锡工、统计员。1979 年她在油印刊物《今天》上发表诗作。同年《诗刊》刊出

■ 橡树

她的《致橡树》一诗，产生较大影响。1980年《福建文艺》编辑部对她的作品展开近一年讨论，讨论涉及到新诗的一系列根本性问题。1981年福建省文联专业创作，现为中国作协理事；作协福建分会副主席。著有诗集《双桅船》、《会唱歌的鸢尾花》、《始祖鸟》，散文集《心烟》、《秋天的情绪》、《硬骨凌霄》、《露珠里的"诗想"》、《舒婷文集》（3卷）等。诗歌《祖国啊，我亲爱的祖国》获1980年全国中青年优秀诗歌作品奖，《双桅船》获全国首届新诗优秀诗集奖、1993年庄重文文学奖。

爱情的礼赞 《致橡树》

关键词　舒婷　《致橡树》　爱情诗

《致橡树》发表于1979年，是舒婷诗歌的代表作之一，被称为当代爱情诗的经典之作。这首诗热情而坦诚地歌唱了诗人的人格理想，比肩而立，各自以独立的姿态深情相对的橡树和木棉，可以说是我国爱情诗中一组品格崭新的象征形象。其中"橡树"的形象象征着刚硬的男性之美，而有着"红硕的花朵"的木棉显然体现着具有新的审美气质的女性人格，她脱弃了旧式女性纤柔、妩媚的秉性，而充溢着丰盈、刚健的生命气息，这正与诗人所歌咏的女性独立自重的人格理想互为表里。在艺术表现上，诗歌采用了内心独白的抒情方式，便于坦诚、开朗地直抒诗人的心灵世界；同时，以整体象征的手法构造意象，使得哲理性很强的思想、意念得以在亲切可感的形象中生发、诗化，因而这首富于理性气质的诗却使人感觉不到任何说教意味，而只是被其中丰美动人的形象所征服，所陶醉。

王安忆：当代中国文学的突出地标

王安忆（1954~　）原籍福建省同安县，当代著名女作家，被誉为文革后大陆文学的重要收获，是当代中国文学的突出

关 键 词

王安忆　当代作家　《长恨歌》

地标。生于南京，1955年随父母移居上海。1969年到农村插队。1972年考入江苏省徐州地区文工团。1976年开始发表作品。1978年调回上海，任上海中国福利会《儿童时代》杂志社小说编辑。1980年到北京中国作协文学讲习所学习。1987年调入上海作家协会创作室从事专业创作，后担任中国作协理事、上海作协副主席等职。2001年12月被推选为第七届上海市作家协会主席。著有《雨，沙沙沙》《流逝》《小鲍庄》"三恋"（《小城之恋》《荒山之恋》《锦绣谷之恋》）《岗上的世纪》《神圣祭坛》《乌托邦诗篇》《69届初中生》《流水三十章》《米尼》《纪实与虚构》《长恨歌》《富萍》等约400多万字的短、中、长篇小说，以及若干散文、文学理论。作品被译为英、法、荷、德、日、捷、韩等多种文字。她的《本次列车终点》获1981年全国优秀短篇小说奖，《流逝》《小鲍庄》分获1981~1982年、1985~1986年全国优秀中篇小说奖，长篇小说《长恨歌》获第五届茅盾文学奖。《发廊情话》获第三届鲁迅文学奖全国优秀短篇小说奖。

《长恨歌》：一个女人演绎一座城市

长篇小说《长恨歌》是王安忆的代表作，最初连载于《钟山》1995年第2、3、4期，1996年作家出版社出版单行本，并

关键词　《长恨歌》　王安忆　长篇小说　茅盾文学奖

获得第五届茅盾文学奖。在这部小说里，王安忆以其细腻而绚烂的文笔将一个女人40年的情与爱，描绘得哀婉动人，跌宕起伏。小说以不动声色的冷静叙述拉开了王安忆与故事的时空距离。既没有《叔叔的故事》中叙述者与环境之间强烈的反讽，也没有《纪实与虚构》中明显的人为痕迹，而是融合《叔叔的故事》、《纪实与虚构》两者的创作手法，创建了一个崭新的小说世界，这部小说内容与形式相辅相成、浑然一体。

■ 王安忆《长恨歌》插图

可以说，《长恨歌》是标志王安忆在长篇小说创作成熟的里程碑。小说集合了王安忆对于上海全部的认识和想象，在王安忆的笔下，以一个女人演绎一座城市，主人公王琦瑶的历史就是上海的历史。整篇小说结构舒缓，侧重于理性思考，将人物与上海历史、文化精神相融会。在《长恨歌》中，王安忆的叙述语言典雅、风趣，描写生活琐事、人物心境均充满古典情愫，洋溢着诗情画意。有学者将王安忆的《长恨歌》视之为张爱玲的延续。

铁凝：当代女性文学的一面旗帜

铁凝（1957~ ），祖籍河北赵县。当代著名女作家，中国作家协会主席。生于北京，1975 年高中毕业，因酷爱文学，放弃留城、参军，自愿赴河北博野县农村

关键词

铁凝　当代作家　《哦，香雪》《永远有多远》

插队。1979 年调保定地区文联《花山》编辑部任小说编辑。1980 年参加河北省文学讲习班。1982 年加入中国作家协会。1984 年由保定地区文联调河北省文联从事专业创作。铁凝创作丰厚，被誉为当代女性文学的一面旗帜，著有长篇小说《玫瑰门》《大浴女》《无雨之城》等，中篇小说《麦秸垛》《对面》《永远有多远》等，中短篇小说集《午后悬崖》《铁凝文集》（5 卷）等、散文集《草戒指》《女人的白夜》等。她的短篇小说《哦，香雪》《六月的话题》分别获 1982 年、1984 年全国优秀短篇小说奖，中篇小说《没有纽扣的红衬衫》获全国第三届优秀中篇小说奖，散文集《女人的白夜》获首届鲁迅文学奖、第六届庄重文文学奖、1997 年河北省振兴文艺关汉卿奖。中篇小说《永远有多远》获第二届鲁迅文学奖、首届老舍文学奖、《十月》文学奖、《小说选刊》年度奖、《小说月报》百花奖、北京市文学创作奖等。

《哦，香雪》：优美动人的小夜曲

　　《哦，香雪》发表于 1982 年第 9 期《青年文学》上，是铁凝的成名作和代表

关键词 | 《哦，香雪》 铁凝 短篇小说

作之一，1983 年获全国优秀短篇小说奖，并被选入中学语文课本。小说以一个北方偏僻的小山村台儿沟为叙述和抒情背景，通过对香雪等一群乡村少女的心理活动的生动描摹，叙写了每天只停一分钟的火车给一向宁静的山村生活带来的波澜，并由此抒发了内涵丰富的情感。作者选取了一个类似于全知全能的叙述视角，把叙述者确立在城市人的位置上，但又具有敏感的心灵和宽厚的胸怀，对那个封闭的小山村，对那一群普普通通的山里少女投来同情、关爱的一瞥，在看似稚嫩可笑的心理律动中发掘时代思潮的波澜。在小说的叙述结构上，作者并没有以情节线索来安排叙述，而是根据情感抒发的内在逻辑，把一些情节片段加以组接。作者极力在"一分钟"里开掘，细致入微地描写出了香雪她们对新生活纯真、热切的向往和追求；将一些每天一分钟里发生的事件以特定的方式加以精心选择、排列和叙述，最后以香雪换铅笔盒的"冒险"行动结束，尤其对香雪夜归的情景做了浓墨重彩的渲染，使情感的抒发达到高潮，就如一支优美动人的小夜曲。

先锋作家余华

　　余华（1960~　）浙江海盐人，当代作家。出生于浙江杭州，后来随父母迁居海盐县。中学毕业后，因父母均为医生的关系，余华曾当过牙医，五年后弃医从

关 键 词

余华　当代作家　先锋派　《活着》
《兄弟》　《许三观卖血记》

文，进入县文化馆和嘉兴文联，从此与创作结下不解之缘。他曾在北京鲁迅文学院与北师大中文系合办的研究生班深造。余华在 1984 年开始发表小说，是中国大陆先锋派小说的代表人物，并与叶兆言和苏童等人齐名。著有短篇小说集《十八岁出门远行》《世事如烟》，长篇小说《活着》《在细雨中呼喊》《许三观卖血记》《兄弟》，其中《十八岁出门远行》还被选入中学语文课本。余华并不算是一名多产作家。他的作品，

■ 余华《活着》电影剧照

包括短篇、中篇和长篇加在一起亦不超过 80 万字。他是以精致见长，作品大多写得真实和艰苦，纯净细密的叙述，打破日常的语言秩序，组织着一个自足的话语系统，并且以此为基点，建构起一个又一个奇异、怪诞、隐密和残忍的独立于外部世界和真实的文本世界及文本真实。

《许三观卖血记》：以温情描绘磨难

关键词	《许三观卖血记》 余华 长篇小说

《许三观卖血记》是余华 1995 年创作的一部长篇小说，也是他小说的代表作之一。小说讲述了主人公许三观靠着卖血度过了人生的一个个难关，战胜了命运强加给他的惊涛恶浪，而当他老了，知道自己的血再也没有人要时，精神却崩溃了。小说围绕着卖血的经历，展开许三观生活中的琐琐事事，体现出一个男人所应当承担的某些责任，或许这也正是一种人生的无奈。小说饱含辛酸的经历，但也不乏幽默之处。总的来说，这部小说以博大的温情描绘了磨难中的人生，以激烈的故事形式表达了人在面对厄运时求生的欲望。法国《读书》杂志在评论《许三观卖血记》时说道：这是一部精妙绝伦的小说，是朴实简洁和内涵意蕴深远的完美结合。这部小说和余华的另一部长篇小说《活着》还同时被入选百位批评家和文学编辑评选的"90 年代最具有影响的十部作品"。从语言风格上来看，我们可以从文字中感受到音乐旋律的影响，作家的语言像流动的音符、循环的乐章，回环跌宕，上下贯通，一气呵成。

"诗歌烈士"海子

海子（1964~1989）原名查海生，当代诗人。生于安徽省怀宁县高河查湾，在农村长大。1979 年 15 岁时考入北京大学法律系，大学期间开始诗歌创作。1983 年自北大毕业后分配至中国政法大学哲学教研

关 键 词
海子 当代 诗人 《太阳》《麦地之食》

室工作。1989 年 3 月 26 日在山海关卧轨自杀。在诗人短暂的生命里，他保持了一颗纯静的心。他曾长期不被世人理解，但他是中国 70 年代新文学史中一位全力冲击文学与生命极限的诗人。他凭着辉煌的才华、奇迹般的创造力、敏锐的直觉和广博的知识，在极端贫困、单调的生活环境里创作了将近 200 万字的诗歌、小说、戏剧、论文。其主要作品有：长诗《但是水，水》长诗《土地》、诗剧《太阳》（未完成）、长诗《大扎撒》（未完成）、话剧《弑》及约 200 首抒情短诗。曾与西川合印过诗集《麦地之瓮》。他曾于 1986 年获北京大学第一届艺术节五四文学大奖赛特别奖，于 1988 年获第三届《十月》文学奖荣誉奖。

生命之诗： 《面朝大海，春暖花开》

《面朝大海，春暖花开》写于 1989 年 1 月 13 日，即海子离开人世前的两个月，是海子抒情短诗中的佳作，被选入高中语文教材。海子长期处于精神的思索之中，在沉沉的精神现实的重压下，诗人的心灵和躯体得不到依托和放松。最终，诗人以 25 岁的年龄离开了人世。然而，在这首诗中，我们看到的却是另一个海子，幸福、温馨、纯美的海子。这首诗共三章。第一章虚构一幅自由独立、远离尘世喧嚣的生活图景，一股清新潮润的气息扑面而来；第二、三章表达对亲情友情的珍惜，一股温暖甜美的气息扑面而来。整首诗以纯朴直白的诗句、清新明快的意象，描绘了一个浪漫、略带梦幻色彩的世界。诗人凭借自己的乡村生活的经验，提炼出优美的意象，描绘出一个质朴、单纯的世界。诗人也善于以超越现实的冲动和努力，审视个

关键词　《面朝大海，春暖花开》　海子　抒情短诗

■《面朝大海》意境图

体生命的存在价值。海子的诗往往有着浓重的浪漫色彩，诗中描绘的情景也明显带着诗人自己的梦想和纯真。总之，诗人用朴素明朗、隽永清新的语言和意境，唱出了他对平凡生活的真诚和向往，反映了他那积极昂扬的情感世界和博大开阔的胸怀。

艺 术

书圣王羲之

王羲之（303~361）东晋书法家，文学家。字逸少，琅琊临沂（今山东临沂）人，后移居会稽山阴（今浙江绍兴）。王羲之出身于书法世家，伯父王翼、王导，堂兄弟王恬、王洽等都是当时的书法名手。王羲之自幼学习书法，曾师从卫铄，后遍学众家，整日临池不辍，书艺大进。王羲之书法长于楷书、行书、草书等书体。在汉魏质朴淳厚书风的基础上，他博采众长，创造出一种妍美流便、雄逸俊雅的新书风，对后世具有深远的影响，被誉为"书圣"。后人评其书法曰："飘若游云，矫若惊龙"。王羲之书法无真迹传世，今日所见之墨迹大都为摹本。代表作品有：楷书《乐毅论》、《黄庭经》、草书《十七帖》、行书《姨母帖》、《快雪时晴帖》、《丧乱帖》、行楷《兰亭序》等。其中《兰亭序》最为书法家称道，被称之为"天下行书第一"。

关 键 词

王羲之　东晋　书圣　《兰亭序》

■ 王羲之《兰亭序》帖（神龙本）

顾恺之 "才绝、画绝、痴绝"

关 键 词

顾恺之　东晋　人物画　《洛神赋图》

■《洛神赋图》部分

顾恺之（约348~409）东晋杰出的人物画家，绘画理论家，诗人。字长康，小字虎头，晋陵无锡（今江苏无锡）人。他家祖辈都是晋朝官吏、书香世家。顾恺之很小就博览群书，崭露才华。博学有才气，工诗赋、书法，尤精绘画，擅画人像、佛像、禽兽、山水等，有"才绝、画绝、痴绝"之称，"才绝"是说顾恺之聪颖，多才多艺；"画绝"是说顾恺之擅长绘画；"痴绝"就是顾恺之对艺术研究专心致志的精神。顾恺之学画师从卫协，最善于图画人物，东晋的大名士谢安认为顾恺之的人物画是前无古人的。顾恺之画人物主张传神，重视点睛，认为"传神写照，正在阿堵（指眼睛）中"。他注意描绘生理细节，表现人物神情，如画裴楷像，颊上添三毫，顿觉神采焕发。他还善于利用环境描绘来表现人物的志趣风度。其画人物衣纹用高古游丝描，线条紧劲连绵，如春蚕吐丝，春云浮空，流水行地，自然流畅。顾恺之的作品无真迹传世，流传至今的《女史箴图》《洛神赋图》《列女仁智图》等均为唐宋摹本。

画圣吴道子

吴道子（680~759），唐代画家。又名道玄，河南阳翟（今河南禹州）人。少孤贫，初为民间画工，年轻时即有画名。曾

关 键 词

吴道子　唐　画圣　吴带当风
《天王送子图》

任兖州瑕丘（今山东滋阳）县尉，不久即辞职。后流落洛阳，从事壁画创作。唐玄宗开元年间以善画被召入宫廷。吴道子是中国山水画的祖师，被后人尊称为"画圣"，素有"吴带当风"的美誉，他的人物绘画更是"冠绝于世"。他擅画佛道人物，远师南朝梁张僧繇，近学张孝师，笔迹磊落，势状雄峻，生动而有立体感。曾在长安、洛阳等地寺观作佛道宗教壁画三百余间，情状各不相同。落笔

■《天王送子图》（部分）

或自臂起，或从足先，均能不失尺度；写佛像圆光、屋宇柱梁，或弯弓挺刃，不用圆规矩尺，一笔挥就。所绘人物，善用状如兰叶或莼菜条之线条表现衣褶，使有飘举之势，人称"吴带当风"；又喜以焦墨勾线，略加淡彩设色，又称"吴装"。《天王送子图》是吴道子的代表作，遗存的是宋人李公麟的临摹本。

"丹青神手" 阎立本

阎立本（约601~673），唐代画家。雍州万年（今陕西西安）人。其父阎毗长于绘画、工艺、建筑，兄阎立德亦长于书画、工艺、建筑。阎立本承其家学，尤长于绘画，在当时被誉为"丹青神手"。阎立本善画台阁、车马、肖像，尤长于重大题材的历史人物画和风格画。其肖像画多描绘唐初建功立业的功臣形象，如描绘房玄龄、杜如晦等18位文人谋士肖像的《秦府十八学士图》，又在凌烟阁壁上画长孙无忌、魏微等24位功臣像等。杜甫《丹青引》中有

■《步辇图》(部分)

"良将头上进贤冠,猛将腰间大羽箭,褒公、鄂公毛发动,英姿飒爽来酣战"的诗句形容其所画之生动传神。阎立本的绘画,线条刚劲有力,色彩古雅沉着,人物神态刻画细致。有《步辇图》《历代帝王图》《职贡图》《萧翼赚兰亭图》等传世。

雄浑大气 颜真卿书法

关键词

颜真卿　唐　颜体　《多宝塔碑》　楷书

颜真卿(709~785)唐代书法家。字清臣,京兆万年(今陕西西安)人,祖籍琅琊临沂(今山东临沂)。颜真卿自幼学书,受家庭影响,又得到张旭亲授,并师法蔡邕、王羲之、王献之、褚遂良等人,融会贯通,加以发展,形成独特风格。其楷书结体方正茂密,笔画横轻竖重,笔力雄强圆厚,气势庄严雄浑,人称颜体。其行草书纵横跌宕中具凝练浑厚之势。颜真卿的字有一种平民化倾向,他不故弄玄虚,每一笔、每一画都很朴实地表现出来,雄浑大

■颜真卿《多宝塔碑》

大唐西京千福寺多寶佛
塔感應碑文
南陽岑勛撰
判尚書武部員外郎琅
邪顏真卿書
朝議郎
朝散大

气，充满了作者真挚的情感，如《裴将军帖》《修书帖》《守政帖》《广平帖》《送刘太冲序》等等。这些作品都带有强烈的古拙清朗气息，线条均圆劲直；空间的分割也独具匠心，完全达到了中国书法审美理想的最高境界。

"草圣" 张旭

张旭，唐代书法家，唐吴郡（江苏苏州）人，生卒年月不详。字伯高，官至金吾长史，故世称张长史。张旭性格豪放，嗜好饮酒，往往大醉后挥毫作书，或以头发蘸墨作书，如醉如痴，世人称之为"张颠"。他精工楷书、草书，尤以草书称著，史称"草圣"。他的楷书端正谨严，规矩至极，黄山谷誉为"唐人正书无能出其右者"。若说他的楷书是继承多于创造，那么他的草书则是书法上了不起的创新与发展了。韩愈说："旭善草书，不治他技故旭之书，变动如鬼神，不可端睨。"他的狂草潇洒磊落，变幻莫测，其状惊世骇俗。他的书法作品博大清新，纵逸豪放之处，远远超过了前代书法家的作品，具有强烈的盛唐气象。他的传世书迹除楷书《郎官石柱记》外，草书有《肚痛帖》《古诗四帖》等，较为著名。

关 键 词

张旭　唐　草圣　张颠　楷书　草书

■ 张旭草书《心经》

骨力遒健柳公权书法

柳公权（778~865）唐代书法家。字诚悬，京兆华原（今陕西耀县）人。曾任翰林院侍书学士、中书舍人、翰林书诏学

关 键 词

柳公权　唐　柳体　颜筋柳骨

士、太子太保，封河东郡公。性情耿直，敢于直言进谏。柳公权初学书法师王羲之父子书体，同时对唐初欧阳询、褚遂良等人的书法作了认真研究，尤对颜真卿的笔法甚为重视，下工夫学习，收欧体之方正，颜体之圆润，经过长期锤炼，创造了笔划清劲峻拔，骨力遒健的"柳体"书法，自成一派，被世人称赞为"颜筋柳骨"。柳公权的传世作品很多。传世碑刻有《金刚经刻石》《玄秘塔碑》《冯宿碑》等。其中《金刚经刻石》《玄秘塔碑》《神策军碑》最能代表其楷书风格。柳公权的行草书有《伏审》《十六日》《辱向帖》等，其风格仍继承王家风格，字体严谨，潇洒自然。另有墨迹《蒙诏帖》《王献之送梨帖跋》等。

■ 柳公权《神策军碑》

"千年书家"之首米芾

关 键 词

米芾　北宋　书法家　画家　米氏云山

■ 米芾《春山瑞松图》

米芾（1051~1107）北宋书法家，画家，书画理论家。初名黻，后改芾，字元章，号襄阳居士、海岳山人等。祖籍安徽，后迁居湖北襄阳，长期居润州（今江苏镇江）。曾任校书郎、书画博士、礼部员外郎。善诗，工书法，擅篆、隶、楷、行、草等书体，长于临摹古人书法，达到乱真程度。初师欧阳询、柳公权，字体紧结，笔画挺拔劲健，后转师王羲之、王献之，体势展拓，笔致浑厚爽劲，自谓"刷字"，与苏轼、黄庭坚、蔡襄并称宋代四大书法家。其中米芾更是其中翘楚之才，被誉为"千年书家"之首。其绘画擅长枯木竹石，尤工水墨山水。以书法中的点入画，用大笔触水墨表现烟云风雨变幻中的江南山水，人称米氏云山，富有创造性。米芾传世的书法墨迹有《向太后挽辞》《蜀素帖》《苕溪诗帖》《拜中岳命帖》《虹县诗卷》《草书九帖》《多景楼诗帖》等。

皇帝书画家赵佶

赵佶（1082~1135）即宋徽宗，北宋皇帝，画家，书法家。1100~1125年在位。宋徽宗多才多艺，爱好诗词、书画、音乐、戏曲。其画擅山水、人物、花鸟，重视法度，能深入观察、体会所画物象。其花鸟描绘工细入微，笔墨精妙，设色匀净，富丽典雅，造型生动，形神兼备。书法师黄庭坚，后自创一种瘦劲锋利，如"屈铁断金"的"瘦金体"，其笔画劲挺秀丽，风格独特。因个人所好及政治需要，赵佶在位时大力扩充宫廷画院，提高画院画家的地位和待遇，使宫廷画院达到繁荣隆盛的顶峰。在赵佶的指示下，皇家的收藏也得到了极大的丰富，并且将宫内书画收藏编纂为《宣和书谱》和《宣和画谱》，成为今天研究古代绘画史的重要资料。赵佶书法有墨迹《夏日帖》等，绘画有《芙蓉锦鸡图》《瑞鹤图》《鸲鹆图》《红蓼白鹅图》《腊梅山禽图》《柳鸦芦雁图》《祥龙石图》《雪江归棹图》《鳜山秋色图》《听琴图》及临摹张萱《捣练图》《虢国夫人游春图》等传世。

关 键 词

赵佶 宋徽宗 北宋 瘦金体 画家

■ 宋徽宗《瑞鹤图》

"元人冠冕" 赵孟頫

关 键 词

赵孟頫　元代　元人冠冕　赵体

赵孟頫《吴兴赋》

赵孟頫（1254~1322）元代文学家，画家，书法家。字子昂，号松雪道人，又号水精宫道人。吴兴（今浙江湖州）人。宋太祖十一世孙，秦王赵德芳之后。宋亡后，经举荐仕元，官至翰林学士承旨，封魏国公，谥文敏。赵孟頫博学多才，诗词、书法、绘画、音乐等均有很深造诣，以书画成绩最为突出，被称为"元人冠冕"。其画题材广泛，风格多样，山水、人物、竹石、花鸟均长；表现形式也多种多样，工笔、写意、青绿、水墨都十分精彩。其绘画继承前代传统，博采众家之长，自成面貌。赵孟頫主张作画要有"古意"，倡导"书画同源"，强调以书法用笔入画，并主张师法自然，提出"到处云山是吾师"的口号。他的理论和创作对元、明、清三代都有极大影响。其书法篆、籀、隶、真、行、草，冠绝一时，初学赵构，后上追魏晋诸家，于钟繇、王羲之等用功尤深，晚年又傍及李邕、颜真卿、米芾诸家，兼融包蓄，发展变化，形成结体严整、笔法圆熟、气势浑健的独特书风，人称赵体。

"画梅圣手" 王冕

王冕（1287~1359）元代画家，诗人。字元章，号煮石山农、梅花屋主等。会稽（今浙江绍兴）人。工诗善画，尤以墨梅

❁ 关 键 词 ❁

王冕　元代　画梅圣手　《墨梅图卷》

知名，被称为"画梅圣手"。所作梅花，有疏，有密，或疏密得当，尤以繁密见胜。枝干交错，蕊萼分布，主次分明，层次清晰，达到密中有疏，多而不繁。他画出的梅花如铁线圈成，虽不着颜色，却能生动地表现出千朵万蕊，含笑盈枝的姿态。其《墨梅图卷》画横向折枝墨梅，笔意简逸，枝干挺秀，穿插得势，构图清新悦目。用墨浓淡相宜，花朵的盛开、渐开、含苞都显得清润洒脱，生气盎然。其笔力挺劲，勾花创独特的顿挫方法，虽不设色，却能把梅花含笑盈枝，生动地刻画出来。不仅表现了梅花的天然神韵，而且寄寓了画家那种高标孤洁的思想感情。加上作者那首脍炙人口的七言题画诗，诗情画意交相辉映，使这幅画成为不朽的传世名作。

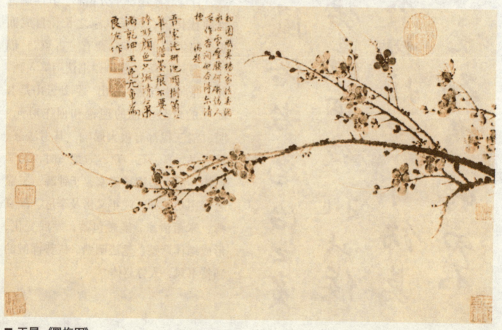

■ 王冕《墨梅图》

明江南第一风流才子 唐寅

关 键 词

唐寅 唐伯虎 明 山水画 人物画
花鸟画

■ 唐寅《吹箫图》

唐寅（1470~1523）明代画家，文学家。字子畏、伯虎，号六如居士、桃花庵主，自称江南第一风流才子。吴县（今江苏苏州）人。出身商贩家庭，少时读书发愤，青年时中应天府解元，后赴京会试，因舞弊案受牵连入狱，出狱后又投宁王朱宸濠幕下，但发现朱有谋反之意，即脱身返回苏州，从此绝意仕途，潜心书画，形迹放纵，性情狂放不羁。唐寅的绘画作品取材广泛，形式技法充满变化。他擅长山水人物，尤精仕女，其山水早年随周臣学画，后师法李唐、刘松年，加以变化，画中山重岭复，以小斧劈皴为之，雄伟险峻，而笔墨细秀，布局疏朗，风格秀逸清俊；人物画多为仕女及历史故事，师承唐代传统，线条清细，色彩艳丽清雅，体态优美，造型准确；亦工写意人物，笔简意赅，饶有意趣；花鸟画，长于水墨写意，洒脱随意，格调秀逸。唐寅画风既工整秀丽，又潇洒飘逸，被称为"唐画"，为后人所推崇，更值得推崇的是唐寅在作品意境的创造上极富诗意。其书法源自赵孟頫一体，俊逸秀挺，颇见功夫。

文徵明 "文笔遍天下"

关 键 词

文徵明　明　清秀含蓄　清俊秀逸

文徵明（1470~1559）明代画家，书法家，文学家。长洲（今江苏苏州）人。与唐伯虎、祝枝山、徐祯卿并称"江南四大才子"（也称吴门四才子）。与沈周、唐伯虎、仇英合称"明四家"。在当世他的名气极大，号称"文笔遍天下"。文徵明的书画造诣极为全面，其诗、文、画无一不精。画景致平和恬静，构图层叠而上，笔墨清秀含蓄，苍劲秀润，天真生拙，富有书卷气，反映了文人的审美情趣。人物画师法李公麟，笔致细秀，风格清雅高古。花鸟兰竹，笔墨劲健而秀逸。其书法擅篆、隶、楷、行、草等书体，尤精行、楷，取法晋唐宋诸名家，笔致遒劲，书风清俊秀逸。文徵明绘画作品有《烟江叠嶂图》《湘君湘夫人图》《林榭煎茶图》《惠山茶会图》《江南春图》《古木寒泉图》《春深高树图》等传世，书法有墨迹《上吴愈尺牍》、《真赏斋铭并序》、《南窗记》、《诗稿五种》册、《西苑诗》等传世。

■ 文徵明《惠山茶会图》

"鬼才"徐渭

徐渭　明　写意花鸟　鬼才　《四声猿》

徐渭（1521~1593）明代文学家，戏曲家，画家，书法家。字文长，号天池山人，晚号青藤。山阴（今浙江绍兴）人。幼丧父，青年时屡试不第，曾在胡宗宪府中任幕僚。晚年以书画为生，生活贫困。徐渭多才多艺，被称为"鬼才"。其画擅山水、人物，尤长于大水墨写意花鸟，师法林良、周之冕、陈淳，融合前人泼墨、破墨、积墨、简笔、写意手法，挥毫泼洒，随意点染，画面水墨交融、淋漓酣畅、气势豪放、充满激情，充分表达了他孤傲不群的个性和激昂郁愤的思想感情。所绘物象意态生动，简括精练。其书法长于行草书，兴之所至，笔走龙蛇，狂放恣肆。有《墨葡萄图》《牡丹蕉石图》、《榴实图》等传世。徐渭文学上亦有突出成就。其诗主张独创，反对拟古，多直抒胸臆，表现怀才不遇和愤世嫉俗的思想。其散文受苏轼影响，文笔潇洒自如。亦从事杂剧写作，有《四声猿》，或借古喻今，鞭笞黑暗，或歌颂女子的聪明智慧。

■ 徐渭《榴实图》

苍郁恣肆 石涛画

石涛 清 僧人 画家 《山水清音图》

石涛，清代画家，僧人。明宗室靖江王赞仪之十世孙，广西全州人。明亡后出家，法名原济，字石涛，别号苦瓜和尚等。性喜漫游，曾屡次游敬亭山、黄山及南京、扬州等地，晚年居扬州。他既有国破家亡之痛，又两次跪迎康熙皇帝，并与清王朝上层人物多有往来，内心充满矛盾。其画擅山水，兼工兰竹。其山水不局限于师承某家某派，而广泛师法历代画家之长，将传统的笔墨技法加以变化，又注重师法造化，他"搜尽奇峰打草稿"，善从大自然吸取创作源泉并完善表现技法。作品笔法流畅凝重，松柔秀拙，尤长于点苔，密密麻麻，劈头盖面，丰富多彩；用墨浓淡干湿，或笔简墨淡，或浓重滋润，酣畅淋漓，极尽变化；构图新奇，或全景式场面宏阔，或局部特写，景物突出，变幻无穷。画风新颖奇异、苍劲恣肆、纵横捭阖、生意盎然。其花鸟、兰竹，亦不拘成法，自抒胸臆，笔墨爽利峻迈，淋漓清润，极富个性。石涛的绘画，在当时即名重于世，其苍郁恣肆的独特风格，对清代以至现当代的中国绘画发展产生了极为深远的影响。有《搜尽奇峰打草稿图》《淮扬洁秋图》《惠泉夜泛图》《山水清音图》《细雨虬松图》《梅竹图》《墨荷图》《竹菊石图》等传世。

■ 石涛《山水清音图》

郑板桥诗书画三绝

关 键 词

郑板桥　清　画家　书法家　文学家

郑板桥（1693~1765）中国清代画家，书法家，文学家。名燮，字克柔，号板桥。江苏兴化人。出身寒微，幼丧母，由后母抚养。康熙秀才，雍正举人，乾隆进士，曾任山东范县、潍县知县，因请赈得罪上司而被罢官。郑板桥为政清廉，有才干，同情人民疾苦。去官后居扬州，以书画为生，为扬州八怪之一。擅兰、竹、松、菊、石等，尤以兰、竹著称。其画取法石涛，又吸取徐渭、高其佩等人的创作思想和笔意。构图注重剪裁，崇尚简洁，以侧锋画兰、竹，笔墨潇洒纵逸，苍劲豪迈。其画通过题跋诗文，表现出对民间疾苦的同情和愤世嫉俗的高洁情怀，具有新意。论画主张对所绘对象作直接观察，抒发个人的真情实感，提出"眼中之竹"、"胸中之竹"、"手中之竹"的联系和区别，反映了艺术的创作过程。其书法在行、隶之间，以画法作书，结体、行款纵横错落，整整斜斜，人称"乱石铺街"，自称六分半书。郑板桥工诗文，为文主张"理必归于圣贤，文必切于日用""作主子文章，不可作奴才文章"。其诗能反映揭露社会黑暗，同情人民疾苦，其文真率自然。有《郑板桥集》行世。

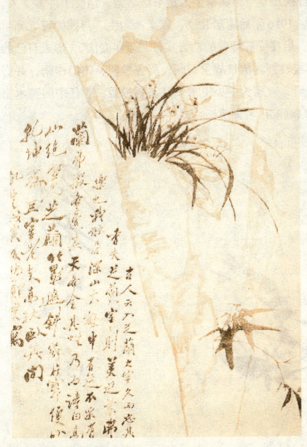

■ 郑板桥《石壁兰竹图》

国画大师齐白石

齐白石（1864~1957）原名纯芝，后名璜，字渭清，号濒生、兰亭，别号白石山人。中国画艺术大师、书法家。生于湖南

关 键 词

齐白石　中国画艺术大师　书法家

湘潭杏子坞星斗塘。齐白石出身农民家庭，童年时仅读过1年书，15岁后学木匠，初作粗活，后作雕花细活。21岁临《芥子园画传》，并在木工之余为主顾画神像功对，后随胡自倬、陈作埙、王湘绮学习诗文书画，提高了文艺修养。1902年开始五出五归的远游，7年间游历了大江南北，行程几万里，临摹了大量书法名画，结交了许多文人、画家，是他艺术生涯的一大转折。1916年后定居北京，以卖画为生。与陈师曾、陈半丁等人相交，其画初不为人所重，后接受陈师曾的劝告实行"衰年变法"，形成自己的绘画面貌。曾任北平艺术专科学校教授。抗日战争期间，辞去教职，闭门作画，并借题跋诗文，抒泄亡国之愤。建国后，被聘为中央美术学院名誉教授。曾任中国美术家协会主席、北京中国画院（今北京画院）名誉院长。

齐白石作品

质朴无华齐白石画作

齐白石工诗文，善书法、篆刻，尤精绘画。他的画继承徐渭、朱耷、石涛、扬州八怪诸家及吴昌硕等人的革新精神，又

关键词 齐白石　人物画　山水画　质朴无华

吸取民间艺术的丰富营养，博采众长，转益多师，融为一体，创作上融诗、书、画、印于一炉，终成一代大师。齐白石擅长人物、山水，尤长于花鸟草虫，画法上工笔、写意兼长，造诣精深。他的人物画造型简括、生动，充满人情味和幽默感。其山水画以寻常景物入画，意境新奇，富有诗意。齐白石的绘画在创作上反映了深厚的民族感情和人民性，具有广泛的生活基础。作品中所描绘的对象，如牧牛、砍柴、蔬菜、瓜果、青蛙、雏鸡、虾蟹、蜻蜓、蝉雀、蜂蝶、草虫等，无不体现着他对昔年农村生活的回忆，进而升华为对生活、对劳动、对家乡、对祖国的热爱与歌颂。作品感情真挚，质朴无华，充溢着健康、欢乐、诙谐、倔强和蓬勃向上的生命力。

山水画大师 黄宾虹

关键词

黄宾虹　画家　学养渊博　著述宏富

黄宾虹（1865~1955）原名懋质，后改名质，字朴存，中年更字宾虹，别署予向，晚年署虹叟、黄山山中人等。我国近现代著名画家。祖籍安徽歙县西乡潭渡村，出生于浙江金华。早年为贡生，任小官吏，后弃官参加反清活动，参加过同盟会、南社、国学保存会等。1907年逃亡上海，后任编辑、记者，并在昌明艺专、新华艺专、上海美专任教授。1937年赴北平，任北平艺专教授。1948年赴杭州，任国立艺专教授。新中国成立后，黄宾虹任中央美术学院华东分院教授、中国美术家协会华东分会副主席、全国政协第二届委员。90寿辰时，夏衍同志代表华东行政委员会文化局授予黄宾虹"中国人民优秀画家荣誉奖状"。1955年3月15日，黄宾虹在杭州逝世。黄宾虹学养渊博，著述宏富，诗书画印及鉴赏皆精，为中国近现代艺术史上的一代巨匠。

英年早逝的天才画家陈师曾

陈师曾（1876~1923）近现代画家。名衡恪，号朽道人、槐堂。江西修水人。父陈三立为清代诗人，弟陈寅恪为现代史学家。陈师曾的绘画成就很高，在当时北京画名极盛。他主张感情移入和画外工夫。他作画讲创造、重生动、求意趣，他的许多写生小品，尤其是庭院园林小景，意趣盎然，都是从生活中写生得来。他的山水画既重视传统技法，又学而能变，他的花鸟画，近学吴昌硕，远师徐渭、陈淳、扬州八怪，长于大写意笔法，浑厚绮丽，能自成简远雄秀一派。他的人物画，带有速写和漫画的情趣，《北京风俗画》、《读画图》等，都是从现实生活中来，能突破陈习，揭露旧社会劳动大众的苦难生活，意境

关 键 词

陈师曾　近现代　画家　《北京风俗画》

■ 陈师曾《墙有耳》

新，耐人寻味，有创新精神。陈师曾在我国绘画史上，是一位英年早逝的天才，尊他为大师，亦不为过。他病殁后，吴昌硕挽曰："朽者不朽"，齐白石老泪纵横，并有"君无我不进，我无君则退"的感叹！而梁启超则认为他的逝世是"中国文化界的地震"。

艺坛巨匠徐悲鸿

关 键 词

徐悲鸿　画家　美术教育家
《愚公移山》　《九方皋》

徐悲鸿（1895~1953），原名寿康，江苏宜兴人。中国现代美术事业的奠基者之一，杰出的画家和美术教育家。徐悲鸿父亲是个小有名气的画家，徐悲鸿自幼承袭

家学，研习中国水墨画。1918 年，他接受蔡元培聘请，任北京大学画法研究会导师，1919 年留学法国，后又转往柏林、比利时研习素描和油画。留学期间，他主要学习画画、素描，以及观摩、研究西方美术。1927 年回国，先后任上海南国艺术学院美术系主任、中央大学艺术系教授、北平大学艺术学院院长、北平艺术专科学校校长。新中国建立后，任首届中华全国美术工作者协会主席、中央美术学院院长等职。徐悲鸿坚持现实主义艺术道路，创作了《田横五百士》《九方皋》《巴人汲水》《愚公移山》等一系列对现代中国画、油画的发展有着巨大影响的优秀作品，在中国美术史上起到了承前启后的巨大作用。

徐悲鸿画作：落笔有神，栩栩如生

徐悲鸿擅长素描、油画、中国画，其创作题材广泛，山水、花鸟、走兽、

关键词 徐悲鸿 素描 油画 中国画

人物、历史、神话，无不落笔有神，栩栩如生。他的作品融古今中外技法于一炉，显示了极高的艺术技巧和广博的艺术修养，是古为今用、洋为中用的典范，在我国美术史上起到了承前启后、继往开来的巨大作用。他把西方艺术手法融入到中国画中，创造了新颖而独特的风格；他的素描和油画则渗入了中国画的笔墨韵味。他的代表作油画《田横五百士》《溪我后》，中国画《九方皋》《愚公移山》等巨幅作品，充满了爱国主义情怀和对劳动人民的同情，表现了人民群众坚韧不拔的毅力和威武不屈的精神，表达了对民族危亡的忧愤和对光明解放的向往。他常画的奔马、雄狮、晨鸡等，给人以生机和力量，表现了令人振奋的积极精神。尤其他的奔马，更是驰誉世界，几近成了现代中国画的象征和标志。

■ 徐悲鸿《饮马图》

"当代石涛" 张大千

关键词

张大千　国画大师　泼墨　山水画

张大千（1899~1983）原名张正权，号大千，别号大千居士，四川内江人，20世纪中国画坛最具传奇色彩的国画大师，被誉为"当代石涛"。出生在四川省内江县一个书香门第的家庭。19岁时与兄张泽留学日本，学习绘画与染织。回国后从师于曾熙、李瑞清，学习书法绘画，潜心研究传统绘画，于石涛用功尤深。张大千擅人物、山水、花卉。其人物工笔、写意兼长，前者线条圆润流畅，色彩富丽典雅，多写仕女、士人及佛教人物，亦能以白描手法画人物。他的山水画，60岁以前致力于传统学习和师法自然；60~70岁，他经过10年探索，融泼彩于泼墨、勾勒法，创造了雄奇壮丽的新风貌。他的这种泼墨泼彩的时代风格，为他赢得了"当代世界第一大画家"的殊荣，从而也开创了中国山水画的新纪元。张大千的绘画艺术集文人画与作家画、宫廷绘画与民间美术于一炉，达到了"包众体之长，兼南北二宗之富丽"的境地。徐悲鸿曾赞颂他"张大千，五百年来第一人。"

启功诗书画三绝

关键词

启功　国学大师　书画大师　书画鉴定家

启功（1912~2005）姓爱新觉罗，字元白，满族，著名国学大师、书画大师、书画鉴定家。生于北京，幼丧父，少年失学，初自学诗文书画，稍后随戴姜福学文史词章，随贾尔鲁、吴熙曾学习绘画，后受业于著名史学家陈垣先生，专门从事中国文学史、中国美术史、中国历代散文、历代诗选和唐宋词等课程的教学与研究。启功也是中国当代著名的书画家，他的旧体诗词亦享誉国内外诗坛，故有诗、书、画"三绝"之称。启功的书法长于楷书、行书，早年师承欧阳询，后转学董其昌、米芾，其书法结体精严，笔致清朗刚健，书风神俊秀雅。画擅山水、兰竹，画风清丽秀逸。启功还是我国的文物鉴赏家和鉴定家，对于古代书画和碑帖的鉴定尤为专精，独具慧眼，识见非凡。他将出土的古代墨迹和传世摹本、刻帖反复比较，从多角度加以论证。著有《古代字体论稿》《诗文声律论稿》《启功丛稿》《论书绝句百首》等，出版《启功书画留影集》以及多种书法选集。

人民音乐家聂耳

聂耳（1912~1935）原籍云南玉溪。少年时学习笛子、二胡等乐器，并参加学生音乐团活动。1927年入云南第一师范学习，并开始学习小提琴。1931年入黎锦晖主持的明月歌舞剧社任小提琴手，这时期他还自修了和声学、作曲法等作曲理论。1932年后在北平、上海参加左翼文艺活动，1933年开始为左翼电影、戏剧作曲。1934年先后入百代唱片公司音乐部、联华影业公司工作。1935年4月赴日本，不久逝世。他在不到两年的时间里，创作了37首歌曲，大多深刻地反映了当时劳动人民的思想感情，准确地塑造了工人、歌女、报童等劳动群众的音乐形象。在抗日救亡运动中，聂耳的这些歌曲，产生了广泛深远的影响。他的代表作有《义勇军进行曲》《大路歌》《码头工人》《新女性》《毕业歌》《飞花歌》《铁蹄下的歌女》《卖报歌》《梅娘曲》等。他的音乐创作具有鲜明的时代感、严肃的思想性、高昂的民族精神和卓越的艺术创造性，并为中国无产阶级革命音乐的发展明确了方向，树立了榜样。

关 键 词

聂耳 《义勇军进行曲》 《毕业歌》《卖报歌》

■ 聂耳演奏小提琴

学贯中西的艺术大师 吴冠中

关 键 词

吴冠中　艺术大师　教育家

中国画　油画

吴冠中（1919~　），江苏省宜兴县（今宜兴市）人，当代中国具有国际声誉的学贯中西的艺术大师、教育家。1942年毕业于国立艺术专科学校，任国立重庆大学助教，后考取公费留学，1947年至1950年在巴黎国立高级美术学校进修油画。1950年秋返国后曾任教于中央美术学院、清华大学、北京艺术学院及中央工艺美术学院。吴冠中终生致力于油画民族化及中国画现代化之探索。在20世纪50~70年代，他致力于油画风景创作，并进行油画民族化的探索。他力图把欧洲油画描绘自然的直观生动性、油画色彩的丰富细腻性与中国传统艺术精神、审美理想融合到一起。他擅长表现江南水乡景色，如初春的新绿、薄薄的雾霭、水边村舍、黑瓦白墙，和谐、清新的色调，宁静、淡美的境界，使画面产生一种抒情诗般的感染力。从70年代起，吴冠中渐渐兼事中国画创作。他力图运用中国传统材料工具表现现代精神，并探求中国画的革新。他的水墨画构思新颖，章法别致，善于将诗情画意通过点、线、面的交织而表现出来。他喜欢简括对象，以半抽象的形态表现大自然音乐般的律动和相应的心理感受，既富东方传统意趣，又具时代特征，令观者耳目一新。

漫画大师 华君武

关 键 词

华君武　漫画家　美术活动家

华君武（1915~　）笔名华潮、彤哥、端父，江苏无锡人，卓越的老一辈漫画家和美术活动家。生于浙江杭州，1930年就读于浙江省立杭州第一中学，在校刊上发表第一幅漫画，画学生害怕打防疫针。约在同年在《浙江日报》发表漫画《江南可采莲，莲叶何田田》。30年代初在上海求学，并发表漫画作品。1938年从上海到延安，在鲁迅艺术文学院任研究员、教员。作品发表在《新中华报》《解放日报》、鲁艺漫画墙报。1942年和蔡若虹、张谔合作举办"讽刺画展"，毛泽东曾来参观。1942年5月，华君武参加延安文艺座谈会。1945年日本投降，他从延安到东北，在《东北日报》工作，发表大量漫画。1949年底，被调入《人民日报》任美术组长、文学艺术部主任，先后在《人民日报》《光明日报》《漫画月刊》《新观察》等报刊发表漫画。1953年后兼管全国美协工作。1979年当选为中国美术家协会副主席，主持日常工作。现为中国美术家协会顾问。

笔锋犀利华君武漫画

华君武长期从事漫画创作，自1934年前后在报刊发表漫画作品以来，他创作

关键词｜华君武　漫画　讽刺画

了大量深受人民群众喜爱的漫画作品。华君武的漫画巧于构思，富于独创性与幽默感，笔锋犀利，常能一针见血地揭露本质。他笔下的人物形象，不仅形似，尤其神似，如20世纪40年代的蒋介石形象，就是典型的一例。华君武的漫画形式单纯，概括力强，善于夸张与想象。尤其是他的讽刺画，不是一味丑化，而是巧妙的比喻，启发人们想象和理性思索，对事不对人，取得了巨大的成功。他还在漫画民族化、大众化方面进行了可贵的探索，他在漫画中使用的富有民族特色的简练笔法，颇具中国特色。他的漫画代表作有"疑难杂症系列""生活拾趣系列""猪八戒系列"和"漫像"等。华君武的艺术作品是中国漫画史上璀璨的瑰宝。

■ 华君武自画像

外国文学

西班牙文学之父塞万提斯

米格尔·德·塞万提斯·萨维德拉（1547~1616）西班牙小说家、剧作家、诗人。他被誉为是西班牙文学世界里最

关 键 词

塞万提斯　西班牙　《堂·吉诃德》

伟大的作家。塞万提斯出生于一个贫困之家，父亲是一个跑江湖的外科医生。颠沛流离的童年生活，使他仅受过中学教育。他经历过四年出生入死的军旅生涯，在著名的勒班多大海战中不幸负伤，以致左手残废，得了一个绰号叫"勒班多的独手人"。1575年塞万提斯在返国途中被海盗俘虏成了奴隶，直到1580年才获释。回国之后他在政府里当过税吏，却因为税款问题一度入狱，就连他那不朽的《堂·吉诃德》也有一部分是在监狱里构思和写作的。塞万提斯的生活一直处于困窘之中，为了谋生他曾写过不少诗歌、剧本，但大多没有引起多大反响。他出版的第一部小说是《伽拉泰亚》，还于1613年出版了包括十三篇优秀短篇小说的《惩恶扬善故事集》，其中有曲折的爱情故事，有社会风俗的描写，也有一些哲学议论。当然他最著名的小说是《堂·吉诃德》，这部小说虽然未能使塞万提斯摆脱贫困，却为他赢得了不朽的荣誉。

西班牙语文学的高峰《堂·吉诃德》

关键词　塞万提斯　《堂·吉诃德》
骑士小说

《堂·吉诃德》是西班牙作家塞万提斯于1605年和1615年分两部分出版的反骑士小说。这部书对当时流行的骑士小说是

一个反讽，从这部书出版后，骑士小说开始销声匿迹，退出文坛。全书共由二个部分所构成，叙述了堂·吉诃德的三次冒险历程。他是一位乡下的老穷乡绅，沉迷于中古骑士小说，并立志成为奉行骑士精神的实践家而出发去旅行，为正义打抱不平。在第一次冒险失败后，他说服附近的农夫桑丘跟他一同前往。主仆两人一路上做出许多荒唐

可笑的蠢事，将风车当成巨人、把旅店看做城堡、又将羊群视为敌军。最后差一点丧命，被人用笼子、牛车带回家中。第三次冒险，两人经过萨拉戈萨，并参加了几场当地举办的比武，被公爵夫妇请到城堡做客，桑丘还担任了总督治理海岛。邻居加拉斯果先后装成镜子骑士和白月骑士，打败了他。被打败后，堂·吉诃德抑郁回家，病倒在床，临终时从梦幻中苏醒过来。堂·吉诃德这个人物成为世界闻名的形象，经常用来比喻敢于冲击社会不合理现象的人，敢于坚持自己观点到底的人，或不自量力的人，脱离现实的人。

■《堂·吉诃德》插画

英国戏剧之父 莎士比亚

莎士比亚（1564~1616）是英国文艺复兴时期杰出的戏剧家和诗人。他在雅芳河畔斯特拉特福出生长大，13岁时家道中落，此后辍学经商。1585年莎士比亚前往伦敦，由此开始了成功的职业生涯，他不仅是演员、剧作家，还是宫内大臣剧团的合伙人之一。1613年左右，莎士比亚似乎退休回到雅芳河畔斯特拉特福，3年后逝世。有关莎士比亚私人生活的记录流传下来很少，关于他的性取向、宗教信仰、以及他的著作是否出自他人之手都依然是谜。1590年到1613年是莎士比亚的创作高峰期。他的早期剧本主要是喜剧和历史剧，在16世纪末期达到了深度和艺术性

> **关 键 词**
>
> 莎士比亚　文艺复兴　英国戏剧　诗人

■ 莎士比亚

的高峰。接下来到 1608 年他主要创作悲剧，包括《哈姆雷特》、《李尔王》和《麦克白》，被认为属于英语最佳范例。在他人生最后阶段，他开始创作悲喜剧，又称为传奇剧。他流传下来的作品包括 38 部剧本、154 首十四行诗、两首长叙事诗和其他诗作。其主要作品被翻译成所有主要使用着的语言，直至今日依旧广受欢迎，而且常常被新学术运动改编并重新发现价值，在全球以不同文化和政治形式演出和诠释。

王子复仇记 《哈姆雷特》

关键词
哈姆雷特　莎士比亚
四大悲剧

《哈姆雷特》是莎士比亚最为著名的悲剧作品之一，与《奥赛罗》《李尔王》和《麦克白》被公认为是莎士比亚的"四大悲剧"。这个戏剧讲述的是丹麦王子复仇的故事：丹麦国王驾崩，王子的叔父克劳迪服丧未满，即娶其兄嫂继承王位。守夜卫兵看见老国王的幽魂出现，告知哈姆雷特王子。王子与幽魂对话，得知了克劳迪谋害父王的真相，但是他在忧郁和颓唐中摇摆不定、无所适从，于是装疯卖傻。为证实真相，王子导演一出公爵被毒杀的短剧，请克劳迪与母后观赏，克劳迪紧张的神情证实了鬼魂所言。随后，王子与母亲摊牌，在激动之中误杀了窃听的大臣波洛涅斯。克劳迪觉察大事不妙，趁机将王子放逐。奥菲莉亚是波洛涅斯之女，她爱着哈姆雷特，却遭到装疯的王子拒绝。王子的失踪和父亲的死，使得她精神失常，最终溺水而亡。雷奥提斯是波洛涅斯之子，奥菲莉亚的哥哥，为报家仇，他相约刚回国的哈姆雷特决斗。克劳迪与雷奥提斯共谋在剑锋之上涂抹剧毒，并暗自在酒内下毒，以加害哈姆雷特。不料在决斗之际，毒酒被王后误饮。决斗中，哈姆雷特、雷奥提斯两人都被毒剑所伤，雷奥提斯在临死之际说出真相。最终，哈姆雷特杀死克劳迪后，也毒发身亡。

英国小说之父 笛福

关　键　词
笛福　英国　《鲁滨孙漂流记》　小说家

笛福（1660~1731）英国小说家，英国启蒙时期现实主义小说的奠基人，被誉为"英国与欧洲小说之父"。1660 年生于伦敦一小工商业者家庭，1731 年 4 月 26 日卒于莫尔福德。幼时只受过普通中等教育。他在学习当牧师多年后，才发觉自己并不适合宗教生活，因此转而选择了经商。他广泛游历，经商也很成功。在此期间，他成了家，开始了养家糊口的生活。1692 年，他的生意失败了，32 岁的笛福负债累累，同时还要养活妻子和 6 个孩子。由于对政治一直有较浓厚的兴趣，他开始为报社撰写政论文章来谋生。因为这些文章经常抨击国王和执政党，结果，笛福数次入狱，在监狱里呆了不少年。由于政论文章只能给他惹麻烦并增加债务，笛福只好转向小说创作。1719 年，年近 60 岁的笛福发表了第一部小说《鲁滨孙漂流记》，后来该小说成为世界上著名的冒险小说之一，也是英国近代小说的开山之作。他还为这部小说写过两部续集，以及长篇小说《辛格顿船长》《摩尔·弗兰德斯》等。除小说外，他还写有国内外旅行游记、人物传记及其他纪实性作品。如《彼得大帝纪》《新环球游记》《不列颠全岛纪游》《瘟疫年纪事》等。

近代小说开山之作《鲁滨孙漂流记》

《鲁滨孙漂流记》是笛福受当时一个真实故事的启发而创作的。1704 年苏格兰水手赛尔科克在海上与船长发生争吵，被船长遗弃在荒岛上，四年后被救回英国。赛尔科克在荒岛上并没有作出什么值得颂扬的英雄事迹。但笛福塑造的鲁滨孙却完全是个新人，成了当时中小资产阶级心目中的英雄人物，是西方文学中第一个理想化的新兴资产者形象。他表现了强烈的资产阶级进取精神和启蒙意识。鲁滨孙不听父亲劝诫，出海经商贩卖黑奴，不幸在海上遇难，流落荒岛。他克服种种困难，开始在岛上坚强地生活。他种植庄稼，驯养野山羊，还制作陶器等等。后来他从野人手中，救出了一个俘虏，取名为"星期五"。此后，"星期五"成了他忠实的仆人和朋友。不久，有条英国船在岛附近停泊，船上的水手发生了叛乱，把船长、船副等三

关键词　笛福　《鲁滨孙漂流记》
　　　　　冒险小说　新兴资产阶级形象

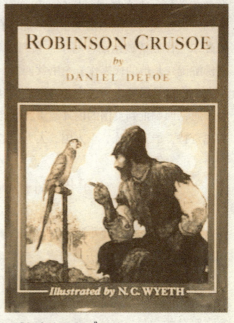

■《鲁滨孙漂流记》

人抛弃在岛上，鲁滨孙与"星期五"帮助船长制服了那帮水手，夺回了船只。他把那水手留在岛上，船长带着鲁滨孙"星期五"等离开荒岛回到英国。此时鲁滨孙已离家35年。后来，鲁滨孙又一次出海经商，路经他住过的荒岛，这时留在岛上的水手和西班牙人都已安家繁衍生息。

英国讽刺作家斯威夫特

斯威夫特（1667~1745）英国作家。1667年11月30日生于都柏林，卒于1745年10月19日。15岁入都柏林大学，25岁获牛津大学硕士学位，34岁获博士学位。

> **关 键 词**
> 斯威夫特　英国　作家　《格列佛游记》
> 讽刺小说

先以两篇讽刺批判性的论文《书籍之战》和《无稽之谈》初次显示了他的讽刺才能。1699~1710年任爱尔兰大法官秘书，先后四次到伦敦。1710年10月任《考察报》主编，支持托利党政府同法国签订和约，成为首相和女王的亲信。他给定居在爱尔兰的女友艾斯特写了大量内容广泛、情深意切、妙语连珠的信件，后以《给斯特拉的信》为题发表，成为英国书信文学的珍品。1714年斯威夫特回到爱尔兰任副主教，积极投入爱尔兰民族解放运动，写了一系列战斗性很强的政论、杂文和小说。讽刺小说《格列佛游记》是他的代表作。全书共四卷，通过主人公格列佛到小人国、大人国、飞岛、巫人岛、贤马国等虚构国度的离奇旅行和种种遭遇，集中反映18世纪初英国社会的各种矛盾，讽刺批判英国的内外政策，歌颂历代进步人士的正义斗争。作品想象力丰富，构思奇特，语言精练。小人国、大人国的故事，在世界各地几乎家喻户晓。

游记体讽刺小说：《格列佛游记》

《格列佛游记》以外科医生格列佛的四次出海航行冒险的经历为线索，一共由四部分组成。第一卷叙述格列佛在小人国

> **关键词**　《格列佛游记》　斯威夫特　小人国　大人国

的游历见闻。这里的人，身长不满六英寸，他们的朝廷里充斥阴谋诡计、倾轧纷争。穿高跟鞋的一派与穿低跟鞋的一派势不两立。第二卷格列佛到了大人国。格列佛被当

■《格列佛游记》插画

作小玩艺装入手提箱里，带到各城镇表演展览。后来，国王召见他，他夸耀自己的祖国的伟大，政治的贤明，法律的公正，然而均一一遭到国王的抨击与驳斥。第三卷主要描述格列佛在勒皮他（飞岛）和格勒大锥（巫人岛）的游历。飞岛上的人长得畸形怪状，整天担忧地球会被彗星撞击得粉碎。在科学院里，设计家们正在从事研究如何从黄瓜中提取阳光取暖等无聊课题。在巫人岛上，岛主精通巫术，他们博览古今，发现历史真相被权贵歪曲，娼妓般的作家在哄骗人世。第四卷叙述格列佛在智马国的游历，居主宰地位的是有理性的公正而诚实的智马，供智马驱使的是一种类似人形的畜类耶胡，后者生性淫荡、贪婪、好斗，好吃懒做、喜欢在田间寻找、争夺一种发亮的石头。作品集中反映了18世纪初英国社会的各种矛盾。

狂飙突进运动的主将 歌德

关键词

歌德　德国　作家　诗人　狂飙突进运动
《少年维特的烦恼》

约翰·沃尔夫冈·冯·歌德（1749~1832）是18世纪中叶到19世纪初德国和欧洲最重要的作家、诗人。歌德1749年8月28日出生于法兰克福镇的一个富裕的市民家庭，曾先后在莱比锡大学和斯特拉斯堡大学学习法律，也曾短时期当过律师，也曾经梦想成为画家。1775~1786年他为改良现实社会，应聘到魏玛公国做官，但一事无成。1786年6月他前往意大利，专心研究自然科学，从事绘画和文学创作。1788年回到魏玛后任剧院监督。歌德是德国狂飙突进运动的主将。狂飙突进运动是18世纪德国文学界的运动，是文艺形式从古典主义向浪漫主义过渡的阶段。歌德的《少年维特的烦恼》是其典型代表作品，表达的是人类内心感情的冲突和奋进精神。这次运动是由一批市民阶级出身的青年德国作家发起的，他们推崇天才，创造性的力量，并把其作为其美学观点的核心。歌德在诗歌、戏剧、散文等方面都有较高的成就，主要作品有剧本《葛兹·冯·伯里欣根》、中篇小说《少年维特的烦恼》、未完成的诗剧《普罗米修斯》和诗剧《浮士德》的雏形《原浮士德》，此外还写了许多抒情诗和评论文章。

德国世俗的《圣经》：《浮士德》

《浮士德》是德国大文豪歌德前后用了六十年时间创作的一部诗剧，被认为是

关键词 歌德 《浮士德》 诗剧

德语文学中最优秀的作品。浮士德博士觉得自己对世界的本质其实并没有任何认知，没有体会到生活的乐趣。由此，他陷入了深深的苦恼之中。于是他与魔鬼梅菲斯特订立盟约，如果魔鬼把他从这种不满足和不安的心境中解脱出来，他就把死后的灵魂交付于他。魔鬼梅菲斯特则带领他游历这个五光十色的大千世界，浮士德先后经历了书斋生活、爱情生活、政治生活、追求古典美和建功立业五个阶段。最终，浮士德在发动大众改造自然，创建人间乐园的宏伟事业中找到了人生的真理，他喊出："你真美呀，请停留一下！"随声死去。众天使战胜了魔鬼、拯救了浮士德的灵魂。歌德赋予浮士德这个形象以深刻的人格寓意，以乐观主义的态度表现了浮士德永不满足，不断地克服障碍、超越自我，不断地向最高的存在奋勇前进的可贵精神，高度浓缩了从文艺复兴到19世纪初期几百年间德国乃至欧洲资产阶级探索和奋斗的精神历程。

Faust

D-1925/26

■《浮士德》插画

俄国诗歌的太阳普希金

■ 普希金

普希金（1799~1837）俄国伟大的诗人、小说家，19世纪俄国浪漫主义文学主要代表，同时也是现实主义文学的奠基人，被誉为"俄国文学之父""俄国诗歌的太阳"。他在诗歌、小说、戏剧乃至童话等各个文学领域都给俄罗斯文学提供了典范，被高尔基誉为"一切开端的开端"。普希金1799年6月6日出生于莫斯科的一个贵族地主家庭，年仅12岁就开始了文学创作生涯。在皇村中学学习期间，他接受了法国启蒙思想的熏陶并且结交了一些后来成为十二月党人的禁卫军军官，追求自由的思想初步形成。普希金创作了许多反对农奴制、讴歌自由的诗歌，如《自由颂》（1817年）、《致恰达耶夫》（1818年）等，他的思想与诗作引起沙皇俄国统治者的不满和仇恨，两度将他流放。普希金始终不肯屈服，继续创作了大量政治抒情诗和现实主义的叙事长诗。其主要代表作有：《叶甫盖尼·奥涅金》《致西伯利亚的囚徒》《青铜骑士》等。1826年沙皇尼古拉一世接见他后重新允许他在莫斯科和圣彼得堡居住，但沙皇亲自检查他的创作，其作品和生活都受到了严格的监视。1836年，法国流亡保皇党人乔治·丹特斯疯狂爱上他的夫人冈察洛娃，两人经常相约共舞。后来普希金接到侮辱他的匿名信。1837年2月8日，普希金忍无可忍，相约与丹特斯进行决斗，结果腹部受了重伤，两天后去世。

俄罗斯生活的百科全书 《叶甫盖尼·奥涅金》

《叶甫盖尼·奥涅金》是俄国诗人普希金发表于1830年的诗体小说，是俄国现实主义文学的代表作。主角叶甫盖尼·奥涅金厌倦上流社会空虚无聊的生活，抱着对新生活的渴望来到乡村，却仍然陷入无所事事、苦闷和彷徨的境地。在乡下的庄园，他和连斯基及其未婚妻奥尔伽成为好友。奥尔伽的姐姐达吉雅娜纯朴、多情，她热烈地爱上了奥涅金，并勇敢地写信向他倾诉自己纯洁的爱情，却遭到奥涅金的拒绝。一次家庭宴会，感到一切都庸俗无聊的奥涅金故意向奥尔伽献殷勤，引起连斯基的愤怒并要求与他决斗，奥涅金在决斗中打死了自己的朋友。追悔莫及之余，奥涅金离开乡下出国漫游。几年后在圣彼得堡一个舞会上，奥涅金和已成为将军夫人的达吉雅娜重逢，发现自己深深爱上了她，但遭到达吉雅娜的回绝。作品用诗体写成，兼有诗和小说的特点，客观的描写和主观的抒情有机交融，广阔地反映了19世纪20年代俄国的社会生活，和《上尉的女儿》一起被誉为"俄罗斯生活的百科全书"。作者成功地塑造出了俄国文学中的第一个"多余人"形象，真实地表现了那一时代俄国青年的苦闷、探求和觉醒。

欧洲批判现实主义文学的奠基人巴尔扎克

巴尔扎克（1799~1850）19世纪法国伟大的批判现实主义作家，欧洲批判现实主义文学的奠基人和杰出代表。巴尔扎克生于法国中部的图尔城，15岁随父母迁居

关 键 词

巴尔扎克　法国　作家　批判现实主义
《人间喜剧》

巴黎。他20岁开始从事文学创作，以笔名发表过许多不成功的剧本和小说。为维持生计，于1825~1828年先后从事出版业和印刷业，皆告失败，负债累累。为了还债，巴尔扎克不得不夜以继日地写作。1829年出版的长篇小说《最后一个舒昂党人》，初步奠定了他在文学界的地位。1831年发表的长篇小说《驴皮记》为他赢得声誉，成为法国最负盛名的作家之一。巴尔扎克设想将自己的作品联系成一个有机整体，他起初将这个庞大的作品框架命名为《社会研究》，后因受但丁《神曲》（原名直译为《神圣喜剧》）的影响改为《人间喜剧》，把人世间的一切纷争角逐、悲欢离合喻为人生大舞台上的一个个场景，一幕幕悲喜剧。巴尔扎克宣称要做社会历史的"书记"，着力于"人物和他们的思想的物质表现"。1829~1849年，巴尔扎克为《人间喜剧》写出了91部作品，包括长篇、中篇、短篇小说和随笔等，分为《风俗研究》《哲学研究》和《分析研究》三个部分。其中包括长篇小说《欧也妮·葛朗台》《高老头》《幻灭》等。巴尔扎克通过小说"提供了一部法国'社会'特别是巴黎'上流社会'的卓越的现实主义历史。"

出色的社会画卷 《欧也妮·葛朗台》

关键词 巴尔扎克 《欧也妮·葛朗台》 吝啬鬼

《欧也妮·葛朗台》创作于1833年，作者是法国现实主义作家巴尔扎克，是巨著《人间喜剧》小说集中的一部代表作品，被称为"最出色的画幅之一"。小说描写守财奴葛朗台的家庭生活，借着葛朗台的贪婪与吝啬，揭露了金钱所造成的人性毁灭、家庭破裂等悲剧。法国大革命期间致富的守财奴葛朗台自私冷酷，他为了省钱，家里整年不买蔬菜和肉，楼梯坏了也不修理，为敛财把女儿当成诱饵，引诱那些向女儿求婚的男子，以便从中牟利，毫不理会独生女儿欧也妮·葛朗台的幸福；欧也妮温柔善良，为了爱情而反抗父亲的苛刻控制，葛朗台发现女儿把金币送给破产落魄的堂弟查理，大发雷霆，把她监禁起来，冬天没有火取暖，只给冷水和劣质面包。贤淑的母亲惊吓之中一病不起，继而去世。1827年吝啬鬼葛朗台在贪婪的迷狂中死去，留下1800万法郎的遗产。欧也妮拒绝众人追求，一直痴心等待查理，不料查理不知欧也妮此时已经继承了财产，为了攀附豪门姻亲而抛弃了她。欧也妮得到查理负心的消息之后，一气之下答应蓬风先生的求婚，她帮查理的父亲还了负债，还捐赠了许多钱给教会和学校。查理知道欧也妮拥有财富时后悔莫及。欧也妮在33岁时就成了寡妇，城里人又开始追求这位有钱寡妇。整部小说朴素有力，人物性格鲜明，尤其是守财奴葛朗台被刻画得栩栩如生。老葛朗台也因此成为世界文学史上四大著名吝啬鬼形象之一。

■《欧也妮·葛朗台》

浪漫主义文学的代表 雨果

　　维克多·雨果（1802~1885）19 世纪浪漫主义文学运动领袖，人道主义的代表人物。雨果出生于法国东部紧挨瑞士的杜省

关 键 词

雨果　法国　浪漫主义　《巴黎圣母院》《悲惨世界》

贝桑松，他的父亲是拿破仑手下的一位将军。少年时期的雨果即显露了诗才，多次在诗赛中获奖。1841 年雨果被选为法兰西学院院士，1848 年二月革命后，任共和国议会代表。1851 年拿破仑三世称帝，雨果奋起反对而被迫流亡国外，流亡期间写下一部政治讽刺诗《惩罚集》，拿破仑倒台后，他返回巴黎。他死后法国举国志哀，被安葬在聚集法国名人纪念碑的"先贤祠"。雨果一生创作历程超过 60 年，作品等身，包括 26 卷诗歌、20 卷小说、12 卷剧本、21 卷哲理论著，合计 79 卷之多，给法国文学和人类文化宝库增添了一份辉煌的文化遗产。其一生活动和创作的主导思想是人道主义——反对暴力、以爱制恶。代表作有《巴黎圣母院》《悲惨世界》等。雨果最为法国人津津乐道的浪漫事迹是：他于 30 岁邂逅 26 岁的女演员朱丽叶·德鲁埃，并堕入爱河，以后不管他们在一起或分开，雨果每天都要给她写一封情书，直到她 75 岁去世，将近 50 年来从未间断，写了将近两万封信。

美丑善恶的对比 《巴黎圣母院》

关键词　雨果　《巴黎圣母院》浪漫主义　卡西莫多

　　《巴黎圣母院》（创作于 1831 年）是雨果第一部大型浪漫主义小说。小说情节围绕三个人展开：美丽的爱斯美拉达、虚伪的圣母院副主教克洛德·弗罗洛、善良的敲钟人卡西莫多。爱斯美拉达是巴黎流浪人的宠儿，靠街头卖艺为生。她天真纯洁，富于同情心。克洛德表面上道貌岸然，内心却对世俗的享受充满妒羡。他意图强占爱斯美拉达，在恼恨之际刺杀引诱爱斯美拉达的卫队长浮比斯。可是法庭却判处爱斯美拉达绞刑。巴黎圣母院的敲钟人卡西莫多是驼背、独眼、又聋又跛的畸形人，从小受到世人的歧视与欺凌。爱斯美拉达曾在他受鞭刑时喂他水喝，这让他深受感动。在爱斯美拉达行刑之际，卡西莫多把她救入了圣

■《巴黎圣母院》

母院。克洛德再次意图强占爱斯美拉达，被卡西莫多驱赶开，于是他去请求国王解除圣母院的避难权。巴黎的流浪人和乞丐知道了此事，攻打圣母院想解救爱斯美拉达。卡西莫多不明真相，拼死抵抗。最终国王的士兵从后门进入教堂，击溃流浪人和乞丐们，将爱丝美拉达送上绞刑架。卡西莫多十分悲痛，将克洛德扔下钟楼。最后，卡西莫多在蒙孚贡大坟窟里找到爱斯美拉达的尸体，抱着她死去。作为浪漫主义文学的里程碑，这部小说最明显的标志之一，是雨果把善恶美丑做了鲜明的对比。

丹麦童话大师安徒生

关 键 词

安徒生 丹麦 作家 童话

安徒生（1805~1875）丹麦作家。1805年4月2日生于丹麦菲英岛奥登塞一鞋匠家庭。11岁时父亲病故，靠母亲为人洗衣维持生活。安徒生没有受过正规教育，1819年，为了能够学习舞台艺术，只身前往举目无亲的哥本哈根。后来他不得已放弃舞台生涯，开始学习剧本创作，也未获成功。1822年得到剧院导演约纳斯·科林的资助，安徒生就读于斯莱厄尔瑟的一所文法学校，1829年曾进入哥本哈根大学学习。1827年，他的第一首诗《垂死的小孩》发表，此后开始创作诗歌、剧本、游记和散文。安徒生到过挪威、瑞典、法国、西班牙、葡萄牙、希腊、小亚细亚和非洲，发表了不少游记作品。1843年，安徒生认识了瑞典女歌唱家燕妮·林德，真挚的情谊成了他创作中的鼓舞力量。他一直都没有结过婚，1875年8月4日，在哥本哈根梅尔彻的宅邸去世。这位童话大师一生坚持不懈地进行创作，把他的天才和生命献给"未来的一代"，直到去世前三年，共写了168篇童话和故事。他的作品被译成80多种语言，有不少童话故事被改编成电影、电视剧和芭蕾舞剧在世界各国放映和上演。

安徒生童话：最著名的童话

安徒生的童话和故事真实地反映了丹麦现实社会的矛盾，生活气息浓郁，又富有浪漫主义色彩和情调。从取材看，安徒

关键词 ｜ 童话　安徒生　《皇帝的新衣》《海的女儿》

生的童话一部分取材于民间故事、歌谣和传说，而更大一部分是取材于实际生活，是他从人生和社会生活观察中独立创作的。他的故事爱憎分明，热情歌颂劳动人民、赞美他们的善良和纯洁的优秀品德；无情地揭露和批判王公贵族们的愚蠢、无能、贪婪和残暴。他在作品中塑造的许多艺术形象，都已成为欧洲乃至世界语言中的典故。其中有讽刺皇帝愚蠢、昏庸和大臣们阿谀逢迎的《皇帝的新衣》，歌颂纯洁少女追求忠诚爱情的《海的女儿》，挖苦嘲笑皇帝、贵族的无知和脆弱的《夜莺》和《豌豆上的公主》，描写穷苦人悲惨生活的《卖火柴的小女孩》和《看门人的儿子》，以及反映他自己和母亲不幸遭遇和身世的《丑小鸭》和《她是一个废物》等。在语言风格上，安徒

■《卖火柴的小女孩》

生是一个有高度创造性的作家，在作品中大量运用丹麦下层人民的日常口语，语言生动、自然、流畅、优美、充满浓郁的乡土气息；在形式上则吸取了民间故事的结构。

英国小说之王狄更斯

❀ 关 键 词 ❀

狄更斯　英国　小说家　维多利亚时期　《双城记》　《雾都孤儿》

查尔斯·约翰·赫芬姆·狄更斯（1812~1870）英国维多利亚时期的著名小说家。出生于一个穷苦之家，他父亲因负债而入狱。少年时因家庭生活窘迫，只能断断续续入校求学。后被迫到工场作童工。15 岁以后，当过律师事务所学徒、录事和法庭记录员。20 岁开始当报馆采访员，报道下议院。1836 年，他陆续发表连载小说《匹克威克外传》，数期后便引起轰动。这是一部流浪汉小说形式的幽默作品，漫画式地反映了英国现实生活。之后，狄更斯连续出版了多部广受欢迎的小说，包括《雾都孤儿》《老古玩店》《双城记》《远大前程》以及自传题材的小说《大卫·科波菲尔》等。他主要以写实笔法揭露社会上层和资产阶级的虚伪、贪婪、卑琐、凶残，满怀激愤和深切的同情展示下层社会，特别是妇女、儿童和老人的悲惨处境，并以严肃、审慎的态度描写开始觉醒的劳苦大众的抗争。与此同时，他还以理想主义和浪漫主义的豪情讴歌人性中的真、善、美，憧憬更合理的社会和更美好的人生。狄更斯一生刻苦勤勉，繁重的劳动和对改革现实的失望，严重损害了他的健康。1870 年 6 月 9 日狄更斯因脑溢血与世长辞。

英国社会生活的风情画 《匹克威克外传》

《匹克威克外传》是狄更斯的代表作品，于 1836 年出版。作品采用流浪汉小说的形式，叙述了老绅士匹克威克带领以

关键词　狄更斯　《匹克威克外传》　流浪汉小说

他本人命名的俱乐部的三位成员——年迈多情的特普曼、附庸风雅的史拿格拉斯和纸上谈兵的文克尔走出伦敦，到英国各地漫游的故事。小说情节以匹克威克等人在旅途的见闻和遭遇展开，描述旅途之中的滑稽故事，以喜剧的手法对法官、律师、法庭、监狱、议会、选举等作了深刻的揭露和无情的嘲讽。小说中对于田园生活的描写带有

理想的浪漫色彩，表达了作者对没有剥削、压迫的人间乐园的向往；而对于尔虞我诈的城市生活的讽刺和谴责，则流露了作者对当时社会制度弊端的愤懑。到了 1837 年，《匹克威克外传》成为英国社会争相讨论的话题，一时之间社会上出现了"匹克威克热"，英国城市的街头也出现各种各样与匹克威克有关的商品。《匹克威克外传》在英国文学上最主要的贡献是最早以当代现实生活为创作素材，并把平民当做小说的主人公。小说描写当时社会生活的各种场景，如街道、广场、客店等，肯定了当代生活素材的美学价值。

■《匹克威克外传》插图

小说家中的小说家屠格涅夫

屠格涅夫（1818~1883）俄国现实主义小说家、诗人和剧作家。出生于世袭贵族之家，1833 年进莫斯科大学文学系，

关 键 词

屠格涅夫　俄国　现实主义　《父与子》

一年后转入彼得堡大学哲学系语文专业，毕业后到德国柏林大学攻读哲学、历史和希腊与拉丁文。屠格涅夫在欧洲见到了更加现代化的社会制度，主张俄国学习西方，废

除包括农奴制在内的封建制度。1847~1851 年，他在进步刊物《现代人》上发表其成名作《猎人笔记》。该作品反农奴制的倾向触怒了当局，当局以屠格涅夫发表追悼果戈里文章违反审查条例为由，将其拘捕、放逐。19 世纪 50 至 70 年代，屠格涅夫陆续发表了长篇小说《罗亭》《父与子》《处女地》等，以生动的艺术形象敏锐地反映出社会生活发展的新动向，被誉为 19 世纪 40 至 60 年代俄罗斯的"社会编年史"。其中《罗亭》是他的第一部长篇小说，塑造了继奥涅金、皮却林之后又一个"多余的人"形象。从 60 年代起，屠格涅夫大部分时间在西欧度过，结交了许多著名作家、艺术家，如左拉、莫泊桑、都德等，对俄罗斯文学和欧洲文学的沟通交流起到了桥梁作用。屠格涅夫是一位有独特艺术风格的作家，他既擅长细腻的心理描写，又长于抒情。小说结构严整，情节紧凑，人物形象生动，尤其善于细致雕琢女性艺术形象。他对旖旎的大自然的描写也充满诗情画意。

一部点燃火种的书 《猎人笔记》

关键词 屠格涅夫 《猎人笔记》 散文化小说

■《猎人笔记》插图

1847~1851 年，屠格涅夫在进步刊物《现代人》上发表其成名作《猎人笔记》。这部作品是一部形式独特的特写集，以一个猎人在狩猎时所写的随笔形式出现，包括 25 个短篇故事。全书描写了俄罗斯乡村的山川风貌、生活习俗，刻画了地主、管家、磨房主妇、城镇医生、贵族知识分子、农奴、农家孩子等众多的人物形象，别林斯基评价该作品"从一个前人所不曾有过的角度接近了人民"。屠格涅夫从民主主义的立场上，表达了对备受欺凌的劳动人民的同情，控诉农奴在农奴制度下的悲惨遭遇，揭露地主的残暴、奢侈，因而该书也被誉为"一部点燃火种的书"。该书的反农奴制倾向触怒了当局，教育部长上书沙皇尼古拉一世，称"《猎人笔记》有侮辱地主的绝对倾向"，当时的检查官也因此被撤职。就艺术成就而言，这部作品是散文化小说、诗化小说的范例。简练优美的语言，对大自然富有诗意的描写，以及叙述中委婉的抒情笔调，更是增添了它的艺术魅力。

现代主义的鼻祖福楼拜

居斯塔夫·福楼拜（1821~1880）是19世纪中叶法国现实主义作家。生于法国诺曼底卢昂医生世家。童年在父亲医院里度

> ❋ **关 键 词** ❋
> 福楼拜　法国　现实主义　客观化

过，医院环境培养了他细致观察与剖析事物的习惯，对日后文学创作有极大的影响。福楼拜在中学时就热爱浪漫主义作品，并从事文学习作。早期习作有浓厚浪漫主义色彩。1840年，他赴巴黎求学，攻读法律，期间结识雨果。1843年放弃法律，专心文学。1846年回到卢昂之后，他埋头写作，偶尔拜会文艺界朋友，直到生命最后时刻。有段时间他住在卢昂附近的克鲁阿斯，书房的窗户正巧面对着塞纳河。他在这里勤奋写作，久而久之，窗前的灯光成了塞纳河上船夫的灯塔。晚年，他曾悉心指导莫泊桑写作。1856年他的小说《包法利夫人》在《巴黎杂志》上连载，因内容太过敏感而被指控，由此声名大噪。其主要代表作还有《情感教育》等。福楼拜主张小说家应像科学家那样实事求是，要通过实地考察进行准确地描写，其作品语言也精练、准确、铿锵有力，是法国文学史上的"模范散文"之作。在现实主义向现代主义转型中，福楼拜起了承前启后的作用。他提倡"客观而无动于衷"的创作理论，反对小说家在作品中表现自己，因而其作品非常重视描绘平庸的日常生活，在情节构造上出现一种日常化的趋势。这种"客观化写作"为现代主义叙述中零焦聚的使用提供了范例。

"新艺术的法典" 《包法利夫人》

关键词 | 福楼拜　《包法利夫人》　爱玛

《包法利夫人》是福楼拜的长篇小说代表作。1856年开始在《巴黎杂志》上连载，一开始因内容太过敏感而被指控为淫秽之作，批评这部书"违反公共和宗教、道德及善良风俗"。1857年2月经法院审判无罪，福楼拜由此声名大噪。《包法利夫人》被视为是"新艺术的法典"，一部"最完美的小说"。书中主角爱玛·鲁奥是一位农庄女

■ 包法利夫人爱玛

孩，嫁给了小镇医生夏尔·包法利。平淡的婚姻生活让爱玛大失所望，她沉浸在追求爱情的美梦中，先后结识了才华洋溢的年轻人赖昂和俊朗的贵族鲁道夫。鲁道夫只是一个逢场作戏的花花公子，在厌倦了爱玛的肉体之后，他抛弃爱玛另寻新欢。后来，爱玛去卢昂看戏解闷，凑巧在剧场里遇到了赖昂，两人旧情复燃，她借口学钢琴之名义，偷偷跟赖昂幽会。陷入热恋的她，从服装商人勒内那儿赊购了大量的服饰打扮自己，累积了大量债务。迫使爱玛瞒着丈夫把房产权抵押了债务，不断地借债与典当，使得爱玛陷入困境。她求助于情人赖昂，赖昂却对她冷漠以待。最后爱玛在绝望之余吃下砒霜，痛苦地离开了这个世界。包法利先生受到严重打击，不久也死了，爱玛遗下的女儿寄养在姨母家里，因姨母家穷，后来进了纱厂。《包法利夫人》不仅思想内涵上具有强烈的现实意义和批判效果，而且艺术风格上在继承现实主义传统的同时，取得了革新性的效果，在法国甚至世界文坛，获得了普遍赞誉和高度评价。

昆虫界的"荷马" 法布尔

关键词

法布尔　法国　昆虫学家　《昆虫记》

法布尔（1823~1915）法国昆虫学家，作家。他出生于法国普罗旺斯的圣雷恩村一户农家，年幼时就常常被乡间的蝴蝶与蝈蝈儿吸引。19岁时，法布尔从阿维尼翁师范学校毕业，开始了他的教师生涯。后来，他曾经在科西嘉岛、阿维尼翁等地任教师。在此期间，他一边在学校任教，一边从事对植物、昆虫的研究，同时也写作科普读物。1857年，他发表了《节腹泥蜂习性观察记》，被法兰西研究院授予实验生理学奖。1860年，他辞去了工作，携全家在奥朗日定居下来，并一住就是十余年。在这这十余年里，法布尔完成了后来长达十卷的《昆虫记》中的第一卷。期间，他多次与好友一同到万度山采集植物标本。1879年，法布尔买下了塞利尼昂的荒石园，并一直居住到逝世。在这里，法布尔一边进行观察和实验，一边整理前半生研究昆虫的观察笔记、实验记录和科学札记，完成了《昆虫记》的后九卷。由于《昆虫记》中精确地记录了法布尔进行的试验，揭开了昆虫生命与生活习惯中的许多秘密，达尔文称法布尔为"无法效仿的观察家"，《昆虫记》的成功也为他赢得了"昆虫界的荷马"以及"科学界诗人"的美名。法布尔一生坚持自学，先后取得了业士学位、数学学士学位、自然科学学士学位和自然科学博士学位，精通拉丁语和希腊语，他的绘画也颇受赞誉。

■《昆虫记》

现代戏剧之父 易卜生

亨利·约翰·易卜生（1828~1906）挪威剧作家。易卜生出生于挪威南部小城斯基恩的一个木材商人的家庭，后来家道中落，16岁到小城格里姆斯塔做药店学徒并开始写剧。青年时受欧洲资产阶级民主革命影响，曾参加挪威民族独立运动。1848年开始写作诗歌和剧本。1850年易卜生到奥斯陆报考大学，但未被录取，同年完成第一部剧作。1851年10月经人推荐，易卜生入卑尔根剧院任编剧和舞台主任，由此开始职业戏剧家的生涯。在挪威剧院工作期间，他作为作家、导演和制作者参加了100

多部剧作的制作。他从工作中获得了许多实际经验，而这些经验后来对他的剧作有很大的作用。1864 年，易卜生离开挪威，此后的 27 年间，一直侨居在罗马、德累斯顿、慕尼黑等地。在此期间，他创作了大量戏剧，其作品往往以日常生活为素材，从多方面剖析社会问题，揭露和批判的锋芒直指资产阶级社会的种种弊端，触及到法律、宗教、道德乃至国家、政党、体制等各个领域。因此人们称之为"社会问题剧"。主要代表作有：《青年同盟》《社会支柱》《玩偶之家》《群鬼》《人民公敌》等。1891 年，易卜生回到挪威。1900 年中风后长期卧病，直至 1906 年 5 月去世。挪威议会和各界人士为他举行了国葬。易卜生一生共写过 26 个剧本和许多诗篇。他的剧作对现代戏剧发展具有深刻而广泛的影响，故而被称誉为"现代戏剧之父"。

妇女解放的"独立宣言" 《玩偶之家》

关键词 | 易卜生 娜拉 妇女解放

三幕话剧《玩偶之家》（1879）是易卜生的代表作，也译作《娜拉》。主人公娜拉的丈夫海尔茂律师刚谋到银行经理一职，正欲大展鸿图。娜拉请他帮助老同学林丹太太找份工作，于是海尔茂解雇了手下的小职员柯洛克斯泰，准备让林丹太太接替空出

■《玩偶之家》剧照

的位置。娜拉前些年为给丈夫治病而借债，无意中犯了伪造字据罪，柯洛克斯泰拿着字据要挟娜拉。海尔茂看了柯洛克斯泰的揭发信后勃然大怒，大骂娜拉，说自己的前程全被毁了。待柯洛克斯泰被林丹太太说动，退回字据时，海尔茂又故作姿态地说饶恕她。娜拉由此看清丈夫关心的只是他的地位和名誉，所谓"爱""关心"，只是拿她当玩偶。于是她断然离家出走。剧本结构紧凑，情节集中。全剧采用追溯的手法，通过债主的要挟，海尔茂收到揭发信，交代"娜拉伪造签名"这一剧情发展的关键事件，然后集中刻画他们冲突、决裂的过程。剧中，娜拉向丈夫严正地宣称："首先我是一个人，跟你一样的人，至少我要学做一个人。"她是个具有资产阶级个性解放思想的叛逆女性，她对社会的背叛和弃家出走，是对男权为中心的社会传统观念的反叛。这部戏剧也被誉为妇女解放的"独立宣言"。

俄国最伟大的作家 列夫·托尔斯泰

列夫·尼古拉耶维奇·托尔斯泰（1828~1910）俄国小说家、评论家、剧作家和哲学家。托尔斯泰出身于名门贵族，自幼父母双亡。1844年考入喀山大学东方系，但

> **❀关　键　词❀**
> 托尔斯泰　俄国　《战争与和平》
> 《安娜·卡列尼娜》　《忏悔录》

是并不专心学业，沉迷于社交，并对哲学、文学产生兴趣。1847年，他退学回到自己的庄园。后来他曾一度在军中服役。1855年，托尔斯泰到彼得堡进入文学界，先后写了自传体小说《童年》（1855）《少年》（1857）等。1857年和1860年，托尔斯泰两度出国，看到资本主义社会重重矛盾，但找不到消灭社会罪恶的途径，只好呼吁人们按照"永恒的宗教真理"生活。他认为贵族应走向"平民化"，这些思想鲜明地体现在其中篇小说《哥萨克》等作品中。1863~1869年托尔斯泰创作了长篇历史小说《战争与和平》，这是其创作历程中的第一个里程碑。1873~1877年他经12次修改，完成第二部里程碑式巨著《安娜·卡列尼娜》。70至80年代之交，托尔斯泰的世界观发生转变。在《忏悔录》等书中，他对富裕而有教养的阶级的生活及其基础——土地私有制表示强烈的否定，对国家和教会进行猛烈的抨击，宣扬基督教的博爱和自我修身。从此，托尔斯泰厌弃自己及周围的贵族生活。托尔斯泰晚年思想趋于激进，和妻子之间也矛盾不断。1910年11月10日，他秘密出走，不幸在途中患肺炎，20日在阿斯塔波沃车站逝世。托尔斯泰被认为是世界最伟大的作家之一。高尔基曾说："不认识托尔斯泰者，

不可能认识俄罗斯。"

最伟大的小说《战争与和平》

关键词 《战争与和平》 托尔斯泰
恢宏构思

《战争与和平》是一部宏伟巨著，它以战争问题为中心，以库拉金、包尔康斯基、劳斯托夫、别竺豪夫四家贵族的生活为线索，以史诗般广阔与雄浑的气势，生动地描写了 1805 至 1820 年俄国社会的重大历史事件和各个生活领域："近千个人物，无数的场景，国家和私人生活的一切可能的领域，历史，战争，人间一切惨剧，各种情欲，人生各个阶段，从婴儿降临人间的啼声到气息奄奄的老人的感情最后迸发，人所能感受到的一切欢乐和痛苦，各种可能的内心思绪，从窃取自己同伴的钱币的小偷的感觉，到英雄主义的最崇高的冲动和领悟透彻的沉思——在这幅画里都应有尽有。"小说把战争与和平，前线与后方、国内与国外、军队与社会、上层与下层连结起来，既全面反映了时代风貌，又为各式各样的典型人物创造了极广阔的典型环境。作者对生活的大面积涵盖和整体把握，对个别现象与事物整体、个人命运与周围世界的内在联系的充分揭示，使这部小说具有极大的

■《战争与和平》剧照

思想和艺术容量。《战争与和平》恢弘的构思和卓越的艺术描写震惊世界文坛，成为举世公认的世界文学名著和人类宝贵的精神财富。英国作家毛姆及诺贝尔文学奖得主罗曼·罗兰称赞它是"有史以来最伟大的小说""是我们时代最伟大的史诗，是近代的伊利亚特"。

写实主义小说的经典代表 《安娜·卡列尼娜》

关键词 | 托尔斯泰　《安娜·卡列尼娜》　渥伦斯基

《安娜·卡列尼娜》是俄国作家列夫·托尔斯泰于1875~1877年间创作的小说，被认为是写实主义小说的经典代表。小说由两条主要的平行线索结构而成，整体上反映了农奴制改革后的俄国在政治、经济、道德、心理等方面的矛盾。小说通过安娜——卡列宁——渥伦斯基线索展示了封建主义家庭关系的瓦解和道德的沦丧；通过列文——吉提线索描绘出资本主义势力侵入农村后，地主经济面临危机的情景，揭示出作者执著地探求出路的痛苦心情。安娜年轻时和丈夫卡列宁结合，本来婚姻美满。卡列宁在仕途上成功，安娜也在交际场上光芒四射。后来，安娜在车站认识了年轻军官渥伦斯基，渥伦斯基的热情唤醒了安娜沉睡已久的爱情，二人产生了真爱，在当时社会强大的舆论压力下，不顾一切地私奔，他们的爱情悲剧就此展开。虽然安娜勇敢地告诉自己的丈夫一切实情，希望能离婚，但看重社会地位的卡列宁，难以忍受夺妻的耻辱，以安娜最心爱的儿子做威胁，拒绝和安娜离婚并逼她放弃儿子。安娜终于离家出走，与渥伦斯基同居。上流社会把安娜看作堕落的女人，断绝和她往来。后来，渥伦斯基承受不了社会压力开始对她表示冷淡，安娜绝望之际，在火车站跳下月台自杀。葬礼之后，卡列宁带走安娜和渥伦斯基的女儿，渥伦斯基受到良心的谴责，大病一场，后来志愿从军。

■《安娜·卡列尼娜》

幽默文学大师马克·吐温

马克·吐温（1835~1910）原名塞缪尔·朗赫恩·克列门斯。是美国的幽默大师、小说家、作家，亦是著名演说家。马克·吐温

关 键 词

马克·吐温　美国　小说家　幽默文学

于 1835 年 11 月 30 日出生在美国密苏里州佛罗里达的乡村——贫穷律师家庭。他十二岁那年父亲去世，从此开始了独立的劳动生活，先在印刷所当学徒，当过送报人和排字工，后来在密西西比河上当水手和领航员。南北战争爆发后，他曾经做过矿工，后来成为记者。记者生涯使得马克·吐温得以到美国以及欧洲等许多地方游历，他为此写了很多旅行文学著作，包括《傻子旅行》《艰苦岁月》等等。19 世纪 60~70 年代，马克·吐温发表很多幽默短篇，其中多数为小品类。它们的主要特色是极度夸张、幽默、滑稽。主人公往往天真老实，思想单纯，有一套先入为主的想法，结果处处碰壁。他的成名作《卡拉维拉斯县驰名的跳蛙》和名篇《竞选州长》都是如此。70 年代初，马克·吐温同一位富商的女儿奥利薇亚·兰登结婚，定居在马萨诸塞州的哈特福德，他的主要代表作《汤姆·索亚历险记》《在密西西比河上》和《哈克贝利·费恩历险记》就写于此。马克·吐温善于运用夸张的手法，把生活中各种丑恶的人、事以及丑恶的灵魂放大许多倍，呈现在读者面前，唤起读者的憎恶感。他的幽默具有乐观诙谐的特色，讽刺带有嘲笑的意味。

美国儿童文学的代表作《汤姆·索亚历险记》

《汤姆·索亚历险记》是美国著名小说家马克·吐温的代表作，发表于 1876 年。故事发生在 19 世纪上半叶密西西比河畔的

关键词　《汤姆·索亚历险记》　马克·吐温　儿童文学

一个普通小镇上。小说主要讲述了主人公汤姆·索亚的冒险故事。汤姆·索亚对家庭中死板严格的生活和学校枯燥乏味的功课感到厌烦，于是和他的小伙伴哈克贝利·费恩等离家出走。他们偷偷来到密西西比河的荒岛上，过着自由自在的流浪生活。在他们去墓地探险时，目睹了一起凶杀案。当无辜者即将受到审判时，汤姆勇敢地站了出来，指证杀人真凶，成了一个了不起的英雄。后来在郊游途中，汤姆还用智慧和胆识拯救

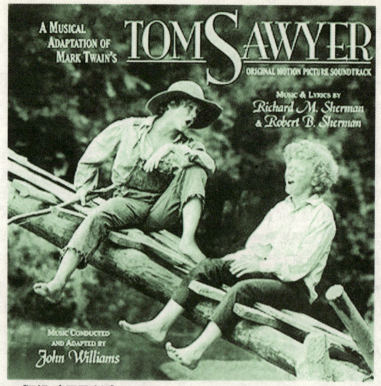

■《汤姆·索亚历险记》

了自己和小伙伴，最后还找到了真正属于自己的宝藏。小说通过主人公的冒险经历，对美国虚伪庸俗的社会习俗、伪善的宗教仪式和刻板陈腐的学校教育进行了讽刺和批判，以欢快的笔调描写了少年儿童自由活泼的心灵。《汤姆·索亚历险记》以其浓厚的深具地方特色的幽默和对人物的敏锐观察，一跃成为伟大的儿童文学作品。

法国的"狄更斯"：都德

阿尔封斯·都德（1840~1897）19世纪法国著名现实主义作家，小说家，龚古尔学院院士。他出生于法国南方尼姆

关 键 词

法国　都德　《小东西》　《最后一课》

城一个破落的丝绸商人家庭，迫于穷困，15岁起在小学里担任监学，独自谋生。1857年他17岁时带着诗作《女恋人》到巴黎，开始文艺创作，1866年散文和故事集《磨

坊书简》的出版给他带来小说家的声誉。1870 年普法战争爆发，都德应征入伍。战争生活给他提供了新的创作题材，后来他曾以战争生活为题材创作了不少爱国主义短篇。1873 年他发表了著名短篇小说集《月曜日故事集》，其中大多是以这次战争为背景的。其中的《最后一课》和《柏林之围》更由于具有深刻的爱国主义内容和精湛的艺术技巧而享有极高的声誉，成为世界短篇小说中的杰作。都德写过 12 部长篇小说，以《小东西》《达拉斯贡的达达兰》和《萨福》等最为出色。《小东西》半自传式地记叙了作者青少年时期因家道中落，不得不为生计而奔波的经历，以俏皮和幽默的笔调描绘资本主义社会人与人之间的冷酷关系。这部小说集中表现了作者的艺术风格，不带恶意的讽刺和含蓄的感伤，也就是所谓含泪的微笑。因此，都德有法国的"狄更斯"之称。

爱国主义短篇小说《最后一课》

《最后一课》写于 1873 年，小说以普法战争为背景，普鲁士战胜法国后强行兼并阿尔萨斯和洛林两省，普鲁士规定这两

关键词 都德 《最后一课》 爱国主义 普法战争

省的小学只能教授德文。小说描写的就是阿尔萨斯省一所乡村小学，向祖国语言告别的最后一堂法语课。通过一个小学生在上最后一堂法文课时的所见所闻与内心感受，深刻地表现法国人民深厚的爱国主义感情。小弗郎士痛悔的心理活动，描写得细腻动人。教师韩麦尔先生作为一个爱国知识分子的典型，形象栩栩如生。作品题材虽小，但精心剪裁，记叙详略得当，主题挖掘得很深。它被译成世界各国文字，常被选为中、小学生的语文教材，中国也有译文。不过后来也有人指出，都德的这篇小说很可能只是一个完全虚构的爱国故事，并没有真实地反映当时的社会现实。因为阿尔萨斯省在当时绝大部分居民都是说德语方言的，一直到今天，该地区绝大部分人依然说德语，很少说法语。

■《最后一课》小弗朗士

优秀的批判现实主义作家——莫泊桑

居伊·德·莫泊桑（1850~1893）19世纪后半期法国优秀的批判现实主义作家。他的母亲酷爱文学艺术，与法国著名作家

福楼拜是朋友，因而莫泊桑曾拜福楼拜为师。1869年莫泊桑通过中学会考进入巴黎大学法学院攻读法律，这一时期他查阅了形形色色的案例，也积累了大量文学创作素材。可惜不到一年时间，普法战争爆发，他有一段时间曾手持猎枪深入密林展开游击活动。从1872年起，莫泊桑定居巴黎，先后在海军部和教育部任职，长达数十年，这些经历使他对小职员的生活状况和精神境界有了深刻的认识，这也成为他日后创作的重要主题。1880年，莫泊桑完成了杰作《羊脂球》，获得巨大成功，此后因为写作而名利双收。到了80年代末期，莫泊桑健康情况糟糕，思想上也陷入阴郁苦闷，后来还患了精神分裂症。1891年病情急转直下，最后他精神失常，1893年逝世于精神病院。莫泊桑一生创作了6部长篇小说和350多篇中短篇小说，他的短篇小说构思别具匠心，情节变化多端，描写生动细致，刻画人情世态惟妙惟肖，令人读后回味无穷，因而与契诃夫和欧·亨利并列为世界短篇小说之王。他擅长从平凡琐屑的事物中截取富有典型意义的片断，以小见大地概括出生活的真实。

短篇讽刺小说的杰作《羊脂球》

《羊脂球》是法国作家莫泊桑短篇小说的代表作。这篇小说以普法战争为背景。一辆马车从被占领的卢昂城出发，到法军还据守着的勒阿弗尔港去。车中的乘客是一对工业家、一对贵族，一对商人、两个修女、一个民主党政客和一个绰号叫羊脂球的妓女。羊脂球一个人带了一篮子的食物，足够她吃上三天，她知道这些上层人物看不起自己，可是她还是慷慨地请大家一起吃。马车行经中途被一普军军官扣留，放行的条件是要车中的羊脂球陪他睡觉。一开始，同车的所有旅伴都对羊脂球表示同情，似乎与她同仇敌忾。但是后来，车上的人为了个人安危而逼迫羊脂球作出自我牺牲，他们先是婉言劝诱，继而旁敲侧击，最后大举进攻，羊脂球出于无奈被迫向敌人献身；

MICHELINE PRESLE
Dans un film de CHRISTIAN-JAQUE

BOULE DE SUIF

D'après les célèbres nouvelles de GUY de MAUPASSANT — "BOULE DE SUIF" et "MADEMOISELLE FIFI"
Dialogues Henri JEANSON

Scénario Henri JEANSON et Louis d'HÉE
Adaptation Henri JEANSON —
Louis d'HÉE et CHRISTIAN-JAQUE
Prise de vues de Christian MATRAS
Décors de León BARSACQ
Directeur de Production Louis WIPF

Berthe BOVY   Alfred ADAM
Louise CONTE   Jean BROCHARD
Suzet MAIS   Denis d'INES
Janine VIENOT   Roger KARL

LOUIS SALOU
Production ARTES-FILM

■《羊脂球》

当马车放行后，他们又对羊脂球横加唾弃、嘲笑，以显示自己的"高洁"。小说以一个
羞于委身敌寇的妓女做对照，淋漓尽致地刻画出只顾私利而不顾民族尊严的贵族资产
者们的丑恶，讽刺这些资产阶级的上层人物其道德远不如一个妓女。这篇小说获得巨
大成功，福楼拜称之为"可以流传于世的杰作"。

俄罗斯短篇小说巨匠契诃夫

安东·巴甫洛维奇·契诃夫（1860~
1904）俄国小说家、戏剧家。1860 年 1 月
生于罗斯托夫省塔甘罗格市。父亲开设杂

关 键 词
契诃夫　俄国　短篇小说巨匠　戏剧家
《变色龙》

货铺，但1876年破产，全家迁居莫斯科。契诃夫只身留在塔甘罗格，靠担任家庭教师以维持生计和继续求学。为了补贴家用，契诃夫开始写作一些幽默讽刺的小故事。1879年进莫斯科大学医学系。1884年毕业后在兹威尼哥罗德等地行医，同时继续写作，当年完成了其讽刺代表作《变色龙》，1886年完成小说集《杂集》，其中包括著名的《万卡》《苦恼》等。第二年契诃夫得到了普希金奖。1890年4月到12月，契诃夫到政治犯人流放地库页岛考察后，深有感触。后来他于1892年发表了表现重大社会课题的作品《第六病室》，作品猛烈抨击沙皇专制暴政，反对对人民群众精神的摧残。1898年，他发表了《姚内奇》与《套中人》等，对社会上的庸俗现象和僵化的思想进行批判。契诃夫的小说不追求情节曲折，注重人物性格的塑造，让人物的不同性格形成冲突与矛盾，进而反映社会现实；既有对丑恶现象的辛辣讽刺，也饱含了对贫苦人民的深切同情。1891年后，契诃夫将重心转向戏剧创作。剧本《海鸥》《三姊妹》、《樱桃园》等，奠定了他在戏剧史上的声誉。1904年7月15日，因为肺病恶化病逝于德国巴登维勒。

讽刺小说的代表《套中人》

关键词 契诃夫 俄国 《套中人》
讽刺小说

■《套中人》

《套中人》是契诃夫短篇小说的代表作，以讽刺的手法，入木三分地刻画了沙皇专制制度的忠实卫道士的典型形象。小说从一个月夜两位打猎朋友的聊天开始，他们聊到了别里科夫的故事。别里科夫是一个中学教员，生活中一刻也离不开各种各样的"套子"：晴天带雨伞，耳朵塞棉花，把脸也躲藏在竖起的大衣领里。他还要把思想藏在"套子"里，这个"套子"就是沙皇政府压制人民自由的文告和法令。他老是一个劲地嚷"千万别闹出乱子啊"，就连教师骑自行车，也一本正经地加以指责。后来，在沉重的精神压力之下，他惶惶而终。在作者的笔下，他代表了旧制度、旧秩序、旧思想的忠实维护者，人们害怕他，其实是被那黑暗污浊的政治空气压得喘不过气来。当时的俄国，亚历山大三世实行恐怖统治，在俄罗斯大地上警探密布，告密诬陷之风盛行，在社会上确实有许许多多的别里科夫式的人物。作品通过别里科夫这个人物将批判锋芒直指扼杀一切生机的沙皇专制制度。小说最大的特色是讽刺手法的大量运用。作者将人物形象漫画化，夸张地描写别里科夫荒唐的举止以及语言，从而达到讽刺的喜剧效果。

印度的"诗圣" 泰戈尔

泰戈尔（1861~1941）印度诗人，作家，艺术家，社会活动家。1861年5月7日生于西孟加拉邦加尔各答市。1878年赴英国留学，最初学习法律，后转入伦敦大学学习英国文学，研究西方音乐。

关 键 词

泰戈尔 印度 诗人 诺贝尔文学奖
《吉檀迦利》

1880年回国，专事文学创作。泰戈尔曾一度去加尔各答投身反帝爱国运动，后来因不满暴力活动，退出运动回圣地尼克坦，过隐居生活，埋头创作。1913年，他因英文版《吉檀迦利》荣获诺贝尔文学奖，从此闻名世界文坛。泰戈尔在文化交流方面作出很多努力，向西方介绍印度文化，同时也把西方文化介绍到印度。第一次世界大战爆发后，他先后10余次远涉重洋，访问几十个国家和地区，传播和平友谊，从事文化交流。在长达近70年的创作活动中，泰戈尔共写了50多部诗集，12部中长篇小说，100余篇短篇小说，20多部剧本，大量关于文学、哲学、政治方面的论著，还创作了1500余幅画和2000余首歌曲，其中1首为印度国歌。其主要的代表作有：诗集《飞鸟集》《园丁集》《吉檀迦利》，小说《摩诃摩耶》《戈拉》等。

泰戈尔诗歌：植根民族艺术土壤

泰戈尔一生共写有50多部诗集。虽然他的创作具有多方面的成就，但他是通过诗歌而扬名世界的。

关键词 | 泰戈尔 《吉檀迦利》《生辰集》

1913年，宗教抒情诗集《吉檀迦利》获得诺贝尔文学奖，这是东方人第一次获得此奖。"吉檀迦利"是"献诗"的意思，即献给神的诗，诗集的主题是敬仰神，渴求与神的结合。颂神诗的形式在印度古已有之，但泰戈尔的这部诗集，

■ 泰戈尔像（徐悲鸿作）

它的内容与现实是紧密结合的，表达了诗人对人生理想的探索和追求。诗集深深地植根于民族艺术的土壤，又大胆吸收外国的诗歌营养，开辟了印度诗歌的新天地。其获得诺贝尔奖的理由是："由于他那至为敏锐、清新与优美的诗；这诗出之于高超的技巧，并由于他自己用英文表达出来，使他那充满诗意的思想业已成为西方文学的一部分。"泰戈尔晚期的政治抒情诗，逐渐改变了以前的改良主义情调和神秘主义色彩，表现出鲜明的政治倾向性。《生辰集》第 10 首被认为是泰戈尔一生创作的纪念碑，泰戈尔在这首诗中提出的中心问题是诗人与劳动人民的关系问题，他以此为标准总结评价了自己一生的创作。

美国短篇小说大师 欧·亨利

关 键 词

欧·亨利　美国　短篇小说大师　《四百万》

欧·亨利（1862~1910）美国小说家，世界著名的短篇小说大师。出生于美国北卡罗来纳州一个小镇的医师家庭。欧·亨利 3 岁丧母，由祖母和姑母抚养长大。他很喜欢读书，但是 15 岁时被迫辍学。他到德克萨斯州谋生，当过药剂师、绘图员、记者和出纳员等。1882 年，他在德州奥斯汀结婚。1884 年，他创办幽默杂志《滚石》，不久失败，后转投《休斯顿邮报》当记者和专栏作家。1887 年，他被控告在银行工作时挪用公款，1898 年被判处五年徒刑。在狱中，为了供给自己的女儿上学，他开始写短篇故事。1901 年他出狱，移居纽约，开始创作生涯，正式使用"欧·亨利"这个笔名。1904年他第一个集子《白菜与国王》出版。1906年《四百万》出版，其中包括他最著名的作品《麦琪的礼物》和杰作《警察与赞美诗》《二十年后》《带家具出租的房间》。他的代表作还有《最后一片叶子》（1907）、《红毛酋长的赎金》（1910）。由于大量佳作出版，他名利双收。他不仅挥霍无度，而且好赌，好酒贪杯。写作的劳累与生活的无节制使他的身体受到严重损伤。1910年，欧·亨利因肝硬化去世。他去世9年后，有人设立了"欧·亨利奖"，一年颁奖一次，以表彰优秀的短篇故事。

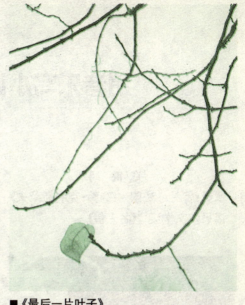

■《最后一片叶子》

欧·亨利短篇小说：意料之外，情理之中

欧·亨利在大概十年的时间内创作了短篇小说共有300多篇，收入《白菜与国王》《四百万》《西部之心》《市声》

关键词 欧·亨利　短篇小说　欧·亨利式的结尾　《麦琪的礼物》

《滚石》等集子，其中以描写纽约曼哈顿市民生活的作品为最著名。他把那儿的街道、小饭馆、破旧的公寓气氛渲染得十分逼真，故有"曼哈顿的桂冠诗人"之称。他的文字生动活泼，善于利用双关语、讹音、谐音和旧典新意，妙趣横生，被喻为"含泪的微笑"。他还以准确的细节描写，制造与再现气氛，特别是大都会夜生活的气氛。欧·亨利还以擅长结尾闻名遐迩，美国文学界称之为"欧·亨利式的结尾"。他善于戏剧性地设计情节，埋下伏笔，作好铺垫，勾勒矛盾，最后在结尾处突然让人物的心理情境发生出人意料的变化，或使主人公命运陡然逆转，使读者感到豁然开朗，柳暗花明，既在意料之外，又在情理之中，不禁拍案称奇，从而造成独特的艺术魅力。其短篇小说的代表作《麦琪的礼物》就是如此。故事中的吉姆和德拉是一对恩爱的贫穷夫妻，在圣诞节想买一件圣诞礼物送给对方。德拉把自己的美丽金发卖掉，换了钱买了一个闪闪发亮的白金表链，希望能配上丈夫的传家之宝——金表；吉姆却卖掉金表，给妻子买了镶有宝石的梳子。

"用音乐写小说"的作家 罗曼·罗兰

❋ 关 键 词 ❋

罗曼·罗兰 法国 《约翰·克利斯朵夫》
诺贝尔文学奖 《名人传》

■ 1935 年罗曼·罗兰在莫斯科

罗曼·罗兰（1866~1944）法国作家、音乐评论家。1866 年 1 月 29 日生于法国中部高原上的小市镇克拉姆西。15 岁时，随父母迁居巴黎。1899 年，罗曼·罗兰毕业于法国巴黎高等师范学校，其后入罗马法国考古学校当研究生。归国后在巴黎高等师范学校和巴黎大学讲授艺术史，并从事文艺创作。罗兰为让世人"呼吸英雄的气息"，连续写了几部名人传记：《贝多芬传》（1903）、《米开朗琪罗传》（1906）和《托尔斯泰传》（1911）等。同时发表了他的长篇小说杰作《约翰·克利斯朵夫》，这部巨著共 10 卷，以主人公约翰·克利斯朵夫的生平为主线，描述了这位音乐天才的成长、奋斗和终告失败，同时对德国、法国、瑞士、意大利等国家的社会现实，作了不同程度的真实写照。全书犹如一部庞大的交响乐。每卷都是一个有着不同乐思、情绪和节奏的乐章。该小说于 1913 年获法兰西学院文学奖金。1915 年，为了表彰"他的文学作品中的高尚理想和他在描绘各种不同类型人物所具有的同情和对真理的热爱"，罗兰被授予诺贝尔文学奖。两次大战之间，罗曼·罗兰发表了两部反战小说《格莱昂波》和《皮埃尔和吕丝》。这一时期还发表了音乐理论和音乐史的重要著作七卷本《贝多芬的伟大创作时期》。

艺术领域的"英雄传记"《名人传》

《名人传》，又称《巨人三传》，是法国著名作家、音乐评论家罗曼·罗兰所写，它包括《贝多芬传》《托尔斯泰传》《米

关键词	《名人传》 罗曼·罗兰 贝多芬 托尔斯泰 米开朗琪罗

开朗琪罗传》三部"英雄传记"。从结构上看，三部传记看似各自独立、互不相干，实际上却有着内在的一致性。这种一致性源于三位伟人共同的精神品质，他们在人生忧患困顿的征途上，为寻求真理和正义，为创造能表现真、善、美的不朽杰作，献出了毕生精力。贝多芬"用痛苦换来欢乐"的音乐；米开朗琪罗以一生的心血奉献出震撼心灵的杰作；托尔斯泰始终关心万千生灵的伟大与渺小，借以传播爱的种子和宽容的理想。在这三部传记中，罗曼·罗兰没有拘泥于对传主的生平做琐屑的考述，也没有一般性地追溯他们的创作历程，而是紧紧把握住这三位拥有各自领域的艺术家的共同之处，着力刻画了他们为追求真善美而长期忍受苦难的心路历程，写出了他们与命运抗争的崇高勇气和担荷全人类苦难的伟大情怀。这三部传记的中文译者傅雷先生说，"在阴霾遮蔽了整个天空的时候"，他从《名人传》中得到的启示是："惟有真实的苦难，才能驱除浪漫底克的幻想的苦难；惟有克服苦难的壮烈的悲剧，才能帮助我们担受残酷的命运；惟有抱着'我不入地狱谁入地狱'的精神，才能挽救一个萎靡而自私的民族……"。

无产阶级作家高尔基

❀ 关 键 词 ❀
高尔基 苏联 作家 《海燕之歌》

高尔基（1868~1936）苏联作家。原名阿列克塞·马克西莫维奇·彼什科夫。1868年3月16日生于下诺夫哥罗德市一个木工家庭。高尔基4岁丧父，11岁起独立谋生，当过学徒、搬运工和面包师。他只上过2年学，完全靠自学成才。19世纪80年代末90年代初，他两次漫游俄国各地，其间因参加秘密革命组织于1889年被捕，获释后行动仍受宪警监视。1892年开始在地方报刊当编辑、记者。从1900年起，高尔基参加并主持知识出版社的工作，通过出版

《知识》丛刊团结了当时俄国大批具有民主主义倾向的作家。1901年他发表的散文诗《海燕之歌》，充满革命激情，被认为是"革命的宣言书"；这一年他还受革命政党的委托建立秘密印刷所，为此第二次被捕、遭流放。1905年革命形势高涨的岁月里，高尔基作为战士参加了革命运动，他的住宅成为1905年莫斯科武装起义的据点之一。1906~1913年，因沙皇政府的迫害，高尔基侨居意大利，成为一个政治流亡分子。1913年回到祖国，主持《真理报》文艺栏，从事文化组织工作和文学活动。1934年高尔基当选苏联作家协会第一任主席。其主要的代表作是自传体三部曲《童年》《在人间》《我的大学》。此外，还有长篇小说《克里姆·萨姆金的一生》。

高尔基自传体三部曲之一《童年》

关键词 | 《童年》 高尔基 自传体三部曲

高尔基的自传体三部曲包括：《童年》《在人间》《我的大学》。在1908年至1910年间，列宁到高尔基在意大利卡普里岛的寓所做客，高尔基不止一次地向他讲起自己的童年和少年的生活。后来在列宁的提议下，高尔基写出了《童年》。《童年》反映了小主人公阿廖沙在父亲去世后，随母亲寄住在外祖父家中度过的岁月。其间，他得到外祖母的疼爱、呵护，却也遭到了外祖父的打骂；受到外祖母所讲述的优美童话的熏陶，同时也亲眼目睹两个舅舅为争夺家产争吵打架以及在生活琐事中表现出来的自私、贪婪与残暴。这种现实生活中存在的善与恶、爱与恨在他幼小的心灵上留下了深刻的印象。阿廖沙就是在这种"令人窒息的、充满可怕景象的狭小天地里"度过了自己的童年。《童年》是一本独特的自传，它像一幅长卷斑斓的油画，复原了一个时代，一个家庭里的一段生活。高尔基在这本书中真实地描述了自己苦难的童年，反映了当时社会生活的一些典型的特征，特别是绘出了一幅俄国小市民阶层风俗人情的真实生动的图画。这部小说以其独特的艺术形式、深刻的思想内容和独树一帜的艺术特色在俄苏文学乃至世界文学史上占有重要地位。

马背上的水手杰克·伦敦

杰克·伦敦（1876~1916），美国著名的现实主义作家，生于旧金山的一个破产农民家庭，因为家境穷困，他半工半读，

关 键 词

杰克·伦敦　美国　现实主义作家　热爱生命

自学成才。曾经当过报童、工人、水手，到过日本。后来在美国各地流浪，监牢、警察局成了他常进常出的地方。1896年曾去加拿大北部淘金，由于营养不良得了坏血病，只好回家。为了负担家庭生活，他开始打零工，同时坚持读书和写作。在经历了多次退稿之后，终于开始在杂志上发表小说，1900年杰克·伦敦的第一本小说集《狼的儿子》出版。随后，他创作了大量小说，并一度成为记者。写作使他获得了巨大的声誉和相当优厚的收入，也使得他在财富中迷失，在购置游船、建造豪华别墅中，打发着内心的无聊。1916年11月22日，因服用过量吗啡死亡。杰克·伦敦一生创作了19部中长篇小说，150多部短篇小说。代表作有《野性的呼唤》《马丁·伊登》《热爱生命》等。其中《马丁·伊登》是他带有自传性的作品，揭露了金钱社会的残酷无情，对人性的蹂躏、对正义的践踏。杰克·伦敦的创作，笔力刚劲，语言质朴，情节富于戏剧性。他常常将笔下人物置于极端严酷，生死攸关的环境之下，以此展露人性中最深刻、最真实的品格。

著名的动物小说《野性的呼唤》

《野性的呼唤》是杰克·伦敦最负盛名的小说。故事主要叙述一只强壮勇猛的狼狗巴克从人类文明社会回到狼群原始生活的过程。巴克原是米勒法官家的一只爱犬，经过了文明的教化，一直生活在美国南部加州一个温暖的山谷里。后被卖到美国北部寒冷偏远、盛产黄金的阿拉斯加，成了一只拉雪橇的狗。它目睹了人与人、狗与狗、强者与弱者之间冷酷无情和生死争斗，于是为了生存，它学会了只求活命、不顾道义的处世原则，变得凶悍、机智而狡诈。最后，在森林中狼群的呼唤下，巴克狼性复萌，逃入丛林，重归荒野。在小说中，杰克·伦敦运用拟人手法，把狗眼中的世界及人类的本质刻画地淋漓尽致，反映了资本主义社会冷酷的现实和"优胜劣汰，适者生存"的客观现实。巴克渴望并奔向了自由，这也正是作家的追求和理想的体现。这部小说进一步发展了杰克·伦敦在他创作的系列《北

关键词 《野性的呼唤》 杰克·伦敦 粗犷有力

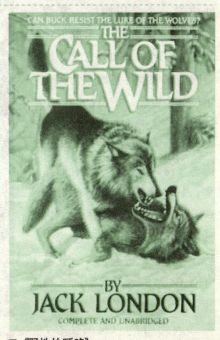

■ 《野性的呼唤》

233

方的故事》中所表现出来的激烈、清新、粗犷有力的性格，将充满冒险和野性的淘金生活以及在这种特殊环境中挣扎的狗的世界表现得淋漓尽致。

伟大的盲聋作家*海伦·凯勒*

关 键 词

海伦·凯勒　美国　盲聋作家

海伦·凯勒（1880~1968）是美国盲聋女作家和残障教育家。1880 年 6 月 27 日出生于亚拉巴马州北部一个叫塔斯喀姆比亚的城镇。她在 19 个月的时候因猩红丧失视力和听力，接着，她又丧失了语言表达能力，生活在黑暗而又寂寞的世界里。幸运的是她遇到了导师安妮·沙利文。安妮·沙利文努力帮助她学习阅读和说话，并引导她与人沟通。1904年 6 月，海伦以优异的成绩从拉德克里夫学院毕业。后来，她成为一个学识渊博，掌握英、法、德、拉丁、希腊五种文字的著名作家和教育家。她走遍美国和世界各地，为盲人学校募集资金，把自己的一生献给了盲人福利和教育事业。她赢得了世界各国人民的赞扬，并得到许多国家政府的嘉奖，1964 年获得总统自由勋章。马克·吐温称赞她说："19世纪出现了两个了不起的人物，一个是拿破仑，一个就是海伦·凯勒。"她总共写作了 14部著作，主要作品有《假如给我三天光明》《我的生活》《我的老师》等。

■ 海伦与老师安妮·沙利文

现代主义小说的先驱 卡夫卡

关 键 词

卡夫卡 捷克 现代主义 《变形记》

弗兰兹·卡夫卡（1883~1924）20 世纪德语小说家。卡夫卡生于捷克（当时属奥匈帝国）首府布拉格一个犹太商人家庭，是家中长子，有三个妹妹。自幼爱好文学、戏剧，18 岁进入布拉格大学，学习化学、文学，后来学习法律，获博士学位。毕业后，在保险公司任职。三次订婚，又三次退婚，因而终生未娶，41 岁时死于肺痨。1904 年，卡夫卡开始发表小说，早期的作品颇受表现主义的影响。1912年的一个晚上，通宵写出短篇《判决》，从此建立自己独特的风格。生前共出版七本小说的单行本和集子，但嘱咐在他死后烧掉，好友布劳德违背了他的遗言，替他整理遗稿，出版三部长篇小说（均未定稿），以及书信、日记，并替他立传。其主要代表作有《变形记》《城堡》。卡夫卡的小说运用象征式的手法揭示了一种荒诞的充满非理性色彩的景象，现代人对社会的陌生感，孤独感与恐惧感，成了他创作的永恒主题。卡夫卡生前籍籍无名，随着时间的流逝，他的价值才逐渐为人们所认识。他与法国作家马赛尔·普鲁斯特、爱尔兰作家詹姆斯·乔伊斯并称为西方现代主义文学的先驱和大师。

■ 法国画家雷东斯作蜘蛛人形像，与卡夫卡小说《变形记》里的主人公格里高尔多么相像！

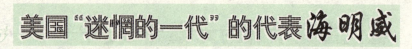

美国"迷惘的一代"的代表海明威

❀关 键 词❀
海明威　美国　小说家　诺贝尔文学奖
《老人与海》

海明威（1899~1961）美国小说家。1899年7月21日生于芝加哥郊区一个医生家庭。1917年中学毕业后，任堪萨斯城《明星报》记者。第一次世界大战时，志愿参加美国红十字会医疗队，在意大利前线负伤，愈后回国，成为英雄。战后，以加拿大多伦多《明星报》驻欧记者身份旅居巴黎，正式开始文学创作生涯。第二次世界大战期间，作为随军记者去欧洲参加了不少军事行动。第二次世界大战结束后，海明威移居古巴。古巴革命爆发后，海明威迁居美国爱达荷州，由于患有高血压、糖尿病等多种病症，精神抑郁，痛苦不堪，终至开枪自杀。海明威长篇小说的代表作有：《太阳照常升起》《永别了，武器》《丧钟为谁而鸣》等。《太阳照常升起》描写一群参加过欧洲大战的青年流落巴黎的情景。战争给他们身心留下创伤，他们对生活感到迷惘、厌倦和颓丧。小说反映了战后年轻一代的幻灭感，引起不少年轻人的共鸣，这部小说因而成了"迷惘的一代"的代表作。他还写了不少短篇小说，反映拳击、钓鱼、狩猎、斗牛等生活，创造了硬汉性格。1952年，发表中篇小说《老人与海》，小说获1952年普利策文学奖。1954年，因"精通现代叙事艺术"和"对当代风格所发挥的影响"，海明威获得诺贝尔文学奖金。

《老人与海》："硬汉"形象

《老人与海》是海明威的代表作，也是一部象征性的小说。这部小说是根据一位古巴渔夫的真实经历创作的，以摄

关键词　《老人与海》海明威
　　　　"硬汉"形象

像机般的写实手法记录了桑提亚哥老人捕鱼的全过程，塑造了一个在重压下仍然保持优雅风度、在精神上永远不可战胜的老人形象。老渔夫桑提亚哥在海上连续84天没有捕到鱼。第85天，老头儿一清早就把船划出很远，他出乎意料地钓到了一条比船还大的马林鱼。老头儿和这条鱼周旋了两天，终于叉中了它。但受伤的鱼在海上留下了一道腥踪，引来无数鲨鱼的争抢，老人奋力与鲨鱼搏斗，但回到海港时，马林鱼只剩下

■《老人与海》

一付巨大的骨架，老人也精疲力尽。“一个人并不是生来要被打败的，你尽可以把他消灭掉，可就是打不败他。”这是桑提亚哥的生活信念，也是《老人与海》中作者要表明的思想。通过桑提亚哥的形象，作者热情地赞颂了人类面对艰难困苦时所显示的坚不可摧的精神力量。桑提亚哥不屈不挠的抗争精神，使得他成为文学史上最著名的“硬汉”形象之一。这部小说 1952 出版，48 小时就售出了 530 万册，并在当年获得普利策文学奖。

革命作家奥斯特洛夫斯基

关键词

奥斯特洛夫斯基　苏联　保尔·柯察金
《钢铁是怎样炼成的》

尼古拉·阿历克塞耶维奇·奥斯特洛夫斯基（1904~1936）苏联作家。奥斯特洛夫斯基于 1904 年 9 月 29 日出生在乌克兰维里亚村一个贫困的农民家庭，他排行第五，11 岁便开始当童工。奥斯特洛夫斯基 1919 年加入共青团，八月，志愿加入红军，随部队上前线，经受战争烈火的考验。1923 年到 1924 年担任乌克兰边境地区共青团的

领导工作，1924 年加入共产党。由于他长期
参加艰苦斗争，健康受到严重损害，到 1927
年，健康情况急剧恶化，但他毫不屈服，以
惊人的毅力同病魔作斗争。1929 年，他全身
瘫痪，双目失明。他以惊人毅力写了长篇小
说《钢铁是怎样炼成的》和《暴风雨所诞生
的》，根据亲身经历，描写苏联青年在革命熔
炉中锻炼成长的经历。小说获得了巨大成功，
受到同时代人的真诚而热烈的称赞。1934
年，奥斯特洛夫斯基被吸收为苏联作家协会
会员。1935 年底，苏联政府授予他列宁勋
章，以表彰他在文学方面的创造性劳动和卓
越的贡献。1936 年 12 月 22 日，由于重病复
发，奥斯特洛夫斯基在莫斯科逝世。《钢铁
是怎样炼成的》早在 1942 年就译成中文，书
中主人公保尔·柯察金成为中国青年的学习榜样。

■ 奥斯特洛夫斯基

革命战士的成长经历：《钢铁是怎样炼成的》

《钢铁是怎样炼成的》是奥斯特洛夫
斯基于 1934 年创作的。小说主人公保
尔·柯察金从小在贫苦的工人家庭中长
大，炼就出一副坚强不屈的性格。十月

关键词　《钢铁是怎样炼成的》
奥斯特洛夫斯基　保尔·柯察金

革命后的俄国，面临着经济困难和帝国主义及反动派的进攻，青年保尔在布尔什维克
党员朱赫来的革命思想影响下，逐步走上革命的道路。无论是在布琼尼骑兵团当骑
兵，还是做共青团工作、肃反工作，或者在自然条件极度恶劣的情况下修筑铁路，都
表现出高度的工作责任心和旺盛的革命热情。在无产阶级革命的年代，保尔对待自己
的生活，采取了严肃、革命的态度。他的名言是："我的整个生命和全部精力，都已
经献给了世界上最壮丽的事业——为人类的解放而斗争。"保尔是苏联文学中的英雄
形象之一，其经历与作者的身世有许多相似之处，1935 年苏联政府因此书授予作者列
宁勋章。此书 1942 年由梅益翻译成中文出版，保尔·柯察金的形象也鼓励了整整一代
中国青年。

意识流小说的代表作《尤利西斯》

关 键 词

《尤利西斯》 詹姆斯·乔伊斯 现代主义
意识流小说

《尤利西斯》是爱尔兰意识流文学作家詹姆斯·乔伊斯于1922年出版的长篇小说。小说以时间为顺序，描述了主人公，苦闷彷徨的都柏林小市民，广告推销员利奥波德·布卢姆于1904年6月16日一昼夜之内在都柏林的种种经历。乔伊斯选择这一天来描写，是因为这一天是他和他的妻子诺拉·巴纳克尔首次约会的日子。小说的题目来源于希腊神话中的英雄奥德修斯（拉丁名为尤利西斯），而《尤利西斯》的章节和内容也经常表现出和荷马史诗《奥德赛》内容的平行对应关系。全书无密切连贯的情节，以主要人物都柏林小人物布卢姆一天24小时的日常活动象征普遍的人类经验，以自由联想、内心独白、自然时间与心理时间交替变换等表现布卢姆及几个相关人物的意识和潜意识活动，反映了西方现代人的孤独、无望和无聊，是一部公认的现代主义小说的开先河之作。它在引经据典，遣词造句等方面也有很多独创。《尤利西斯》是"意识流小说"的代表作，并被誉为20世纪一百部最佳英文小说之首，同时也因晦涩难懂而颇受诟病。作品发表之始，屡遭误解和禁止，半个多世纪后逐渐得到公正评价。

魔幻现实主义的代表作家加西亚·马尔克斯

关 键 词

加西亚·马尔克斯 哥伦比亚
魔幻现实主义 诺贝尔文学奖

加西亚·马尔克斯（1928~ ）哥伦比亚作家。马尔克斯生于马格达莱纳省阿拉卡塔卡镇一医生家庭。自幼酷爱文学。12岁迁居首都波哥大，就读于教会学校，广泛浏览世界文学名著。18岁进入哥伦比亚国立大学攻读法律，后转入卡塔赫纳大学改学新闻。1948年因内战辍学，进入新闻界。1975年起曾进行"文学罢工"以抗议智利军事政变，1981年重新创作。1982年应法国总统密特朗之邀担任法国、西班牙语国家文化交流委员会主席，后返回哥伦比亚。他的主要代表作有《百年孤独》《霍乱时期的爱情》《迷宫中的将军》等。马尔克斯在继承哥伦比亚和拉丁美洲文学传统的基础上，接受了许多外国现代派作家的影响，采用阿拉伯神话故事和印第安民间传统的技巧，将现实与幻景融为一体，曲折地反映和表现社会现实生活，形成独特的魔幻现实主义风格，并成为这一文学流派最杰出的代表作家。"因为他的长短篇小说把幻想和现实融为一体，勾画出一个丰富多采的想象中的世界，反映了拉丁美洲大陆的生活和斗争"，因此荣获 1982 年度诺贝尔文学奖。

再现拉丁美洲历史社会图景的鸿篇巨著：《百年孤独》

关键词 《百年孤独》 马尔克斯 拉丁美洲

■《百年孤独》

1967 年出版的长篇小说《百年孤独》是马尔克斯的代表作，曾轰动西班牙语文学界和世界文坛。小说描写 19 世纪中叶~20 世纪前半叶，一个 7 代人的大家族在加勒比海沿岸某国小镇马孔多，从荒漠的沼泽地上兴起、发展直至衰亡的过程。小说主人公表兄妹布恩地亚和乌尔苏拉近亲结婚，为避流言迁居马孔多。从建造村庄开始，经过繁衍生息，成为马孔多最重要的大家族。乌尔苏拉活到 125 岁，全家 6 代同堂，后逐渐衰败，族长布恩地亚由于发疯，被绑在栗树下，后死去。其后代或死于战乱，或死于天灾。第六代只剩下 2 人，第七代是姨侄乱伦生出的"带猪尾巴"的小孩，不久也被蚂蚁啃死。小说最后写马孔多被一阵可怕的旋风卷走。在马孔多存在的 100 年中，先后经历了氏族社会、封建社会、殖民地社会 3 个阶段，实际是哥伦比亚落后农村的缩影。作者在 1982 年出版的文学谈话录《番石榴飘香》中说："布恩地亚家族的历史可以说是拉丁美洲历史的翻版。"小说从历史发展的高度指出拉丁美洲长久孤独的状态已经一去不复返，只有团结起来，相互往来，才能走向富强。小说遵循"变现实为幻想而又不失其真"的魔幻现实主义创作原则，通过光怪陆离、色彩斑驳的魔幻世界的折射，间接地反映了严酷的现实生活。小说译成 30 多种文字，重版数百次，总发行量超过 1000 万册。

艺 术

意大利文艺复兴三杰之达·芬奇

列昂纳多·达·芬奇（1452~1519）意大利文艺复兴中期的著名美术家、科学家和工程师，1452年4月15日生于托斯卡纳的芬奇附近。他在少年时已显露艺术天赋，15岁左右到佛罗伦萨拜师学艺，成长为具有科学素养的画家、雕刻家、军事工程师和建筑师。1482年应聘到米兰后，在贵族宫廷中进行创作和研究活动。1513年起漂泊于罗马和佛罗伦萨等地。1516年侨居法国，1519年5月2日病逝。达·芬奇与米开朗琪罗、拉斐尔并称文艺复兴三杰，尤以《最后的晚餐》和《蒙娜·丽莎》等画驰名。《最后的晚餐》是表现基督被捕前和门徒最后会餐诀别场面的壁画，绘制在米兰圣玛丽亚·德拉格拉齐耶修道院饭厅。巧妙的构图和独具匠心的经营布局，使画面上的厅堂与生活中的饭厅建筑结构紧密联结在一起，使观者感觉画中的情景似乎就发生在眼前。在人物布局

关 键 词

达·芬奇 意大利 文艺复兴 《蒙娜·丽莎》

■《蒙娜·丽莎》

上，一反平列于饭桌的形式，将基督独立于画面中央，其他门徒通过各自不同的手势、表情，分别表现出惊恐、愤怒、怀疑、剖白和慌张的情绪。这种典型性格的描绘，突出了绘画的主题，它与构图的统一效果互为补充，堪称美术史上最完美的典范之作。达·芬奇还以博学多才著称，在数学、力学、天文学、光学、植物学、动物学、人体生

理学、地质学、气象学，以及机械设计、土木建筑、水利工程等方面都有不少创见或发明。

意大利文艺复兴三杰之米开朗琪罗

米开朗琪罗（1475~1564）是文艺复兴意大利艺坛三杰之一。米开朗琪罗6岁时丧母，养在一个石匠的妻子家里，因此从小就对雕塑发生兴趣。父亲送他进拉丁文与希腊文学校学习，但是他酷爱艺术，13岁进入佛罗伦萨画家基尔兰达约（Ghirlandaio）的工作室，后转入圣马可修道院的美第奇学院作学徒，在那儿他接触到了古风艺术的经典作品和一大批哲人学者，并产生了崇古思想。米开朗琪罗先是以雕刻家的身份稳定了自己艺术家的地位。1504年他完成了著名的《大卫》雕像，雕像由纯白大理石雕塑而成，用以表现大卫王决战巨人歌利亚时的神态，象征着为正义而奋斗的力量，被认为是古典雕塑艺术的典范。晚年所作梅迪奇陵墓雕像《晨》《暮》《昼》《夜》等，具有冷静而沉郁的悲剧性质，显示出

■ 西斯廷教堂顶部米开朗琪罗的《创世纪》

人物心情的激动与意志的矛盾。米开朗琪罗的壁画成就也很高,他在梵蒂冈西斯廷教堂八百平方米的天花板上,连续工作四年,独力完成了《创世纪》的巨型天顶画。他的重要作品还有壁画《最后的审判》,雕塑《摩西》及《奴隶》等。他生命的最后二十年主要从事建筑,主要的建筑设计有圣彼得大教堂的圆顶和加必多利广场行政建筑群等。

欧洲近代音乐之父 巴赫

巴赫(1685~1750)德国作曲家,管风琴家。巴赫出身于一个音乐世家,其几代祖辈家族成员多系民间乐师、城市吹鼓

关 键 词

巴赫 德国 钢琴作曲家 宗教音乐

手或管风琴师。8岁父母双亡,寄居于兄长处,并从兄学键盘乐器等。15岁起独立谋生。曾任魏玛宫廷小提琴手、管风琴师、宫廷乐师等职。1717年后任克滕宫廷乐长。这是他一生中处境较为顺利的年代,在此期间巴赫写下许多作品:《平均律钢琴曲集》上卷、《勃兰登堡协奏曲》、《小提琴独奏奏鸣曲》、《大提琴独奏奏鸣曲》、《创意曲》。1724~1750年任莱比锡托马斯教堂乐长。巴赫在莱比锡度过了后半生,写下了许多宗教性音乐,又创作《平均律钢琴曲集》下卷、《意大利协奏曲》等世俗性乐曲。1747年他访问波茨坦,为普鲁士皇帝腓特烈演奏,并根据普皇的一个主题写一部乐曲《音乐的奉献》献给普皇。最后,他写了一卷《赋格的艺术》(未完成)。此后,因双目失明而搁笔直至逝世。巴赫的音乐具有鲜明的个性,且富于哲理性。他的音乐绝大部分是以严谨的复调写成,这些复调常结成严密的音线网,其中每根线条理清晰、脉络鲜明,既有独立的生命,而又各系整体结构中的有机组成之一,从而使音乐织体的纵横关系达到有机地完美结合的境地。巴赫的音乐创作标志着德意志民族音乐的开端,对后世音乐的发展有深远的影响。

交响曲和弦乐四重奏之父 海顿

海顿(1732~1809)奥地利作曲家。海顿自幼受到民间音乐和教堂音乐的熏

关 键 词

海顿 奥地利 交响曲 弦乐四重奏

陶，年少时曾在教堂唱诗班当歌童。1754 年他向意大利作曲家波尔波拉学习作曲、声乐等。从 1761 年起，海顿在埃斯泰尔哈济亲王的宫廷中任宫廷乐长近 30 年。期间写有约 60 部交响曲，40 首弦乐四重奏，约 30 首钢琴奏鸣曲，5 首弥撒曲和 11 部歌剧等。这些作品使他蜚声欧洲乐坛。1781 年海顿结识了莫扎特，并与之建立了诚挚的友谊。他在 1791 年和 1794 年两次前往伦敦，期间写下了 12 部《伦敦交响曲》及其他作品，形成了创作的高峰。1792 年海顿收贝多芬为学生。海顿逝世后，安葬于洪德斯图尔姆公墓，后改葬于艾森施塔特的伯格教堂。海顿的音乐幽默、明快，含有宗教式的超脱。在海顿数量众多的作品中，以交响曲和弦乐四重奏成就最高。他在作曲技术上奠定了欧洲古典时期交响曲和室内乐的规范，将人们消遣娱乐的器乐合奏的交响曲提高与发展成为具有深刻思想内容、富于高度艺术性的大型音乐体裁，将源于巴洛克时期的组曲形式化为弦乐四重奏的标准形式，因而被公认为交响曲和弦乐四重奏之父。

最杰出的天赋音乐奇才莫扎特

莫扎特（1756~1791）奥地利作曲家。莫扎特出生在一位宫廷乐师之家。3 岁已显露音乐才能，5 岁即能作曲，6 岁又随父到慕尼黑、维也纳等地巡回演出。1763 年起到欧洲各国作为期 10 年的旅行演出，接触了当时最先进的音乐艺术，结识了巴赫等作曲家。1773 年年底返回萨尔茨堡弥补中断的音乐与文化学习。1781 年他与大主教决裂，提出辞职，并到维也纳谋生。1784 年他参加了共济会，对共济会宣扬的自由、平等、博爱思想有强烈共鸣，并在这种思想启示下写了许多作品。1789 年贫困中的莫扎特由他的学生带领，到柏林、德累斯顿、莱比锡等地演出，虽轰动一时，但未摆脱经济困境。1790 年他向皇帝请求接任宫廷乐长职位，未能实现。1791

※ 关 键 词 ※

莫扎特 奥地利 歌剧 交响曲 《魔笛》

■ 莫扎特

年他在重病中写作大型宗教音乐《安魂曲》，最终未能完成。莫扎特的音乐作品涉及各个领域，他的主要创作领域之一是歌剧，代表作有《费加罗的婚姻》《唐璜》和《魔笛》等。交响音乐是莫扎特另一个重要创作领域，包括约50部交响曲和50余部协奏曲。莫扎特的作品还包括大量的钢琴奏鸣曲、小提琴奏鸣曲、小夜曲、舞曲等。莫扎特是维也纳古典乐派的代表人物之一，他的音乐风格细腻、优雅、轻灵，充满了乐观主义情绪。

古典音乐之王 贝多芬

关 键 词

贝多芬　德国　古典音乐　交响曲

■贝多芬

贝多芬（1770~1827）德国作曲家。贝多芬出生于一个贫寒的音乐家庭。4岁起从父亲学音乐。14岁以前受普通学校教育，19岁进波恩大学旁听，接触到启蒙思想，对他的世界观和艺术观产生很大影响。1784~1792年担任宫廷副管风琴师、中提琴手。1787年曾赴维也纳，拜见了莫扎特。1792年贝多芬得以去维也纳，跟海顿学作曲。1793年冬海顿赴英，贝多芬转向阿尔布雷希茨贝格尔学对位法，向萨列里学歌曲写作。他凭着出色的才华和波恩方面的举荐，很快进入维也纳上流社会。28岁时，贝多芬发现自己的听觉有了故障，且日益严重。这对他是一个沉重的打击，加上恋爱上的挫折，使他的消极情绪在1802年达到顶点，曾打算自杀，写下了遗嘱。然而他心中的音乐烈火终于烧掉了这次精神危机，他仍以惊人意志和毅力坚持创作。1814年维也纳国际会议后，贝多芬的经济和健康状况日益下降，致使他的创作停顿了几年，大约从1815年起，贝多芬已无法与人对话，而让对方写在纸上给他看。1817年后才重新拿起笔来完成最后几部作品。1827年，贝多芬因病去世。贝多芬继承了巴赫、莫扎特等人的音乐精髓，集古典主义音乐之大成，并开创了浪漫主义音乐的先河。他最著名的作品包括《第三交响曲（英雄）》、《第五交响曲（命运）》、《第六交响曲（田园）》、《第九交响曲》、《悲怆奏鸣曲》和《月光奏鸣曲》等等。

歌曲之王舒伯特

■舒伯特

舒伯特（1797~1828）奥地利作曲家。童年时学习小提琴、钢琴，11岁入神学寄宿学校，开始显示音乐创作才能。1814年他在父亲的学校里当助理教员，同时从事创作。1816年起专事作曲，但稿酬微薄，生活清贫。他崇敬贝多芬，曾将所作4首法国歌曲主题钢琴变奏曲献给贝多芬，并在贝多芬病危时两次探望他，亲举火炬参加贝多芬的葬礼。他临终前一天病得神志昏迷，还发出呓语："贝多芬不是睡在这里吗？"他的墓与贝多芬的墓相毗邻，1888年一起迁葬维也纳中央公墓，原墓地则成为舒伯特公园。他为不少诗人如歌德、席勒、海涅等的作品写了大量歌曲，把音乐与诗歌紧密结合在一起。他的歌曲中既有抒情曲、叙事曲、充满战斗性的爱国歌曲，也有源于民间音乐的歌曲。在短短31年的生命中，他创作了600多首歌曲，因而被称为歌曲之王。他的主要歌曲代表作有《魔王》《圣母颂》《鳟鱼》《小夜曲》《摇篮曲》等，汇有3部歌曲集：《美丽的磨坊女》《冬日的旅行》和《天鹅之歌》。除此之外，他的主要代表作品包括第四、第五、第八、第九交响曲，b小调弦乐四重奏《死与少女》，钢琴五重奏《鳟鱼》，钢琴曲《流浪者幻想曲》《音乐的瞬间》等。

浪漫主义音乐大师 门德尔松

门德尔松（1809~1847）德国作曲家，指挥家。儿时就开始学习音乐，9岁即登台演出，10岁入柏林歌唱学院。12岁时曾

关 键 词

门德尔松　德国　浪漫主义　《春之歌》

到魏玛在文学家歌德家住了16天，为他弹奏各派音乐，此后多次访问歌德。17岁时，他完成了名作《仲夏夜之梦》。1829年毕业于柏林大学，从此成为职业音乐家。他推崇巴赫的作品，曾亲自指挥演出了巴赫死后79年未上演过的《马太受难曲》，引起热烈反应和对巴赫音乐的重新认识。1835~1843年门德尔松担任莱比锡布业大厅管弦乐团指挥，使这个乐团享誉欧洲。1843年他又与舒曼等人创立了莱比锡音乐学院。1847年因其姐芬妮猝死而忧郁成病，后来病重去世。门德尔松是早期浪漫派作曲家，被誉为浪漫派作曲家中的"抒情风景画大师"，其代表作品有《第三交响曲》《e小调小提琴协奏曲》等。其作品融合了古典主义和浪漫主义的风格，既严谨典雅，又清新自然。他的交响音乐作品还有序曲《平静的海和幸福的航行》《美丽的梅露西娜》等，开19世纪标题音乐的风致。在钢琴音乐方面，他首创无词歌，把歌唱性旋律和钢琴织体结合成统一的整体，成为19世纪特性曲的重要体裁。主要作品有《威尼斯船歌》《纺纱曲》《春之歌》等。

钢琴之王 肖邦

肖邦（1810~1849）波兰作曲家，钢琴家。幼年时即学习钢琴，8岁时开始公开演奏。12岁，他学习和声对位并开始

关 键 词

肖邦　波兰　钢琴　《革命练习曲》

作曲。1826年入华沙音乐学院。1829年离校成为知名的钢琴家和作曲家。后半生正值波兰亡国，肖邦流亡国外，后定居巴黎，从事钢琴演奏教学和创作活动。1837年结识法国女作家乔治·桑，共同生活八年。1849年肖邦因病死于巴黎，临终时嘱咐亲人把自

■ 肖邦

己心脏运回祖国。肖邦一生处于民族危亡时期，强烈的爱国主义思想成为他创作的主旋律。为表达自己思念祖国、怀念故土之情，他的作品又深深植根于波兰民族、民间音乐的沃壤之中。肖邦创作的主体是钢琴作品，深刻的民族内容、富于独创性的艺术形式和娴熟的音乐风格使他的艺术达到了炉火纯青的地步。作品涉及到钢琴音乐的各种体裁，从练习曲、前奏曲、马祖卡舞曲、波洛奈兹舞曲、夜曲、圆舞曲、即兴曲，直到结构更为复杂的叙事曲、谐谑曲、奏鸣曲，都获得了丰硕的艺术成果。主要代表作有《第一叙事曲》《降 A 大调波兰舞曲》《革命练习曲》《b 小调谐谑曲》《降 b 小调奏鸣曲》，以及写于早年的两部钢琴协奏曲。

古典音乐大师勃拉姆斯

关键词

勃拉姆斯 德国 艺术歌曲 《摇篮曲》《匈牙利舞曲》

勃拉姆斯（1833~1897）德国作曲家，钢琴家。幼年时开始学习钢琴、作曲。由于家贫，15 岁就在小酒店演奏，还编写一些娱乐性小曲。1850 年曾与匈牙利小提琴家赖门伊一同旅行演奏。1953 年认识舒曼夫妇，舒曼在自己主编的《新音乐杂志》撰文，对他的创作和演奏活动给予热情的鼓励和推荐，他的早期创作也主要受舒曼作品风格和手法的影响。1858~1859 年在代特莫尔德担任合唱指挥。60~70 年代，定居维也纳从事演奏、指挥和创作。勃拉姆斯继承贝多芬交响乐的传统，从深刻的人道主义和热烈的爱国主义精神出发，着力表现时代精神风貌和斗争生活。在继承古典乐派交响乐的结构形式的同时，他又赋予作品浪漫主义的色彩和气质。作品结构严谨，情思蕴藉，规模庞大。他还将德国古典作曲家严密的复调技术和动机发展手法运用到交响曲的创作中。其重要作品还有《D 大调小提琴协奏曲》，《匈牙利舞曲》第五、第六，管弦乐《学院典礼序曲》等。他还创作了许多合唱、抒情歌曲和民歌改编曲，继承了舒伯特和舒曼的艺术歌曲传统，感情真挚朴实，声乐和钢琴部分结合完美。代表作如《我的爱情多青春》《徒然的小夜曲》《摇篮曲》等。晚年最后完成的 7 册《德意志民歌集》是他对德奥民间音乐文化研究的重大贡献。

现代艺术之父塞尚

塞尚（1839~1906）法国画家。1839 年 1 月 19 日生于普罗旺斯地区艾克斯，1906 年 10 月 22 日卒于家乡。早年学法

关 键 词

塞尚 法国 画家 后印象主义

律，同时爱好美术和文学。后来到巴黎学画，结识了马奈、雷诺阿等人。早期作品曾被沙龙拒绝，却受到作家左拉的称赞。代表作如《强暴》《验尸》《野餐》等富于戏剧性，多表现悲剧的爱情和死亡。他研究过古典绘画，临摹过鲁本斯、德拉克洛瓦、威尼斯画派和巴洛克大师们的作品，其作品不合乎古典法则，却显示出自己的独特个性。70 年代末以后的 30 年，是其创作的成熟期，所作《肖凯像》《玩纸牌者》《酒神宴舞》《浴女们》等，写意特征更加鲜明，充分发挥了绘画语言的表现力。他主张绘画摆脱文学性和情节性，强调主观感受的重要性；坚持把客观物象条理化、秩序化和抽象化，提出用圆柱体、球体和锥体来处理形象，以表达一种超自然的理想概念；在画面处理上追求平面感，用色彩表现空间。他对绘画的革新主张和实践，受到艺术家们的普遍重视，被誉为继印象主义之后的绘画革新家，归入后印象主义流派，是印象派到立体主义派之间的重要画家，被誉为现代艺术之父。

现代雕塑之父罗丹

关 键 词

罗丹 法国 雕塑 《思想者》 地狱之门

罗丹（1840~1917）法国雕塑家。1840 年 11 月 12 日生于巴黎的一个穷苦家庭。早年学习绘画，后拜动物雕塑家

巴里为师，1871 年协助卡里埃·贝勒斯制作布鲁塞尔商会和比利时学院的装饰雕塑。

■《思想者》

1875年意大利之行，米开朗琪罗的作品使他大开眼界，从此摆脱了学院派的表现形式，确立了自己的现实主义风格。他最重要的作品是为巴黎装饰艺术博物馆大门及西侧门框作的浮雕"地狱之门"，这个包括186个人体的作品，分别表现青春、恋情和地狱生活的悲惨与痛苦，耗去了他37年的时间。最后由于种种原因虽未完成，但围绕这个构思的许多作品，却是他留下的一笔宝贵艺术遗产，如《思想者》《乌戈利诺和他的儿子们》《吻》《永恒的偶像》等。另一件重要作品《加莱义民》颂扬6位义民的爱国主义精神，重在刻画人物个性和复杂的心理状态，为他赢得了世界声誉。他还为雨果、巴尔扎克等作过塑像和纪念碑，作品均具有浪漫主义和现实主义的特点。其雕塑手法和构思，丰富了雕塑艺术的表现领域，对欧洲现代雕塑的发展产生了不可低估的影响。

俄罗斯旋律大师 柴可夫斯基

彼得·伊里奇·柴可夫斯基（1840~1893）俄罗斯浪漫乐派作曲家，俄国民族乐派的代表人物。出生于沃特金斯克一个贵族家庭，从小在母亲的教导下学习钢琴。他曾在法院工作，22岁时辞职，进入圣彼得堡音乐学院。毕业后，担任莫斯科音乐学院教授。1877年，柴可夫斯基结婚，又很快离婚。他又患了严重的神经衰弱症，为此他辞去音乐学院的职务。此后几年，他主要住在乡下或到国外。这期间，他得到一位热爱音乐和十分慷慨的富孀——梅克夫人的赏识和资助（1877~1890年），使他有可能就此专心从事音乐创作。两个人互通了十四年的书信，却从来没有见过面。

关键词

柴可夫斯基　俄罗斯　《天鹅湖》
《胡桃夹子》　睡美人

1877 年开始，是柴可夫斯基的创作的极盛时期。他的音乐真挚、热忱，注重对人的心理的细致刻画，充满感人的抒情性，同时又带有强烈的、震撼人心的戏剧性。主要的代表作品有歌剧《叶甫根尼·奥涅金》《黑桃皇后》，舞剧《天鹅湖》《睡美人》《胡桃夹子》，以及《第四交响曲》《第五交响曲》《曼弗里德交响曲》《D 大调小提琴协奏曲》等。1893 年夏天写出的《第六（悲怆）交响曲》，是他的绝笔之作，同年 10 月 16 日在彼得堡亲自指挥这部作品的第一次演出，不料意外地感染了霍乱病，于 10 月 25 日不幸与世长辞。

后印象主义的代表画家梵高

关 键 词

梵高　荷兰　后印象派　《向日葵》

文森特·梵高（1853~1890）荷兰画家，后印象派代表人物。生于牧师家庭。少年时，他在伦敦、巴黎和海牙为画商工作，后来还在比利时的矿工中当过传教士。1881 年左右，他开始绘画。1886 年去巴黎投奔弟弟，初次接触了印象派的作品，对他产生影响的还有著名画家鲁本斯、日本版画和著名画家高更。1888 年，梵高开始以色彩为基础表达强烈的感情。后来他神经失常，被送进精神病院。在经历多次感情上的崩溃之后，梵高于 1890 年在奥维尔自杀。梵高的代表作有《向日葵》《邮递员鲁兰》《咖啡馆夜市》《包扎着耳朵的自画像》《星夜》《鸢尾花》等，都包含着深刻的悲剧意识以及强烈的个性和形式上的独特追求。他特别强调在绘画中表现人的感情与精神，作品中强烈的色彩和动感的线条，充满着紧张而激动的情绪和饱满而富生气的活力。当时他的作品虽很难被人接受，却对西方 20 世纪的艺术有深远的影响。法国的野兽主义、德国的表现主义以及 20 世纪初出现的抒情抽象主义等，都从他的主体在创作过程中的作用、自由抒发内心感情、意识和把握形式的相对独立价值、在油画创作中吸收和撷取东方绘画因素等方面，得到启发，形成了各自不同的绘画流派。

■《向日葵》

立体主义的开拓者毕加索

毕加索（1881~1973）西班牙、法国画家。15岁进入巴塞罗那美术学校就读，接着转学到马德里圣费尔南多美术

※ 关 键 词 ※
毕加索　西班牙　立体主义　《格尔尼卡》

学院。他早期的作品多用蓝色调来描绘充满孤寂、悲怆的贫困者、残疾人等。1904年，毕加索定居巴黎，由此开始风格多变的艺术探索。他广泛汲取印象派、后期印象派、超现实主义的艺术手法，甚至包括非洲艺术风格，并且在各种变异风格中，始终保持自己粗犷刚劲的个性。除了油画，晚期还他制作了大量的雕塑、版画和陶器等。毕加索可以说是当代西方最有创造性和影响最深远的艺术家，而且他也是位多产的艺术家，据统计他的作品有37000多件。毕加索突出的艺术成就之一是开创立体主义画派，他抛弃了西方传统绘画的造型法则，公开向文艺复兴以来确立的审美法则进行挑战。画中没有任何情节，没有具体环境描写，物体被分割成各种几何形体，然后再重叠、堆砌在一个平面的画幅上。其立体主义的代表作是《亚威农少女》。毕加索还是著名的和平主义者，在二战期间，他创作了油画《格尔尼卡》，抗议德、意法西斯对西班牙北部小镇格尔尼卡的轰炸。50年代初，他积极参加保卫世界和平运动，版画《鸽子》被选为巴黎保卫世界和平大会会标。

■《格尔尼卡》